HY
COLLECTION
041

사회적 가치 임팩트 투자

SOCIAL VALUE
IMPACT INVESTMENT

HY COLLECTION 041

사회적 가치 임팩트 투자

SOCIAL VALUE IMPACT INVESTMENT

주성수 지음

한양대학교 출판부

서문

코로나 팬데믹을 이겨내는 사회적 가치 투자

코로나 팬데믹 이전의 세계로 돌아가기 어려운 현실이 되어 가고 있다. 정부의 강력한 리더십이 중요해지고 있지만 정부만으로 해결하기 어려운 시대 상황이 '뉴 노말'이 되고 있다. 정부와 기업과 시민사회가 '콜렉티브 임팩트' 파트너로 협력해야 하는 시대적 요청이 강력하다. 문제해결과 예방에 필요한 재정과 인력 등 하드웨어뿐 아니라 지혜와 기술 등 소프트웨어 모두가 전략기획부터 시행과 평가에 이르는 모든 과정에 필요하다.

경제적 위기와 함께 사회적 위기와 환경적 위기가 복합되며, 생계 위협에 내몰린 취약층이 크게 늘고 있다. 인권, 안전, 일자리 등 사회적 가치 항목들 모두가 해당될 정도로 심각하다. 이전의 사스, 메르스 상황과는 비교할 수 없는 냉엄한 위기 상황이 단기로 그칠 것 같지는 않다. 장기에 걸쳐 일자리를 잃은 노동층의 생계, 취약층의 사회안전망에 정부의 재원이나 역량만으로는 절대 부족하다. 기업들도 상당한 어려움에 직면해 투자에 나설 여유조차 없다. 시민사회 또한 외부 지원이 크게 줄어든 상황에서 프로그램 운영조차 어렵다.

이를 해결하는 전략적 방안이 이 책에 소개된 결과지불, SIB 등 사회적 가치 임팩트 투자이다. 실질적인 결과를 창출하는 '임팩트 문화'로 전환하는 기회가 위기와 함께 찾아온 것이다. 정부, 기업, 시민사회뿐 아니라 시민참여도 중요하다. 시민들이 봉사자나 기부자 등 참여자 또는 소비자 차원을 넘어 투자자, 소유자, 생산자로 동참해야 한다. 그래서 팬데믹 이후의 일상생활의 정상화 복구에 힘을 보태야 한다. 시민들 각자의 집시일반이 뭉친 거대한 투자금으로 생계위협에 처한 취약층을 보호하고 가정, 직장, 학교, 노후 생활이 정상화로 복구하는 데 잘 쓰여지도록 지혜를 모아야 한다.

코로나 팬데믹은 경제와 사회, 국가 전체가 자료와 증거에 기반해 결과를 생산할 것을 일러준다. 객관적, 측정가능한 증거에 기초해 검사하고 치료해 코로나를 퇴치하는 '결과'와 '임팩트'를 생산할 것을 학습한 것이다. 팬데믹 이후의 위기수습 전략 또한 증거기반의 임팩트 프로그램을 통해, 취약층 생계보장과 생활안정이라는 결과와 임팩트를 창출해야 한다. 정부정책부터 기업과 재단들의 임팩트 투자에서도 시민사회나 사회적경제 조직들의 프로그램 시행에서도 '변화이론'을 갖춰 결과와 임팩트를 창출하는 혁신이 추진되어야 한다. 또 국회는 늦었지만 사회적가치법, 시민사회발전기본법, 사회적경제기본법의 제정으로 뒷받침해야 한다.

IT 강국이자 AI 강국을 추구하는 우리나라가 팬데믹 이후 K-방역의 강국이 되려면, 사회보장에서도 증거기반의 정책결정과 시행의 시스템을 갖춰야 한다. 영국과 미국의 증거기반의 정책 임팩트 프로그램 또한 세계적인 관심사이자 팬데믹 극복에서 혁신적인 처방으로 주목을 받고 있다.

'사회적 가치' 논의가 한창 활성화되고 있지만, 사회적 임팩트와 투자 차원까지 미치지 못하는 상황이다. 이 책이 논의를 업그레이드하는 데 촉매가 되었으면 한다. 이 책은 시민사회와 사회적경제 전공 분야뿐 아니라 사회적가치 경영평가를 준비하는 공공기관들도 정책 기획과 시행과 평가에 두루 참고하길 기대한다.

저자는 2017년 『사회적경제와 사회적 임팩트』 저서를 시작으로, 2018년 〈KOICA 사회적 가치 실현〉 연구와 2019년 한살림의 〈사회적 가치 지표〉 연구, 그리고 2020년 『글로벌 개발 임팩트 투자』 저서와 이번에 『사회적 가치 임팩트 투자』 저서를 내며 '사회적 임팩트' 연구에 집중해 왔다. 2019년 정년 이후에도 학술활동을 이어가는 데 많은 보람을 느낀다. 앞으로 『공공정책의 사회적 임팩트』도 저술할 계획이다.

코로나로 '방콕'을 하게 되면서 출판이 빨라졌다. 글쓰기에 열중할 수 있어, 수고를 아끼지 않으신 의료진께 진심으로 감사드린다. 또 공공정책대학원의 강의교재로 사용할 수 있도록 일정을 맞춰 힘써주신 한양대학교 출판부 선생님들께도 감사드린다. 또 K-Mooc의 〈사회적 가치 임팩트 투자〉 강좌 덕분에 두 학기 내내 원고를 잘 작성할 수 있었는데, 전국의 수강생들에게도 좋은 참고서가 되길 바란다.

2020년 8월

주성수

차례

제6장

사회임팩트 채권(SIB)

_305

제1장

사회적 가치의 임팩트

1. 사회적 가치와 임팩트 패러다임

1) 자본주의의 위기와 임팩트 투자

현대 자본주의의 위기는 최근 코로나 팬데믹으로 더욱 깊어지고 있다. 세계가 하나가 되는 세계화 질서에서 자본과 노동의 자유로운 흐름으로 세계는 상당한 풍요 속에 빈곤과 불평등을 함께 겪어온 것이 사실이다.

코로나19 팬데믹은 UN에 따르면, "인간개발의 모든 측면을 강타"하며, "새로운 불평등 세대를 이미 만들고 있다."(UNDP 2020). 소득이 줄고, 사망과 건강 악화, 교육 장벽이 일상화되는 현실이다. 그래서 세계적으로 고질적인 긴장관계들, 즉 인간과 테크놀러지, 인간과 지구, 가진 자와 안 가진 자 사이의 긴장관계들을 더욱 고조시키고 있다.

코로나19 팬데믹은 IMF의 분석에 따르면, 특히 불평등을 더 심화시키고 있다. 2003년의 사스, 2009년의 H1N1, 2012년의 메르스, 2014년의 에볼라, 2016년의 지카에 비해 더 심한 경제적 피해를 주며 불평등을 더욱 심화시킨다. 저명 경제학자들 대다수가 1930년대 대공황 이래 가장 심각한 '경제적 참화(economic calamity)'라 얘기한다.[1]

자본주의의 상징이 되는 미국이 처한 코로나19 위기는 처참할 정도다. 경제위기는 물론 불평등의 확대로 국가위기 상황이다. 노벨경제학자 스티글리츠 교수는 미국 인구의 14%가 푸드스탬프에 의존하고 있는데, 실업대란을 사회적 인프라가 감당하지 못하게 되면서 제2의 대공황을 맞을 수 있다고 경고했다. "푸드뱅크를 이용하는 사람들의 숫자가 엄청나, 공급 능력을 상회한다. 제3세계와 같다."는 것이다.[2] 그는 "우리의 안전망은 부적절하다. 미국의 불평등은 매우 크다. 이 질병(코로나19)은 가장 빈약한 건강을 가진 사람들을 공격하고 있다. 선진국 세계에서, 미국은 전반적으로 가장 빈약한 건강, 그리고 가장 큰 건강 불평등을 가진 국가들 중 하나"라고 비판했다.

2008년의 금융위기 때부터 미국 자본주의의 문제는 심각하게 제기되었다. 당시의 뉴욕발 금융위기가 다른 모든 지역에, 그리고 전 세계에 심각한 성장뿐 아니라 분배의 위기를 불러왔다. 많은 OECD 국가에서 불평등이 2019년에 지난 30년간 사상 최고를 기록하며 상위 10% 고소득자가 하

---

1 https://www.weforum.org/agenda/2020/05/pandemics-poor-rich-economics-coronavirus-covid19/

2 CNN News 2020.4.22.https://www.theguardian.com/business/2020/apr/22/top-economist-us-coronavirus-response-like-third-world-country-joseph-stiglitz-donald-trump

위 10% 저소득자보다 열 배 이상 높은 소득을 가져간다.[3] 자연자원의 고갈, 기후변화의 일상화, 자연재해의 빈도와 강도의 증가, 계층간 불평등 증대, 대량 이주, 종교근본주의와 극우집단 등의 극단주의의 등장, 미중 무역과 안보 전쟁 등 모두가 자본의 위기를 가중시키는 배경 요인들이다(OECD 2017; GIIN 2018: 14).

그런데 글로벌 금융체계는 2008년 이후 지난 10년간 큰 변화 없이 유지되고 있다. 이 금융체계는 엄청난 규모의 자본을 효율적으로 배분해 기업과 기초 인프라에 투자하는 다양한 방안을 추진하는 동력이다. 금융체계의 혜택이 국가들 사이에 그리고 계층들 사이에 불균등하게 분배되고 있는 것이 심각한 글로벌 이슈가 된다.

2008년의 금융위기는 자본주의에 대한 문제제기와 함께 '사회적(social)' 가치와 '임팩트(impact)'의 중요성을 글로벌 차원으로 확산시킨 시대적 전환점이 되었다. 유럽이사회(EC 2018: 84)에 따르면, "글로벌 금융위기로 (청년) 고용과 경제적 산출의 대규모 상실이 발생해 소득 배분과 성장의 포용성에 금융의 긍정적 영향에 대한 의문이 제기되었다." 크레딧 중개와 주식시장 가치는 단기 투기거래에 상당한 영향을 받아 최근 수십년간 꾸준히 상승세를 이어왔다. 금융부문의 높은 보상이 많은 국가에서는 소득불평등이 나란히 늘었고, 가계, 특히 사회적 취약층과 임금노동자의 실질임금은 정체 상태에 머물렀다. 주변화되고 소외된 지역과 분야들은 수익 가능이 낮아 계속 주변으로 밀려나는 주변화가 지속되었다.

이런 문제들을 반영해 '소셜섹터(social sector)'를 강화시키는 글로벌 프

3 OECD(2019) "Inequality puts our world at risk." https://www.oecd.org/inclusive-growth/#inequality-puts-our-world-at-risk

로젝트가 필요하다. 이런 목표는 EU 등 주요국의 우선 전략이 되어 왔다. 유럽 사회권리 증진(European Pillar of Social Rights) 계획이 2017년 공표되며 '사회적' 가치와 임팩트를 강화하는 정책이 추진되었다. 평등한 기회와 노동시장 접근, 공정한 노동조건, 사회적 보호와 포용이 그것이다. 사회권리 증진에서 금융은 자본의 배분에 사회적 지속가능성 고려사항들을 포함시켰다. 사회적으로 지속가능한 금융의 접근법을 진흥시켜 사회권리 증진의 목표 달성을 추구한다는 내용도 있다.

'사회적 리스크(social risk)'를 사정하는 방안도 표준화되는 동향이다. 사회적 리스크 사정을 활용해 은행과 투자자들이 자신들의 핵심 운영에 사회적 지표들을 통합하는 새로운 금융접근을 탐구한다. 이를 기업의 사회적 이슈 스탠다드 개선의 도구로 활용하는 전략이 추진되는 것이다. 그럼으로써 장기 실업, 불평등, 불평등한 교육기회, 인권 침해로 인한 낮은 생산성과 성장 문제를 해결하는 새로운 기회를 창출하는 전략적 목표를 추진한다.

보다 장기적인 '가치창출'에 관심을 갖는 변화가 시장 인센티브가 되고 있다. 글로벌 임팩트 투자 네트워크(GIIN)에 따르면, 그간 투자자와 금융사들은 단기적인 수익에만 몰두해왔지만 이제는 상당한 변화를 모색한다(GIIN 2018: 14).

> "지난 수십 년간 많은 투자자들이 피해를 주는 투자를 적극 스크린해서 자신들의 투자가 환경, 사회, 거버넌스(ESG) 실천을 하는지를 분석하기 시작했다. 이런 변화는 전통적인 지혜에 도전해, 통합적인 리포팅이 더 일반화되고, ESG 요인들이 장기적인 재정 성과에 필수적이라는 것이 ESG 투자 연구로 밝혀지고 있다."

'가치창출'에 대한 투자자의 관심이 임팩트 투자를 유행하게 만든 일차적인 요인이 되고 있다. 그래서 "기업의 사회적 역할에 대한 규범이 바뀌며, 이제 투자자들이 다양한 이해관계자들과 환경에 대한 기업의 영향에 책무성을 갖기를 바란다."(GIIN 2018: 15). 임팩트 투자는 새로운 고액자산가 또는 자산통제자로 등장하는 여성과 밀레니얼 사이에서 정착되는 새로운 투자 문화가 되고 있다.

또 다른 요인도 있다. 사회적, 환경적 임팩트를 고려하는 것이 장기적으로 지역사회로부터 비즈니스 인정을 받아 수익성을 개선하는 '좋은 비즈니스'라는 이해가 확산되고 있다. 지속가능개발목표(Sustainable Development Goals: SDGs)가 널리 인지되며 관심을 모으는 시대적 흐름과 같이 하는 동향이다.

SDGs 달성을 목표로 '포용적 비즈니스(inclusive business)'를 하는 선도적인 기업들에게는 시장기회가 열리고 있다. 지속가능개발 비즈니스위원회(BSDC)에 따르면, SDGs가 기업들에게 중요한 여러 이유들이 있다(BSDC 2017: 19).

- 지난 30년간 경제적, 사회적 성과가 있었음에도 지금의 세계 경제모델은 심각한 결함을 갖고 있다.
- 지금의 모델의 실패로 야기되는 불확실성과 혼란은 기업들이 미래 성장과 번영을 내다보기 어렵게 만들고 있다.
- 긴급행동이 취해지지 않으면 지금까지의 사회적, 경제적 성공이 퇴보할 수도 있다.
- UN SDGs는 기업들에게 세계경제에 강력한 성장 전략을 제공한다.

또 SDGs 달성으로 이뤄지는 주요 시장기회들도 상당하다는 근거도 제시되고 있다(BSDC 2017: 26).

- SDGs 달성은 2030년까지 민간부문에게는 최소 12조 달러의 경제적 성과금을 제시하며 그 규모가 잠재적으로 2~3배 더 될 수 있다.
- 성과금의 절반 이상이 개발도상국에 위치해 있다.
- 성과금의 절반 가량은 4대 경제분야(농식품, 도시, 에너지와 원료, 보건과 웰빙)의 60개 핫스팟 가운데 15개에서 제시된다.
- 4개 분야의 SDGs 달성으로 2030년까지 3억 8000만 일자리가 창출되며, 그 중 90% 가량은 개발도상국에서 일어날 것이다. 하나의 핫스팟이 되는 적정가의 주거는 일자리의 20%(7000만 개)를 만들 것이다.

표 1-1 자본주의에서의 투자의 이론적 변화

1550년대	최초의 공동소유 기업이 다수 투자자의 자본을 유치해 설립
1760년대	1차 산업혁명이 금융 저축과 투자에 촉진 역할, 이후 현대적 은행제도 발전
1900년대	다양한 프로젝트의 현재 가치에 대한 계산방식이 유행
1950년대	경제 통합의 확대에 대한 응답으로 국제회계 스탠다드 조정 노력
1960년대	리스크와 수익을 관리하는 최적의 포트폴리오 개념의 도입
1970년대	주주 가치의 극대화 원칙의 보편화
1990년대	국제회계 스탠다드 도입의 보편화
2030년대	주류 투자이론에 수익, 리스크, 임팩트가 균등한 비중을 차지할 것인가?

자료 GIIN(2018: 14). "Roadmap for the Future of Impact Investing."

자본주의 경제가 초기 도입기를 거쳐 지금에 이르기까지 투자의 특징을 살펴보면 아래와 같다(GIIN 2018: 15). 전통적인 투자원칙이 되는 포트폴리오 최적화와 주주 가치 극대화는 그 다음의 새로운 투자 이론의 흐름에도 수용될 수 있을지가 의문이다. 2030년대의 투자 이론은 PRI(수익, 리스크, 임팩트) 3차원이 균등한 비중을 차지하는 새로운 변화가 일어날 것이라는 예측이 있다(GIIN 2018: 15).

실제로 사회적 임팩트 투자에 대한 대중적 지지는 높아지는 추세다. 각종 설문조사를 취합한 영국 국가자문위원회의 새로운 연구기관(Impact Investing Institute 2019: 8-11)의 분석결과는 다음과 같다.

- 영국 성인 다섯 명 중 세 명이 금융기관이 인간과 지구에 피해를 주지 않고 좋은 결과를 내는 투자를 하기를 바란다.
- 70%가 자신의 투자가 인간과 지구에 피해가 되지 않고 좋은 결과를 내는 투자가 되기를 바란다.
- 52%는 자신의 저축과 투자가 세상에 긍정적 임팩트를 생산한 것을 알았다면 더 많은 저축과 투자를 했을 것이라 답했다. 이런 투자 동기는 투자자산 2만 5000파운드 이상 개인에게는 60%로 높고, 밀레니얼 세대에서는 67%로 높다.
- 56%는 지금 그리고 앞으로도 지속가능한 투자에 관심이 있으며, 밀레니얼 중에는 71%로 매우 높다.
- 57%는 자신의 연금이 세계에 미치는 임팩트에 대해 알고 싶어 한다.
- 56%는 지속가능한 연금에 완전히 또는 부분적으로 선택할 의향이 있다.
- 47%는 자신의 가치에 대립되는 투자에 대해서는 연금을 바꾸려 한다.

• 71%는 투자결정에서 수익(return) 우선, 65%는 리스크(risk)를 우선 고려하며, 30%는 인간과 지구에 대한 임팩트(impact)를 우선 고려한다.

2) 사회적 가치와 ESG 패러다임

자본주의 경제의 위기와 더불어 경제적 가치를 넘어 사회적, 환경적 가치에 대한 논의와 실천이 지속적인 글로벌 동향이 되고 있다.

(1) 사회적 가치와 ESG 주류화

ESG 임팩트 투자는 다음 10년 내에 주류화가 될 것이라고 영국의 사회적 임팩트 국가자문위원회는 전망한다(UK NAB 2018: 16).

> "투자결정의 사회적, 환경적 영향은 일반적으로 주류 투자 공동체의 위임 사항이 아닌 것으로 간주되고 있다. 그런데 기관투자자들은 장기적인 리스크 조정의 수익을 늘리면서, 또 여러 전략들을 활용해 임팩트를 투자결정에 통합시키며 사회적, 환경적 임팩트의 어젠다를 지원할 수 있고 또 지원하고 있다는 증거들은 늘고 있다. 지난 10년은 투자결정에 환경, 사회, 거버넌스(ESG) 요인들이 포함되는 두드러진 성장이 있었다. 다음 10년은 ESG 실천이 완전히 주류가 되는 것을 목격하고 또 형식적 요건이 아닌 실질적인 투자결정으로의 전환이 필요하다."

ESG 임팩트 투자는 비즈니스, 투자자, 정부 모두에게 가시적, 실질적 혜택을 생산하고 있다(UK NAB 2018: 16-17). 먼저 비즈니스 리더들에게는 기업의 규모나 성장 단계와 관계 없이, 사회적 목적을 통합하는 것이 경제적 정당성이 있다(앞글: 16). 지금의 고객과 내일의 고객 모두에게 어필하는 투자다. 임직원에게도 어필하는 투자다. 밀레니어 60%가 사회적 목적을 가진 기업에서 일하고 싶어 한다. 딥워터 호라이즌(Deep water horizon) 기름유출 사고나 폭스바겐 배출 스캔들 등의 사회에 해로운 행위의 리스크를 완화하는데 도움이 된다.

그리고 많은 연구들은 이런 요인들이 궁극적으로 장기적인 가격성과 개선으로 기업에 혜택을 준다는 증거를 제시해준다(표 1-2).

표 1-2 임팩트의 가치 증거

옥스퍼드 대학과 아라베스크 파트너즈(Arabesque Partners)의 200개 이상의 연구를 분석한 메타 연구에 따르면, 임팩트를 지속가능성이나 ESG 실천에 통합하면 다음과 같은 성과를 낸다.

첫째는 자본비용의 감소다. 사례 연구의 90% 가량이 건전한 지속가능성 스탠다드로 기업의 자본비용을 감소시켰다는 결과를 보였다.

둘째는 운영성과 개선이다. 사례 연구의 88%가 견고한 ESG 실천이 기업의 운영성과를 개선한 결과를 보여주었다.

마지막은 주가성과 개선이다. 사례 연구의 80%가 모범적인 지속가능성 실천으로 기업의 주가성과를 개선한 결과를 보여주었다.

자료 UK NAB(2018: 16). "The Rise of Impact."

둘째, 투자자에게는 임팩트 경제(impact economy)가 자신들이 선호하는 가치와 일치하는 투자기회가 되며 동시에 상당한 성장기회를 의미한다. ESG 요인들을 투자결정에 통합하면 리스크 조정의 금융 수익을 생산하는 긍정적 기반이 된다. 동시에 투자자에게 보다 '지속가능한 경제'로의 전환과 같은 상당한 거시적 성장 트렌드를 뒷받침하는 기회를 갖게 된다. 영국의 '비즈니스와 지속가능개발 위원회'에 따르면, SDGs와 연계한 임팩트 투자에서 12조 달러의 상업적 가치가 생산된다.

또 정부는 임팩트 경제가 지금 시대의 심각한 문제들에 대한 솔루션을 촉진하는 금융 지원을 하는 새로운 사회적 금융이라 본다. 임팩트 경제의 사회적 목표는 정부가 추진해야 하는 사회적 목표와 일치하기 때문이다. 경제성장의 재조정, 고령인구에 대한 사회적 돌봄 재정지원, 기후변화 완화와 적응 등 정부 단독으로 해결할 수 없는 심각한 문제들이 임팩트 경제의 투자를 기다리고 있다.

정부의 역할은 시장 위탁자 또는 규제자 차원을 넘어 정부가 시장 참여자, 시장 조정자 역할을 할 것을 강력히 주문한다. 정부는 임팩트 경제 생태계 조성에서 다음과 같은 핵심적 역할을 한다(UK NAB 2018: 17).

첫째, 정부는 임팩트 경제에서 핵심적인 위탁자가 된다. 영국 정부는 유일한 최대의 재화와 서비스 구매자이다. 연간 2400억 이상의 공공조달을 활용해 사회적, 환경적 이슈들의 해결에 상당한 결과를 생산하는 위상을 갖고 있다. 조달결정에서 사회적 임팩트의 비중을 높여 기존의 재화와 서비스 공급 방식을 획기적으로 전환시키는 강력한 인센티브 제공자 역할을 할 수 있다. 서비스 시행기관들이 사회적 문제들을 해결하도록 강한 동기를 부여하고, 이들이 강력한 사회적 가치를 생산하는 기회를 갖도록 해서 경제의 상당 부분에 잠재적 파급효과를 일으키게 된다. 이렇게 생산된 사회문제 해결 또는 개선의 결과로 납세자의 세금부담을 줄이고 공공자금의 효율성을 높이게 된다.

둘째, 정부는 '시장 규제자'로서 시장실패를 해결하는 역할을 할 수 있다. 시장실패는 임팩트가 있는 민간 자본을 도매시장과 기관투자자 등의 주류에서 배제시켜 주변화되게 하는 리스크를 수반한다. 또 정부는 '시장 참여자'로서 민간 투자자와 강력한 파트너십으로 문제해결을 할 수 있다. 또 정부는 '시장 촉진자'로서 비즈니스를 동원해 임팩트 경제 운동에 합류하도록 촉진하는 역할을 할 수 있다.

(2) PRI(수익-리스크-임팩트) 패러다임

사회적 가치를 포함한 ESG는 이제 글로벌 금융시장의 기본이 되고 있다. 글로벌 임팩트 투자 네트워크(GIIN 2018)의 〈임팩트 투자의 미래 로드맵〉 보고서는 금융시장 이해관계자 350명의 자문을 받은 결과를 소개한다. 전문가 대다수가 사람과 지구에 대한 '임팩트'를 고려하지 않는 투자는 사회적으로 수용될 수 없을 것이라는 응답했다. 이들은 임팩트 투자 생태계에서 활동하는 전문집단뿐 아니라 공공 및 민간 기관들과 세계은행과 EU 등 다자기관의 전문가 집단이다. 미래의 투자가 모두 임팩트 투자가 될 것이라는 의미보다는 투자결정에서 임팩트가 예외가 아니라 기본, 드폴트(default)가 될 것이라는 전망이다.

모든 투자결정에 사회적, 환경적 임팩트를 고려대상으로 설정하는 일이 일상화되는 동향이다. 기업들과 투자자들은 주주, 임직원, 고객, 공급자, 지역사회, 지역과 글로벌 환경 등을 포함하는 다양한 이해관계자에 대한 책무성(accountability)을 갖게 된다. 투자자들은 '피해 안주기(do no harm)'를 기본자세로, 사회적, 환경적 목표를 가진 사업에 많은 자본 투자를 한다. 그래서 임팩트 투자가 개인투자부터 기관투자에 이르기까지 생동적인 일상적 선택이 될 것이라 전망한다.

이에 따라 임팩트 투자 전략은 임팩트 측정의 종합성, 접근성, 전문성 기준을 갖춘 투명한 실행으로 강화될 것이다. 임팩트 지표와 금융지표의 성과가 축적되며, 금융기관들은 사회적, 환경적 임팩트 성과 달성에 인센티브를 제공할 것이다. 리스크, 수익, 임팩트가 동등한 비중을 차지하는 금융 이론이 제시될 것이다.

지속가능성이 약한, 단기적 수익에 대한 보상은 사라질 것이다. 분석가들과 정책결정층은 장기적인 임팩트 성과와 금융적 성과를 우선할 것이며, 장기적인 지속가능성을 추구하기 위한 당장 시급한 문제들의 해결에 관심을 가질 것이다. 그 결과, 실물경제에 상당한 투자가 늘 것이며 글로벌 금융시장은 상당한 안정성을 유지할 것이다.

또 접근과 권력 역학에서의 패러다임 이동에 따라 고위직에서 여성과 전통적인 취약층의 대표가 크게 늘 것이다. 또 주주의 범위를 넘어 다양한 이해관계자 집단에 대한 고려가 있을 것이다. 투자처, 수혜자, 기타 이해관계자들의 목소리가 보다 명확하게 보다 체계적으로 수용될 것이다. 나아가 자본시장 접근에서 배제된 수십억 인구의 접근기회가 새로운 금융상품과 배분 메카니즘 덕분에 확장될 것이다.

금융시장은 세계를 위협하는 위협들과 새로 위협이 될 수 있는 위험 가능성을 완화시키는 금융적 솔루션에서 핵심적인 역할을 한다(GIIN 2018: 17). 재생 에너지와 원자재에 대한 투자로 전통적인 지속가능성이 취약한 산업이 퇴출될 것이다. 기후변화의 괘도와 페이스가 완화될 것이며, 빈곤이 해소되고 기회의 평등이 취약층에게 확장될 것으로 기대된다.

(3) '책임투자': UNPRI

글로벌 '책임투자'의 성장에는 UN이 국제적으로 공인하는 책임투자 원칙 PRI(Principles for Responsible Investment)이 뒷받침되고 있다. UNPRI는 2006년에 출범해, 동참하는 서명기관들이 늘고 있다. 서명기관이 되면 '책임투자'를 실천하는 기관이라는 공적 인정을 받으며 지속가능한 금융시스템 구축을 추진하는 글로벌 공동체의 일원으로 동참하게 된다.

UNPRI 6대 원칙에 서명한 기관들은 자산소유자, 투자관리자, 서비스 시행자 등으로 구분된다. 자산소유자는 장기퇴직예금, 보험 등의 자산 소유기관이다. 연금기금, 국부펀드(sovereign wealth fund), 재단, 인다우먼트(endowments), 보험 및 재보험사 기타 예금을 운영하는 금융사들이다. 투자관리자는 제3자로 자산을 관리하는 기관으로, 제도, 소매시장 역할을 한다. 서비스 시행자는 자산소유자 또는 투자관리자에게 제품이나 서비스를 제공하는 기관이다. 자산 소유자나 관리자는 아니지만 고객들이 ESG 이슈들에 관심을 갖도록 하는데 상당한 영향력을 갖고 있다.

'책임투자'에 대한 글로벌 관심은 UNPRI에 집중되어 다음과 같은 발전 배경을 보여준다(UNPRI).[4]

a) ESG 요인들이 리스크와 수익 결정에 중요한 역할을 한다는 금융공동체의 인식,

b) ESG 요인들은 고객과 수혜층에 대한 투자자의 의무의 일부라는 이해,

---

4 https://www.unpri.org/about/what-is-responsible-investment

c) 단기실적주의(short-termism)가 기업의 성과, 투자수익과 시장행태에 미치는 임팩트에 대한 관심,

d) 수혜층에 대한 장기적 이해와 광범한 금융시스템을 보호하기 위한 법률적 요건,

e) 경쟁사의 경쟁적 어드밴티지로 책임투자 서비스를 제공하며 차별화하는 압력,

f) 자본이 어디에 어떻게 투자되는지, 투명성을 요구하는 수혜층의 관심과 활동,

g) 지구화와 소셜 미디어 세계에서의 기후변화, 오명, 노동조건, 고용자 다양성, 부패, 공세적 세금전략 이슈들의 가치파괴적인 평판 리스크(reputational risk).

UNPRI가 지향하는 ESG 요인들은 〈표 1-3〉과 같다. 사회적 가치 부분에서는 노동을 비롯해, 지역공동체, 사회적 갈등, 보건과 안전, 고용 등이다.

표 1-3 UNPRI의 ESG(환경, 사회, 거버넌스) 요인 목록

환경(Environmental: E)	사회(Social: S)	거버넌스(Governance: G)
• 기후변화 • 그린하우스개스(GHG) 배출 • 식수 등 자원고갈 • 쓰레기와 오염 • 숲제거(deforestation) 등.	• 노예, 아동노동 노동조건 • 지역공동체(원주민 등) • 갈등 • 보건과 안전 • 고용자 관계와 다양성	• 임원 임금 • 뇌물과 부패 • 정치적 로비와 기부금 • 이사회 다양성과 구조 • 세금 전략

자료 UNPRI(https://www.unpri.org/about/what-is-responsible-investment)

(4) 국민연금의 사회책임투자

국민연금의 투자정책 변화는 최근의 글로벌 동향과 국내 상황의 급변을 반영하고 있다. 국민연금은 2019년 4월 〈사회적 가치 실현 예규〉를 시행해 사회적 가치 심의 의결을 위해 사회적가치전략위원회를 운영한다. 국민연금은 현재 주식만 적용하는 사회책임투자를 중장기적으로 채권, 대체 등 모든 자산군에 적용할 것을 검토 중이다. 국민연금의 사회책임투자 펀드는 2018년 기준 26조 7400억 원으로 총자산 대비 4.2%에 불과하며, 이는 전체 국내주식 위탁운용 규모 대비 9% 수준이다.[5]

국민연금법(제102조)과 국민연금 기금운영지침(제17조) 또한 책임투자를 규정하고 있다. "증권의 매매 및 대여의 방법으로 기금을 관리운영하는 경우에는 장기적이고 안정적인 수익증대를 위하여 투자대상과 관련한 환경 사회지배구조 등의 요소를 고려한다." 또 〈사회적 가치 실현 예규〉에서 '책임투자 원칙'과 '수탁자 책임활동'을 규정해 연간보고서로 활동 실적을 보고하도록 되어 있다(국민연금 2019).

5 한겨레신문(2019.7.29.) 보도. 작년에 전체 국내주식 위탁운용 자산의 30%까지 사회책임투자를 늘린다는 계획에 크게 미치지 못한 것이다.

2. 사회적 가치와 임팩트 투자

1) 사회적 가치란 무엇인가

사회적 가치를 생산하는 공공기관이나 사회적경제 기관들의 사례들은 다양하고 무수하다. 그럼에도 사회적 가치는 하나의 통일된 권위적인 개념정의를 갖고 있지 않다. 다만 지역 실정에 따라 다양한 사회적 가치가 정의되어 적용되고 있다.

(1) 지역사회 기반의 사회적 가치

세계 최초로 2013년 사회적가치법을 시행하는 영국에서 사회적 가치는 "주관적이며, 장소에 기반하는데, 일반적으로 재화와 서비스가 제공하는 지속적인 사회적 혜택(sustained social benefit)"으로 정의되고 있다(UK NAB 2018: 32).

이런 융통적인 개념정의에는 중요한 이유가 있다. "사회적 가치는 지역의 욕구의 맥락에서 또는 공공기관의 특정한 전략적 목표 측면에서 혜택이 되는 것이 무엇인지를 고려함으로써 가장 잘 접근된다"는 신념 때문이다(Social Entreprise UK 2012: 12). 어느 지역에서는 청년고용 문제가, 다른 지역에서는 미세먼지 해결이 가장 중요한 지역사회 욕구가 되고, 이를 해결하는 것이 사회적 가치를 생산하는 것으로 간주되기 때문이다.

따라서 영국의 사회적가치법은 일반 다른 법에서 채택하는 열거주의가 아니라 융통주의를 적용할 것을 제안하다. 사회적가치법은 공공조달 기관이 다음을 고려해야 한다고 규정한다(Social Entreprise UK 2012: 12).

- 제안된 사안이 어떻게 조달될 것인지는 관련 지역사회의 경제적, 사회적, 환경적 웰빙을 개선할 것인지를 고려.
- 조달의 과정에서 그런 개선을 담보하기 위한 입장에서 어떻게 행동하는 것이 바람직한지를 판단.

사회적가치법은 위탁기관과 조달관리에게 어떤 추가적인 사회적, 환경적 가치가 지역사회의 욕구를 가장 잘 충족할 것인지 또 서비스 공급자에게는 혁신의 기회도 제공하는 방안이 무엇인지를 결정하는 자율권을 부여한다.

(2) 사회적 가치: 부가가치 또는 일출효과

또 사회적 가치는 "재화, 서비스 및 결과의 직접적 구매의 위탁/조달에 따른 그리고 추가적으로 생산된 지역사회에 대한 추가적 혜택(additional benefit)"이다. 영국의 〈사회적 가치법 시행지침서〉는 이렇게 사회적 가치를 정의한다(Social Entreprsie UK 2012: 11).

사회적 가치를 '부가가치(added value)'로 보는 시각은 복지경제학에서 '일출효과(spillover effect)'로 설명한다. 일자리의 사회적 가치의 경우, 개인적 가치에 추가되는 일출효과를 사회적 가치로 간주한다(World Development Report 2013). 일자리의 사회적 가치를 실용주의 시각에서 해석한 것이다. 일자리의 일출효과는 환경 비용 등 부정적인 가치들과 사회적 정체성과 젠더 평등과 같은 긍정적인 가치들로 구분한다.

일자리의 개인적 가치가 사회적 가치로 긍정적 일출효과를 갖는 경우도 있지만 부정적 일출효과를 갖는 경우도 있다. 세계은행은 일출효과가 좋은 일자리 사례를 〈표 1-4〉와 같이 소개한다.

표 1-4 일자리의 사회적 가치: 일출효과 높은 일자리

1) 생활수준 개선 일출효과가 좋은 일자리
 - 빈곤층 일자리, 여성 역량개선의 일자리, 타인에게 부담이 안 되는 일자리
2) 생산성 향상 일출효과가 좋은 일자리
 - 기능적 도시의 일자리
 - 글로벌 시장에 연계된 일자리
 - 환경 친화적인 일자리
3) 사회통합 일출효과가 좋은 일자리
 - 공정성 의식을 갖게 하는 일자리
 - 네트워크(관계망)에 연계된 일자리
 - 사회적 정체성을 형성하는 일자리

자료 World Bank(2013), World Development Report 2013.

일자리는 개인뿐만 아니라 사회에도 가치를 생산하는데, 일자리의 '개인' 대 '사회적' 가치에 대해서는 〈그림 1-1〉을 참고할 수 있다.

a) 빈곤층에게 기회를 주는 비공식(자영업 등) 일자리는 빈곤해소의 일출효과가 있다.
b) 청년에게 기회를 주는 일자리는 청년의 공정성 의식과 사회적 정체성 향상의 일출효과가 있다.
c) 여성에게 글로벌 가치사슬에 연계된 도시 일자리는 젠더평등, 글로벌 통

합, 집적효과(모여 경쟁하는 이점) 등 일출효과가 있다.

그림 1-1 사회적 가치의 일출효과

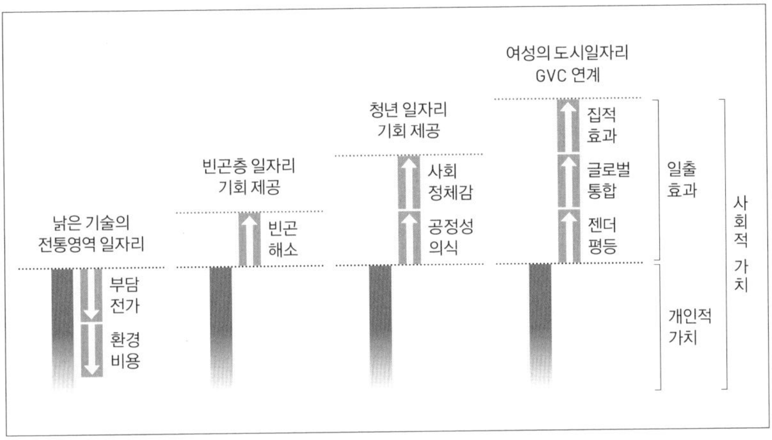

자료 World Bank(2013), World Development Report 2013.

그런데 일자리 사례처럼 사회적 가치를 일출효과로 보는 시각은 좁은 의미의 시각이다. UNDP의 〈2015 인간개발 보고서〉의 '사회적 가치' 시각은 일출효과 시각을 대신하는 '인간개발' 접근법을 제시한다. 사회적 가치는 '관계적'이며, 또 사람들의 노동에서 얻어지는 안정감, 존엄감 등 주관적 가치판단에 기초하기 때문에 '주관적'이라는 시각이다.

UNDP의 〈2015 인간개발보고서: 노동〉에 따르면, 인간개발의 시각에서 노동(work)은 일자리(job), 고용(employment) 이상의 넓고 깊은 의미를 가진다. 일자리는 소득을 주고 인간 존엄성과 참여와 경제적 안전을 지원한다. 그럼에도 일자리 자체는 돌봄 노동(care work), 자원봉사, 그리고 작문이나 미술 등의 창작활동의 다양한 비경제적, 친사회적 활동만큼 인간개발에 미치는 깊은 의미를 주지는 못한다.

노동과 인간개발은 시너지 관계에 있다. 노동은 소득과 생계를 제공하며, 빈곤해소 또는 형평성을 가진 성장을 보장하며 인간개발에 기여한다. 노동과 인간개발은 상호강화적인 관계에 있다.

2) 임팩트 투자 산업의 동향

사회적 가치에 대한 투자를 임팩트 투자라 좁게 정의할 수 있다. 사회적 가치 실현을 위한 투자가 임팩트 투자이다. 임팩트 투자는 넓게는 하나의 산업이자 하나의 운동이다(GIIN 2018: 19). 임팩트 투자는 사람들과 금융시장 사이의 관계를 근본적으로 바꿔놓고 있는 변혁을 촉매하고 있다.

'운동'으로서 임팩트 투자는 광범한 행태적 변화를 조장한다. 사람들이 금전의 목적과 사회에서의 비즈니스를 보는 시각을 재구성하고 있다. 사람들은 어떻게 경제적 선택을 하고, 기업은 어떻게 비즈니스를 하며, 투자자들이 어떻게 임팩트의 기회를 평가하고 가치를 두고 있는지를 잘 보여주는 운동이다. 임팩트 투자 운동은 어떻게 투자로 사회에 긍정적인 임팩트를 생산할 수 있는지에 목표를 설정한다. 모든 개인이 어떻게 수익을 얻고 저축하고 소비하며 투자할 것인지를 자기 스스로 결정함으로써 긍정적인 임팩트를 생산할 수 있다는 신념을 갖게 될 때 임팩트 투자 운동은 성공적일 수 있다.

'산업'으로서 임팩트 투자는 투자자, 서비스 제공자 등 자신의 긍정적 임팩트를 최적화하는 사람들로 구성된다. 광대한 금융시장의 일부에 지나지 않는다. 임팩트 투자 산업은 자체의 생동력을 발휘해, 새로운 시장 진출자들에게 수단과 기회를 개발하며 임팩트 투자 운동을 가속화할 수 있다. 가까운 미래에는 모든 투자자들이 자신의 투자가 낳는 긍정적, 부정적 임팩트를 이해하게 될 것이다. 투자자들이 자신들의 투자결정 과정에 수익과 리스크뿐 아니라 임팩트도 고려할 수 있는 임팩트 관련 데이터를 갖게 될 것이다.

투자자들은 신뢰할 만한 자료를 갖춰 자본이 효과적인 솔루션에 투자될 수 있게 될 것이다. 임팩트 투자자들은 임팩트 측정을 위한 광범한 도구와 시스템을 구축, 검증해 정교화시키고 있다. 그럼으로써 보다 효율적, 효과적인 방법들이 투자자들에게 제시될 것이다. GIIN 2018년 글로벌 서베이에서 임팩트 투자자 42%가 SDGs를 임팩트 측정과 관리에서 중요한 도구 또는 지표로 설정해두었다고 답했다. SDGs가 마감되는 2030년이면 임팩트 투자가 SDGs 달성에 상당한 기여를 할 것으로 전망된다. 임팩트 투자자들이 얼마나 어떻게 기여했는지를 파악할 수 있게 될 것이다.

사회적 임팩트에 대한 투자, 즉 임팩트 투자는 사회적, 환경적 임팩트를 창출하면서 재정적 수익도 생산하는 새로운 투자방식이다. 바꿔 얘기하면 사회문제 해결에 기여하는 기업, 조직, 펀드 매니저에 투자하는 것을 의미한다.

임팩트 투자처가 되는 '사회목적 비즈니스'는 경제에도 상당한 기여를 하고 있다. 그 기여도는 점차 증가세를 보여준다. 영국의 경우 약 12만 개의 사회목적 비즈니스가 활동하며 140만 명을 고용해 연간 1550억 파운드 수익을 내고 있다(UK NAB 2018: 12). 또 모든 스타트업의 25%, 특히 모든 밀레니어 기업가의 절반 이상이 재정수익뿐 아니라 사회적 임팩트에 동기부여를 가진 비즈니스를 한다. 영국인의 50~75%가 자신의 투자가 재정수익뿐 아니라 사회적 기여를 하기를 희망한다. 또 글로벌 차원에서는 연금기금과 보험사의 21%가 임팩트 투자 전략을 적극 개발하고 있으며, 44%는 고려중인 것으로 알려지고 있다.

그럼에도 여전히 많은 사람들은 재정수익을 우선시해서 임팩트 투자가 재정수익의 손실을 의미하는 것으로 오해하고 있다. 그런데 최근 조사에서는 임팩트 투자가 실제로 시장수익 수준을 타깃으로 한 임팩트 펀드들이 그 이상의 성과를 낸 것으로 나타나고 있다(UK NAB 2018: 13-14). 일본은 연간 5억 달러 규모의 휴면계좌 등의 미청구 자산(unclaimed assets)으로 영국형 빅소사이어티 캐피털(BSC)과 같은 사회임팩트 도매시장을 개시했다. 브라질 정부는 사회적금융 국가정책을 수립해 시행하고 있다. 글로벌 자산관리사들을 대표하는 BlackRock, Goldman Sachs, TPG, Morgan Stanley 등은 임팩트 투자 플랫폼을 개설해 다양한 금융 서비스를 개시했다. 이제 임팩트 투자는 유명한 비즈니스 스쿨에서 새로운 전공으로 강의되고 있다.

이런 변화에 대해 영국 국가자문위원회(UK NAB 2018: 14)는 "자본시장 사고방식에 임팩트 주류화의 티핑 포인트에 근접하고 있다"고 평가한다. 대형 연금기금, 보험사 및 FTSE 100대 기업들은 이제 전통적인 2차원(수익과 리스크)에 임팩트를 추가해 3차원(PRI: profit, risk, impact) 기준으로 투자 의사결정을 하고 있다는 것이다. 새로운 투자 '패러다임 전환'이 이뤄질 것으로 전망한다.

3) 임팩트 투자: 수익, 리스크, 임팩트

임팩트 투자는 전통적인 사업 투자의 수익과 리스크 방정식에 임팩트를 추가하는 새로운 방정식을 제시한다. 사회적 임팩트 투자에는 전통적인 자선기관 등의 사회적 임팩트를 우선하는 투자와 상업적 기관들의 사회적 임팩트를 수익 다음의 이차적 목적으로 하는 투자로 구분될 수 있다.

표 1-5 사회적 임팩트 투자의 임팩트, 수익, 리스크

임팩트 우선의 투자자 Investors for impact	임팩트 이차적 투자자 Investors with impact
사회적 임팩트(social impacts)	
• 일차적으로 긍정적 사회적 임팩트 달성을 고려; 수익을 고려하거나 안 할 수 있음 • 사회적 문제, 사회적 솔루숀과 수혜층을 우선 고려(솔루숀 포커스) • 변화이론(Theory of Change)을 제시 • 사회목적조직(SPO) 지원의 임팩트에 대한 자체 평가기준을 갖춤 • SPO의 바람직한 임팩트 생산 잠재력에 관심을 갖고 협상 스크리닝과 의무사항 문구에 SPO 임팩트 모델을 중시 • 투자처 선정에서 긍정적 스크리닝 접근 활용 • 맞춤형 지표 활용을 포함한 강력한 관리주도적인 상향식 임팩트 측정 접근 방법을 활용. 투자 기간에 과도한 증거 요청으로 투자처 부담을 주지 않으면서 SPO와 지표의 공동 디자인 • 단순한 의도성(intentionality)에 머물지 않고 부가성(additionality)에 초점을 맞춤 • 출구전략으로 SPO의 임팩트 보존 우선.	• 사회적 임팩트는 금융수익 달성에 따른 이차적인 목표 • 사회적 임팩트는 금융수익 달성에 관련된 리스크 완화를 위해 활용 • 투자 스크린은 투자로 생산되는 금전 수익에 기초하고 그 다음이 잠재적인 임팩트 순서 • 투자 선정은 표준화된 기준(ESG, PRI 등)으로 활용 또는 특정 모델이 달성한 임팩트에 대한 정밀한 증거를 필요로 하는 부정적 스크리닝 접근 • 투자처의 사회적 임팩트 성과 측정은 표준화된 지표(IRIS, GRI) 활용.
수익(financial returns)	
• 수익은 타깃에 따라 광범하게 분포 (−100%에서 0% 그리고 +) • 잠재적 수익은 목적(사회적 임팩트 달성) 에 대한 수단으로 간주 • 더 높은 사회적 임팩트 달성을 위해 수익의 일부를 포기할 의향 있음.	• 전통적 투자자와 같은 입장에서 긍정적 수익 기대 • 일차적 타깃은 금융수익이며 사회적 임팩트 달성은 이차적 목표 • 더 높은 사회적 임팩트 달성을 위해 수익의 일부를 포기할 의향 없음.
리스크(risks)	
• 높은 운영 리스크가 사회적 임팩트 달성 수단인 경우 이를 담당할 의향 있음 • 명확한 사회적, 금융적 리스크 사정을 시행(사회적 임팩트 목표 달성과 연계되지 않은 리스크 또한 고려) • 잠재적인 (그리고 부수적인) 부정적 임팩트를 고려 • 리스크 완화 방안을 개발 • 임팩트와 관련된 리스크를 줄이기 위한 임팩트 증거(impact evidence) 활용.	• 금융 시각에서 리스크 고려로 시작해 금융 요소의 리스크 완화에 초점 • 사회적 임팩트 관련 리스크 사정과 완화의 방법 개발이 일상화되지 않음 • 부정적인 사회적 임팩트 생산의 리스크를 고려하는 것은 스크리닝 기준(피해 안주기)에 근거.

자료 EVPA(2018b: 7). "Impact Strategies: How Investors Drive Social Impact."

3. 사회적 혜택과 사회적 비용

임팩트 투자 패러다임의 중심에는 '사회적 가치'가 주요 목적으로 내포되어 있다. 사회적 가치 실현을 위한 임팩트 투자이다. 사회적 가치의 생산이 임팩트의 핵심이며, 사회적 가치에 대한 투자를 사회적 투자 또는 임팩트 투자라 볼 수 있다. 사회적 가치는 혜택이 비용보다 더 큰 가치를 말하며, 사회적 가치 생산의 결과는 사회에 긍정적인 임팩트를 의미한다.

1) 사회적 가치의 혜택

사회적 가치가 공공기관의 정책결정에서 보편화되는 이유는 복합적이다. 사회적 가치 접근법인 지역사회에 주는 혜택의 최대화와 서비스 질 개선이 핵심이다. 이뿐만이 아니다. 정부기관의 비용절감과 지역사회 비영리 조직의 공공서비스 시장진입 기회 확장도 중요한 근거가 된다. 그런데 사회적 혜택을 파악함과 동시에 특정 문제나 이슈가 생산하는 부정적인 사회적 가치 또는 비용을 함께 파악하는 것이 중요하다. 특정 사회문제의 해결이 생산하는 사회적 혜택뿐 아니라 사회문제의 방치로 인한 사회적 비용에 대한 이해도 중요하다.

'사회적 혜택(social benefits)'은 사회적 가치 정책을 필요로 하는 이론적, 정책적 근거가 된다. 사회적 혜택은 다음과 같이 구분해 살펴볼 수 있다. a) 사회적경제를 진흥시키는 혜택, b) 공공기관의 효율성 개선 혜택, c) 지역경제 성장과 웰빙 혜택, d) 지역공동체의 욕구충족 혜택 등이다(Social Entreprsie UK 2012: 13-17).

(1) 사회적경제 진흥의 혜택

사회적 가치법은 사회적기업과 시민사회조직들이 공공서비스 전달에서 많은 역할을 하기를 기대하며 제정된 것이 영국의 법 제정의 배경이다. 이들이 지역의 욕구, 문제해결에 혁신적 방법을 잘 알고 있기 때문에 이들에게 많은 역할을 하도록 법과 제도가 마련되어 사회적 가치 창출을 스케일링하는 게 중요하다.

그런데 지금의 공공부문은 일부 소수 중대형 조직들이 공공조달의 독점적 지위를 갖고 있어 소형 조직들의 진입에 장애가 되고 있다. 그렇다고 정부 조달과 위탁이 사회적, 환경적, 경제적 혜택을 고려해 결정되는 것도 아니다. 공공서비스 영역은 광범한데, 서비스 공급자는 소수로 한정되어 있다. 복지와 폐기물 처리 등이 특히 심하게 '경쟁, 선택, 혁신 및 금전의 가치' 측면에서 지역사회의 욕구를 제대로 충족하지 못하게 하는 분야로 꼽힌다. 사회적 가치법은 이를 시정하기 위해 시민사회조직들이 공공서비스 시장에 진입하는 기회를 확장하기 위한 법이다.

(2) 정부 부처와 기관들의 효율성 개선의 혜택

두 번째 주요 동기는 위탁기관으로 정부기관이 경제적, 사회적, 환경적 목표를 별도로 접근하는 대신에 통합해서 모든 전략적 조달 기능에 내재화하는 것이다. 영국 정부는 재화와 서비스의 가장 많은 구매자로 공공조달은 연간 2360억에 달한다(앞글: 14). 경제적 긴축의 시대에 사회적 욕구를 충족시키기 위해서는 그 어느 때보다 정부의 구매력의 완전한 비중을 최대 수준의 혜택과 효율성 달성에 집중시켜야 한다는 것이 중시되고 있다.

위탁과 조달에서 사회적 가치를 내재화함으로써 복합적인 혜택이 달성될 수 있으면, 이는 다시 복수의 정부기관이나 조직들의 효율성 혜택으로 이어질 수 있다. 일종의 일출효과(spillover)이다. 공공기관이 일차적 고용주가 되는 영국의 일부 분야에서 지출절감은 일자리 축소라는 임팩트를 만든다. 이런 부정적 임팩트를 줄이기 위해서는 모든 지출 정책결정이 수탁기관으로 하여금 지역의 고용기회를 지원하도록 요구하는 전략이 되어야 한다.

실업 감소, 범죄와 질병과 폐업 감소 등 지역공동체의 기회상실의 비용 기준에서 사회적 가치의 가격을 측정하는 광범한 비용평가가 중요하다. 이를 통해 정부기관들의 비용절감의 성과가 생산될 수 있다. 마찬가지로 사회적 가치 주도의 위탁과 조달을 통해 가능해진 혁신은 추가적인 효율성을 생산할 수 있다.

(3) 지역경제의 성장과 웰빙 혜택

공공조달 정책결정은 지역경제의 성장과 웰빙에 상당한 영향을 미치게 된다. 지역사회의 문제들을 해결함으로써 가능해진다. 영국의 경우, 지방정부 지출 중 40%가 제3자 용역이며, 이 수치는 지방정부의 직접적인 공급이 줄어드는 경향에서 점차 증가하고 있다(앞글: 15). 이렇듯이 지방정부는 지역의 전략적 목표 달성을 위한 직접적 공급자로서의 통제력을 갖고 있지 않으며, 대신 이런 목표는 사회적 가치를 활용한 공급사슬에서 실행될 수 있다.

지방정부의 지출 정책결정은 지역의 경제적, 사회적, 환경적 혜택을 고려해 다음의 혜택을 창출하고 촉진하는 역할을 할 수 있다.

- 지역의 시행기관을 활용해 고용기회를 창출하게 할 수 있다.
- 조달과정을 통한 일자리 창출은 박탈의 악순환과 공공자금에 비용부담을 없애는데 기여할 수 있다.
- 공공서비스 시행기관과 임직원은 지역 경제권에서 지출을 하게 된다.
- 공공기관이 구매력을 활용해 수탁기관의 공급사슬에 고용기회 지원 등의 요구를 규제하는 것은 더 나아가 잠정적으로 지역공동체에 새로운 비즈니스 창업을 지원하는 효과로 이어질 수 있다.

(4) 사회적 가치를 지역 문제해결에 연계

공공서비스 시행기관은 지역사회에 상당한 긍정적인 임팩트를 갖게 될 수 있다. 계약상의 금전지출 이외에도 공공기관이 요청하는 지역의 문제해결을 위한 사회적 가치 요청사항을 이행하게 된다(앞글: 16-17). 일부 지방정부는 '지역사회 계획'이나 '지속가능한 지역사회 전략'에 사회적 가치 실현의 우선순위를 지정해 시행기관이 계약으로 이행할 것을 요청한다. 또 공공기관들은 지역사회 주민 선출직, 사회적기업, 지역의 비즈니스와 협의해 지역사회의 사회적 가치에 관한 의견수렴을 통해 공공조달이나 위탁 정책을 전략적으로 추진할 수 있다. 실제로 사회적 가치법 시행 초기에 시행된 '시범 사례'에 참여한 지방정부 사례들을 참고해볼 수 있다.

지역사회의 문제해결에 대한 수요자와 공급자 모두의 의견을 수렴하는 것이 핵심이다. 공공기관 또한 이런 지지와 의견을 참고해 사회적 가치 실현의 위탁과 조달을 확신을 갖고 추진하는 동력을 얻게 된다.

2) 사회적 가치의 비용

사회적 가치를 창출하는 데는 비용이 수반된다. 긍정적인 사회적 임팩트를 창출하는데 드는 비용이다. 또 부정적인 사회적 임팩트를 제거하거나 완화하는 데도 비용이 따른다.

(1) 사회적 비용과 비용 부담자

특정 사회적 이슈의 임팩트는 부정적인 측면에서 사회적 비용을 초래한다. 그 이슈에 직간접적으로 해당되는 인구 또는 코호트의 개인들에 대한 비용부담이 되고, 정부 또한 중앙 정부기관이나 지자체와 지방기관들도 비용부담자가 될 수 있다. 관련 기업이나 지역사회의 시민사회가 부담을 안게 될 수도 있다.

사회적 비용은 재정적 비용뿐 아니라 경제적 비용과 개인적 비용으로 구분해볼 수 있다(Deloitte Access Economics 2015: 20).

- 재정적 비용: 정부가 비용지불자가 되어 문제해결을 위한 재정지출 복지지원, 프로그램 지출을 하거나 특정 이슈의 발생으로 인한 세수입 감소 등.
- 경제적 비용: 금전, 시간, 자원의 수입과 지출 등을 고려한 사회 전체에 대한 순비용이 된다. 예를 들면 장애를 가진 가족구성원의 돌봄을 위해 일자리를 그만둔 사람들의 소득 손실 등.
- 개인적 비용: 특정 개인에 대한 비용으로, 예를 들면 장애로 인한 삶의 질의 감소 등이 해당된다. 이같은 개인적 비용에 대한 정부의 비용부담도

장애보조금 지출이나 돌봄서비스 프로그램 비용 등이 발생한다. 기업이 해당되는 경우 기업 비용부담으로 그리고 지역사회의 비영리기관의 돌봄서비스 활동 비용부담이 동시에 발생될 수 있다.

특정 사회적 이슈의 결과로 발생하는 사회적 비용은 우선 유형 분류로 파악해볼 수 있다. 비용 분류를 통해 비용을 보다 객관적으로 측정하는 기본틀을 갖추게 된다. 일반적인 사회적 비용으로는 건강, 고령, 장애 케어 비용, 범죄 발생으로 인한 사법체계(경찰, 법원, 교도소 비용), 교육이나 아동 및 가족 프로그램 비용, 기타 정부 비용으로 주거, 복지 비용 등이 있다(DAE 2015: 23). 또 생산성 손실(노동참여 감소, 결근, 조기 사망 등), 비공식 케어 비용과 웰빙 상실 등이 있다.

예를 들면 고용 상실은 실업급여와 정부의 실업지원 프로그램 의존을 높여 정부의 고용과 복지비용 지출을 늘린다. 고용 감소는 정부에게 세수입의 감소로, 개인에게는 소득 감소로 나타나며, 그밖에 다른 이해관계자에게도 비용을 초래한다. 고용주나 기업은 새로운 인력을 구인하고 채용하는 비용이 발생하고, 비영리부문은 자체 재원으로 직업교육 훈련 서비스를 제공한다.

'비용부담자 파악'은 특정 사회적 이슈가 사회 전체에 비용이 되는 다양한 지점들을 이해관계자인 비용부담자에 초점을 맞춰 분석하기 위한 것이다. 누가 이용 부담을 하는지, 비용 책무성(accountability for costs)을 파악하는 것이다.

표 1-6 사회적 비용과 비용 부담자

비용 부담자	건강 케어	고용 감소	사법 체계
개인	직접 지불 비용	소득 감소	법률 비용
민간 부문 (개인 부담자 제외)	민간 의료보험사 비용 부담	고용주의 구인 및 채용 비용	–
정부 (중앙, 지방 모두)	연방 및 지방 건강 비용 부담	고용감소로 인한 세수입 감소	경찰과 법원 등 사법기관의 비용
비영리부문 (위 3자 모두 제외)	자체 재원의 지역사회 건강서비스	보조금 지원의 고용 알선 서비스	자선적 대표

참고 상호 배타적 사례로 비용부담자 각각에 대한 비용.
자료 Deloitte Access Economics(2015: 24). "A practical guide to understanding social costs."

(2) 단위비용(unit cost) D/B

주요 사회문제 해결과 공공서비스 제공에서 단위 사업이나 프로그램의 가치 또한 종합적으로 추산해볼 수 있다. 재정적, 경제적, 사회적 가치로 구분해 관련되어 발생하는 비용 또는 저축을 가치로 추산하는 '단위비용' 계산법이 대표적이다.[6] 물가상승 등을 반영해 업데이트던 D/B에 소개된 영국 정부의 사회적 가치 단위비용을 참고해볼 수 있다(New Economy Manchester 2015).

6 지방정부의 공공서비스 공급의 혁신을 추진하기 위해 중앙정부(Department of Communities and Local Government)가 지원하고 지방정부 Greater Manchester와 Birmingham 시위원회가 시행한데서 시작해, 주요 자료는 Birmingham 등에서 수집된 지역사회 현장 추정치다.

- 재정적 가치(fiscal value): 특정 프로젝트로 공공부문이 부담하는 비용 또는 저축(추가적 서비스 제공, 건강 서비스 감소, 경찰 또는 교육 비용 등). 프로젝트 관련 공공기관에 주는 비용 또는 저축의 금전적 가치.
- 경제적 가치(economic value): 지역사회 경제의 성장과 소득으로 발생하는 순증가.
- 사회적 가치(social value): 사회 전반에 대한 광범한 혜택(건강 개선, 교육 성취, 안전, 범죄 감소, 대중교통과 공공서비스 접근 등).

표 1-7 단위비용 계산에 의한 재정적, 경제, 사회적 가치: 영국 지방정부 예시 (단위: £)

유형	설명	재정 비용	경제 비용	사회 비용
가정폭력	가정폭력 한 건 발생 관련 비용	2,836	1,692	7,803
모든 범죄	모든 유형의 범죄 발생 한 건 비용	663	736	1,795
구직자 수당	구직자 일 인에게 지급된 수당	10,321	14,790	
약물 중독	연간 약물중독자, 보건비용 지출비	3,727	9,234	3,933
알콜 중독	연간 알콜중독자 일 인 NHS 비용	2,015		1,565

자료 New Economy Manchester(2015).

(3) 미국 사회임팩트 파트너십의 '사회적 비용'

사회적 가치는 비용보다 혜택이 더 많다. 미국의 사회임팩트 파트너십법에서는 협력사업에 참여하는 모든 정부 및 민간기관들은 사업이나 프로그램 시행의 사회적 가치가 비용보다 혜택이 더 높은 사업계획을 제시해야 한다. 또 선정된 다음 실제로 비용보다 높은 사회적 가치를 혜택으로 생산할 것을 요청한다. "연방정부에 대한 결과의 가치가 최소한 지불금액보다 높은 정도에서만 지불이 이뤄질 것이다"고 규정한다.

가치 = (수입의 변화) − (지출의 변화)

사업 신청기관은 비용절감을 추산하는 예산임팩트분석(budget impact analysis)을 활용할 것으로 요청한다(USDF 2019b).

- 재정부의 사회임팩트 파트너십법(SIPPRA) 웹사이트에서 분석도구 이용,
- 사업 또는 프로그램은 비용절감의 원인이 되어야 하며,
- 평가기관의 비용절감의 검증이 필요하며,
- 과다 신청된 프로그램 비용에 대한 책무적인 비용절감이 되어야 하며,
- 결과 하나씩 지불이 이뤄지며, 선불은 없다.

3) 사회적 가치 판단: 누가 해야 하나?

사회적 가치는 주관적이며 장소기반의 개념이다. 특정 지역사회의 시민들이 어떤 사회적 가치를 우선하며 사회적 가치의 생산을 어떻게 판단하는지가 중요한 기준이 될 수 있다. 따라서 "시민들이 사회적 가치를 측정하고, 창출하며 평가하는" 주체가 될 수 있다(Nesta 2019: 17).

사회적 가치를 측정할 때 먼저 신뢰할 만한 증거로써, 질적 및 양적 방법을 혼합하는 것이 바람직할 수 있다. 사람보다 인공지능을 더 신뢰하는

시대에 인공지능이 빅데이터와 정보를 바탕으로 사회적 가치 판단도 할 수 있을까? 그럼에도 유권자, 납세자의 시각에서는 자신들의 객관적 증거와 여러 방법들에 대한 주관적 판단이 고려될 필요가 있다.

(1) AI와 인간의 가치판단

AI(인공지능) 또는 비인간지능이 인간 판단을 앞서는 시대로 진입하고 있다. 인간 판단이 AI 판단에 의존해가고 있는 이런 혁명적 변화를 인간 절대다수가 합리적이고 증거기반에 기초하므로 바람직한 것으로 생각하는가? 그럼에도 모든 것을 AI에 맡길 수는 없을 것이라고 주장할 수 있을 것이다. 디지털, 인터넷에 인간이 남긴 클릭, 정보는 빅데이터가 되어 AI의 판단의 기초가 되고 있다. 인간이 AI가 필요한 자료를 공급하는 소스가 된다.[7]

그럼 어떤 판단까지 AI가 판단하는 게 바람직할까? 사회적 가치는 '주관적'인 것이기 때문에 AI는 할 수 없다는 주장은 정당한가? 중국에서는 2020년 현재 4억대의 CCTV 안면인식 카메라 시스템이 중국 텐왕 프로젝트로 시행되고 있다. 2019~20년 홍콩 시위대는 이런 안면인식에 대응하는 마스크 시위로 맞섰다. 또 소셜 크레딧 시스템이 정부에 의해 관리되며, 알리바바 페이 등 모든 크레딧 자료 통합관리, 평점화, 신용체계 구축을 한다.

또 기계가 진실을 왜곡하는데 이용되는 경우도 흔하다. 가짜인물, 가짜뉴스로 시민행동을 선동하고, 여론조작을 하는 것이다. 추천 알고리즘(AI 추천 여행, 일자리, 메뉴, 식당 등등), 추천 기능은 인간 가치관, 신념, 의식, 일상

---

7 KBS 보일링 포인트 2020.1.9. 방송. https://kakaotv.daum.net/l/6466464

행동패턴 등이 알고리즘에 의해 자동화를 한다.

그렇다면 인간이 AI를 프로그래밍하는가, 아니면 AI가 인간을 프로그래밍하는가? 그럼에도 인간은 자기가 원하는 방향으로 AI를 사용할 것 같다. 더 통제적 사회, 아니면 더 자유로운 사회가 될지는 불확실하다. 코로나19 이후의 세계는 AI 경제, AI 사회로 진입해가는 강력한 동향을 보여준다.

(2) 시민, 리더십, 전문가

시민이 상식 수준에서 가치판단을 하는 주체가 되어야 하는가? 영국 국립의료원(NHS)의 연구소(NICE)는 오래전부터 이런 실험을 넘어 이제는 제도로 갖추고 있다. 시민 3000여 명의 삶의 질에 대한 의견을 수렴해 의료서비스의 사회적 가치 지표에 활용하고 있다.[8] 2002년에 설립된 NICE의 시민위원회(Citizen Council)에 참여하는 시민대표들은 건강의 윤리적, 과학적 복잡성에 대한 이해를 갖추고 건강 이슈 관련 증거들이 중요성을 고려해 가치판단의 결론을 제시하면, '사회적 가치 판단(Social Value Judgements)'으로 통합된다. 스코틀랜드의 시민참여 모델은 참여적 예산 평가 등 공동생산(co-production)이 핵심적인 원칙으로 정착되어 있다. 시민들이 정부관리들과 함께 공동생산자로 참여하는 것이다.

시민위원회는 보건은 시민들의 사회적 가치를 반영해야 한다는 원칙을 확인해준다. 위원회의 회의와 보고서는 사회적 가치 판단이 결정되어야

---

8 https://www.nice.org.uk/get-involved/citizens-council

하는 주요 건강 이슈들에 초점을 맞춘다. 도적적, 윤리적 건강 이슈들이 해당되며, 형평성과 효율성의 트레이드오프(tradeoffs), 사회적 돌봄의 가치 판단 등도 포함된다.

'사회적 가치' 판단의 주체는 그간 리더십이나 전문가 중심에서 시민이 추가된 것으로 볼 수 있다. 시민참여가 리더십이나 전문가 판단보다 중시되는 것이 시대적 요청이 되고 있다. 특히 시민들의 웰빙, 삶의 질 등 사회복지와 관련된 정책의 경우를 예시해볼 만하다(Gilbert and Terrell 2005; 주성수 2017b: 42-44).

① 시민 참여

시민들이 자신들의 복지에 영향을 미치는 정책에 대해 직접적으로, 의미 있게 참여할 때 가장 잘 실현될 수 있는 가치가 참여이다. 사회복지의 경우, 권리와 의무를 함께 갖고 있는 시민들이 자신들의 삶에 영향을 미치는 사회복지정책의 형성이나 결정에 직접 참여할 수 있을 때 사회복지정책은 정통성을 확보하게 된다.

그럼에도 이런 정책형성과 결정은 두 개의 상반된 시각이 충돌하고 있다. 대의민주주의 체제에서는 시민들을 대표하는 정치인이나 전문가들의 몫이라는 주장과 이에 반해 대의민주제가 대표 기능의 심각한 문제를 안고 시민들의 신뢰를 받지 못하므로 시민들의 목소리가 중요하다는 주장이 있다. 일반적으로 복지국가는 사회복지정책의 정통성과 책무성(accountability) 제고를 위한 유일한 방안으로 시민참여의 확대를 제안한다.

② 리더십

리더십은 참여의 가치와 대조를 이룬다. 시민들의 역할보다는 시민들을 대표하는 공동체의 제도와 기관의 역할을 중시한다. 의사결정기관, 집행기관, 이사회, 운영위원회 등의 기관들과 리더들이 의사결정을 한다. 시민들의 직접 참여보다는 대표자들에 의한 대의민주제를 선호한다. 참여보다 리더십의 역할을 강조하게 되면 집중화, 관료화를 초래하기 때문에 이에 반대하는 분위기가 강한 편이다.

그럼에도 대통령, 장관, 시장 등의 리더십 역할을 경시할 수는 없다. 리더십과 참여, 두 가치의 조화와 균형이 중요하다. 리더십의 강화는 관료화와 비효율성을 초래하며, 참여의 강조는 리더십의 약화 또는 정부정책에 대한 신뢰 쇠퇴뿐 아니라 전문성을 결여하는 포퓰리즘을 유도하는 경향도 있다.

③ 전문가

전문성은 정책결정에서 합리성을 가장 중시하는 가치다. 전문 지식과 역량을 가진 전문가들의 합리적 결정이 시민들이나 관료들의 판단과 행동보다 더 중요하다고 보는 시각이다.

그러나 지나치게 효율성의 가치에 편중해 시민들의 참여에 의한 정책의 정통성 결여, 민주적 리더십에 의한 대표성 결여 등 문제들이 제기된다. 현대 복지국가는 전문성 의존에서 벗어나 시민참여로 정책방향을 제시한다(OECD 2009d). 또한 사회복지 등 정책에 관한 정보가 일부 전문가 집단에 의해 독점되던 시대와는 달리, 인터넷 등에서 사회복지 정보가 광범위하게 공유되면서 시민 전문가들의 등장도 주목해볼 만하다. IT 혁명으로 가능해진 테크놀로지의 민주화, 지식의 민주화, 데이터 민주화, 정보의 민주화[9]

9 테크놀로지의 민주화 https://en.wikipedia.org/wiki/Democratization_of_technology 지식의 민주화 https://en.wikipedia.org/wiki/Democratization_of_knowledge 참고.

가 일상생활 속 깊이 들어오고 있다. 시민들의 집단지성이 일상화되는 것이 시대적 동향이다. 그럼에도 코로나19 사례에서처럼 방역 전문가 주도의 방역 의사결정이 필수적이지만, 핵심은 시민들이 사회적 거리두기, 손씻기 등을 실천하며 행동하는 가치판단자가 됨으로써 방역이 성공할 수 있었다는 점이다.

(3) 시민참여의 심의민주주의 제도

시민 주도의 사회적 가치 판단은 '심의'민주주의(deliberative democracy)의 한 방법이다. 시민위원회 이외에도 공론조사, 합의회의, 시민배심원제 등이 대표적인 심의민주주의 제도로 일부 사례들에서 활용되고 있다(주성수 2004, 2019).

표 1-8 시민참여 민주주의 제도

의사결정 방법	참여자 및 의사결정 메카니즘
포커스그룹	소규모 5~12명 시민대표 특정 의견과 행태에 대해 진행자에 의해 자유 토론
시민자문위원회	정부 등 주최자 선정 소집단 이해관계자 참여로 지역사회 차원에서 승인하는 의사결정
시민배심/평가단	12~20명 시민 이해관계자 배심원, 평가단은 몇일간 문제 분석, 수차례 토의로 의사결정
합의회의	12~20명 시민 이해관계자 전문가패널의 의견을 듣고 수일간 수차례 토의를 거쳐 의사결정
주민발안	지역사회 모든 시민 누구나 정책안을 제시, 일정수가 서명해 투표 표결로 결정

자료 OECD(2002: 13-14). "Participatory Decision-Making for Sustainable Consumption."

OECD는 심의민주주의를 비롯한 다양한 시민참여 제도의 특징을 제시해준다.

이상과 같은 다양한 심의민주주의 제도는 '미니 퍼블릭(mini-publics)'이라 부른다. 미니 퍼블릭은 "전체 인구의 인구학적 대표성을 가진 시민들이 특정 이슈에 대한 여론과 정책결정에 정보를 제공하기 위해 함께 모여 학습하고 숙의하는 시민들의 그룹"이다(OECD 2019b: 72). 시민배심원(citizen jury) 형태가 될 수도 있고, 합의회의(consensus conference), 공론조사(deliberative polling) 또는 시민의회(citizen assembly)가 될 수도 있다.

(4) 한국의 신고리 5·6호기 공론화 사례

원전건설의 재개 또는 중단에 대한 중대한 사회적 가치 판단은 누가 해야 하는가? 그 결정을 시민참여단에게 맡긴 사례가 신고리 5·6호기 공론화이다. 한국형 시민참여형 공론조사를 개발해 시행된 첫 사례가 된다. 시민참여형 조사는 높은 참여율에서 성과가 있었다고 평가된다. 실제로 20,006명이라는 대규모로 진행된 1차 조사에서 응답율은 50.1%였으며, 이후 선정된 500명의 시민참여단의 오리엔테이션 참여율은 95.6%, 최종 종합토론회 참여율은 98.5%로 나타났다.

전국의 시민참여단 471명이 참여한 '숙의의 효과'를 시민참여단 시민들의 학습 전후의 태도 변화로 확인할 수 있다(공론화위원회 2017: 508). 숙의효과를 확인할 수 있는 주요한 지표가 건설 중단/재개에 대한 '판단유보' 응답의 변화다. 그 응답이 1차 조사에서 35.8%였지만, 학습과 숙의 과정을 거친 4차 조사에서는 3.3%로 급감한 것을 증거로 제시한다. 30% 이상의 시민참여단이 판단 유보를 거둔 것이다. 이들은 학습과 숙의 전에 모호했던 입장을 학습과 숙의 후에 건설 재개 또는 중단 중 하나로 입장으로 정립한 것이다.

신고리 5·6호기 공론화는 시작부터 여러 문제를 안으며 어려운 과정을 거쳐 최종 결론에 달했다는 점에서 많은 교훈이 된다. 공론화 과정에 대한 성과평가 보고서는 10개 과정별로 여러 문제점들을 지적하는데, 그 중 특히 공론화 시작 단계인 의제설정과 대안형성에서 다음의 문제들을 제기하고 있다(주성수 외 2019).

표 1-9 신고리 5·6호기 공론화 의제설정과 대안형성의 문제점

〈의제설정〉

1.1 대통령은 '건설 백지화' 공약 철회 부담을 안고 '공론화'를 발표했다. 시민사회는 대통령의 발표를 비판하며, 참여 여부를 두고 내부 진통을 겪었다.

1.2 정부는 첨예한 갈등 해결방안으로 공론화가 필요했지만 일방적인 공론화 방안 발표로 양측 모두의 불만을 샀고, 야당과 보수언론의 비판도 뒤를 이었다.

1.3 심사숙고의 의사결정이 핵심이 되는 공론화 방안을 건설 중단/재가 양측과 협의 없이 조급히 일방적으로 해결방안까지 발표하며 정당성 문제를 야기했다.

〈대안형성〉

2.1 충분한 숙의 없이 공론화를 발표했다. 공론화 조사는 누가, 어떤 과정을 거쳐 대안으로 형성되었는지, 투명하게 공개되지 않아 정당성 문제를 야기했다.

2.2 찬반 양측 이해관계자들에게도 공론화 해결방안을 협의하지 않고 관련 자료와 정보도 공개하지 않아 정부의 공론화 대안 제시는 책무성이 부족했다.

2.3 양측은 대표 기관이나 단체가 분명히 표출되었는데, 이들과의 협의하는 일체의 논의도 없는 대안형성이 되고, 바로 시행하며 비판을 받았다.

자료 주성수 외(2019). "공론화위원회 발전방안."

제2장

사회적 가치의 결과와 임팩트

사회적 가치는 어떤 결과로 나타나는가? 결과의 임팩트가 생산되는가? 사회적 가치에 대한 관심이 높아진 이유는 사회적으로 바람직한 결과와 임팩트의 생산에 있다. 이 결과가 중장기적으로 누적되어 사회와 이해관계자들에게 미치는 영향을 '사회적 임팩트(social impact)'라 말할 수 있다.

1. 사회적 가치 창출의 결과

1) 사회적 가치의 결과

사회적 가치는 어떤 결과를 낳는가? 사회적 가치로 생산된 결과는 어떤 유형들이 있는가? 사회적 가치의 결과는 '변화이론'에서 산출(outputs)을 넘어선 결과(outcomes)를 의미한다. 일자리 마련(산출)으로 소득 증가와 삶의 질 개선의 결과가 생산되는 것이다.

(1) 사회적 가치의 결과 리스트

사회적 가치 생산의 결과들은 어떤 것들이 있는가? 이에 대해서는 영국의 '사회적 가치 포털(Social Value Portal)'이 제시하는 결과 리스트를 우선 참고해볼 만하다. 한국의 사회적 가치법(안)의 13개 목록과 유사하지만, 영국의 사례이기 때문에 사회적 가치 생산의 범위와 영역에 차이가 있다. 범죄 감소나 기후임팩트 해소, 공기오염 감소 등이 주목되는 항목이다.

이같은 결과를 기반으로 사회적 가치가 실제 생산되었는지를 측정하는 측정지표가 제시되고 있다. 측정지표는 여러 결과들의 종합적 지표보다는 가장 중요한 지표 하나 또는 둘의 예시적 결과를 제시한다. 이를 기초로 한국 사회나 특정 비영리조직에 적용할 만한 결과지표를 설정하는 별도의 기획이 필요할 것이다.

표 2-1 사회적 가치의 결과(outcome) 리스트

결과(Outcome)	요약
지역주민 고용 확대	지역주민의 고용기회 증대 및 지역경제에 자원 유입
취약층 고용기회 확대	장기 실업자, 장애인, NEETs 등의 고용기회 확대
지역주민 기술개선	노동시장에서 전문 기술과 경험을 취득하는 기회 확대
청년 고용가능성 개선	청년의 직업세계 접근과 스타트를 지원
지역 소조직의 기회 확대	중소기업, 사회적기업, 비영리 조직의 성장기회 확대

직원 웰빙 개선	직장과 외부에서도 직원의 웰빙 개선
윤리적 조달 진흥	윤리적 비즈니스가 우대받도록 지원
직장과 문화의 다양성 진흥	직장이나 지역사회에 소수층의 통합 진흥
공급사슬에 사회적 가치 정착	공급사슬에서 사회적 가치의 공급과 측정 실천
범죄 감소	공공안전 프로그램 지원
건강한 공동체 구축	개인의 지역사회 건강결과 개선 및 지역사회 통합
취약층 독립 생활 지원	사회적 고립 해소 및 취약층 지원
지역사회 공익활동	지역사회 공익조직 지원 및 문제해결의 자원 유치
기후 임팩트 해소	탄소배출 감소 프로그램 시행 확대
공기오염 감소	교통수단의 오염 줄이기
살기 좋은 공공장소 조성	지역사회 녹색공간, 생다양성, 녹색 인프라 조성
지속가능한 조달 진흥	공급사슬에서의 지속가능성 실천에 대한 보상
기타	사회문제 해결과 사회적 가치 공급의 혁신적 방안

자료 Social Value Portal(2019: 14). "National Themes, Outcomes and Measures(TOMs) Framework."

(2) 사회적 가치 결과 수혜자와 이해관계자

또 사회적 가치 생산의 결과로 혜택을 받는 수혜자와 이해관계자는 지역사회와 주민과 납세자뿐 아니라 정부(중앙 및 지방), 중소기업과 사회적 기업 등 다양하다. 사회적 가치 결과 유형별로 직접 수혜자와 간접 수혜자를 예시하면 〈표 2-2〉와 같다. 한국에 적용가능한 직접, 간접 수혜자와 이해관계자는 누구인지를 파악하는 별도의 기획작업이 필요할 것이다.

표 2-2 사회적 가치의 결과(outcome) 수혜자와 이해관계자

결과(Outcome)	직접 수혜자	간접 수혜자
지역주민 고용 확대	지역사회, 지방정부	지역비즈니스
취약층 고용기회 확대	소외층, 정부(납세자)	지역사회, 사회 전체
지역주민 기술개선	지역사회(학생과 노동인구)	지역 학교, 비즈니스
청년 고용가능성 개선	지역사회(사회진출 청년)	정부(납세자), 지방정부
지역 소조직의 기회 확대	중소기업, 시민사회조직	지역 소조직, 비즈니스
직원 웰빙 개선	노동자, 비즈니스	노동자의 지역사회
윤리적 조달 진흥	취약노동자, 사회적기업	지역사회, 사회 전체
직장과 문화의 다양성 진흥	취약노동자(사회통합)	지역사회, 사회 전체
공급사슬에 사회적 가치 정착	지역비즈니스, 지방정부	모든 수혜자
범죄 감소	지역사회, 정부(납세자)	지방정부
건강한 공동체 구축	지역사회, 지방정부	정부(납세자), 보건부
취약층 독립생활 지원	지역사회, 응급서비스	지방정부
지역사회 공익활동	지역시민사회, 지방정부	취약층, 자원봉사자
기후 임팩트 해소	사회 전체	지방정부, 정부(납세자)
공기오염 감소	지역사회	사회 전체, 정부(납세자)
살기 좋은 공공장소 조성	지역사회	사회 전체
지속가능한 조달 진흥	지속가능성 실천 기업	지역기업, 사회 전체
기타		

자료 Social Value Portal(2019: 15). "National Themes, Outcomes and Measures(TOMs) Framework."

2) 사회적 가치 실행의 부가가치

사회적 가치를 실제로 적용한 사례들에서 어떤 부가가치가 얼마나 생산되는가? 영국의 지역공동체 설문조사는 77개 지방정부기관과 123개 지역주거협회 고위임원과의 인터뷰를 통한 설문결과를 〈표 2-3〉과 같이 보고한다(Social Value UK 2018: 20).

조직의 이미지 개선(82%), 지역사회 관계 개선(78%), 서비스 전달 효과성 개선(71%), 혁신(70%)과 비용 절감(52%)이 부가가치로 생산되고 있다는 답이 많았다.

표 2-3 사회적 가치 시행으로 생산된 부가가치: 영국 지역사회 설문조사 결과

지역주민 생활 개선	– 주민의 웰빙과 삶의 질 개선; 주민 생활에 직접적 임팩트 – 지역공동체 내의 신뢰 확산 – 주민생활에 직접적 임팩트 있는 분야에 주민 직접 참여 – 지역구매로 판매자의 지역사회 공헌 확대 – 지역 주민과의 연계 확대 – 지역 주민의 기대 증대 – 다기관 공조활동으로 취약층 소홀 문제 해소 – 강한 공동체 의식으로 모든 서비스 공급 효과성 개선
내부 혁신 추진	– 서비스 공급 방법에 대한 기본자세 변화 – 세금의 가장 가치있는 이용에 대한 주민 의식 – 단순한 가격 이상의 더 혁신적인 방안에 대한 탐구 – 다른 조직의 장점에 대한 이해 증진 – 임직원 동기와 직업 만족도 개선
경제적, 비즈니스 혜택	– 비즈니스 기회 확대 – 지역경제에 세금 활용, 지역주민을 위한 일자리 마련 – 경제성장 진흥으로 지역공동체의 지속가능성 강화 – 다른 분야의 비용절감 부수효과 – 외부 펀딩 유치 가능성 – 사회적기업의 융통성 증가 – 세입자 고용 지원으로 주거비 납부 안정화

자료 Social Value UK(2018: 20). "Communities Count: the Four Steps to Unlocking Social Value."

3) 사회적 가치의 비용과 혜택

(1) 사회적 가치의 임팩트 계산

사회적 가치의 비용과 혜택을 계산하는 일은 중요하면서도 복잡하다. 영국은 〈그린 북: 중앙정부의 사정과 평가 가이던스〉에서 아래와 같이 사회적 가치 계산법 가이던스를 제시한다.

표 2-4 사회적 가치 비용과 혜택의 분류

1. 사회적 가치 사정에서의 비용

1) 총 직접적 공공 비용(해당 기관에 대한): 자본 수입

2) 총 간접적 공공 비용(다른 공공기관에 대한): 자본 수입

3) 사회에 대한 광범위한 비용: 현금 비용 등의 금전적 비용

- 계량적이지만 금전화가 어려운 비용
- 질적, 계량화가 어려운 비용

4) 총 리스크 비용(리스크 완화 또는 관리 비용)

낙관주의 바이어스(optimism bias)[10] (리스크 비용 추가로 바이어스 감소)

- 추정되는 또는 측정된 리스크 비용

2. 사회적 가치 사정에서의 혜택

1) 직접적인 공공부문 혜택(해당 기관에 대한): 현금 혜택

- 금전화 가능한 비현금 혜택
- 계량화 가능하지만 금전화가 어려운 혜택
- 질적, 계량화가 어려운 혜택

---

1 낙관주의 바이어스(optimism bias)는 자신은 부정적 일을 경험할 가능성이 적다고 믿도록 만드는 바이어스로 인지적(cognitive) 바이어스, 비현실주의적 낙관주의(unrealistic optimism)로도 알려져 있다.(참고 https://en.wikipedia.org/wiki/Optimism_bias)

2) 간접적인 공공부문 혜택(다른 행정기관에 대한): 현금 혜택
   - 금전화 가능한 비현금성 혜택
   - 계량화 가능하지만 금전화가 어려운 혜택
   - 질적, 계량화가 어려운 혜택
3) 사회에 대한 광범위한 혜택(가계, 개인, 비즈니스 등):
   현금 혜택 등 금전화 혜택
   - 계량화 가능하지만 금전화가 어려운 혜택
   - 질적, 계량화가 어려운 혜택

자료 HM Treasury(2018: 23). "The Green Book."

(2) 누구를 위한 사회적 가치인가?

사회적 임팩트는 일반적으로 다음 네 가지 대상에 대한 임팩트로 구분해 비용과 혜택을 산정해볼 수 있다(GOL 2018c: 8).

- 코호트(cohort) 멤버 - 결과의 달성으로 이들에게 어떤 변화가 있는가? 그 변화가 당장 있는지, 아니면 장래에 어디에 임팩트가 있을 것인지? 이들에 대한 임팩트는 얼마나 지속될 것인가?
- 위탁기관(정부) - 결과 달성으로 위탁기관에 대해서는 어떤 임팩트가 있는가? 당장의 관련 비용지출을 늘리거나 줄이는가? 아니면 장차 그런 영향을 미칠 것인가?
- 공공부문 - 결과 달성은 공공부문 전반(중앙정부, 지자체 등)에 임팩트가 발생하는가? 서비스 공급이나 지출에 어떤 임팩트가 있는가?
- 사회적 임팩트 - 코호트가 아닌 다른 개인들에 미치는 임팩트가 있는가? 공공부문 이외의 기업, 시민사회조직이 결과 달성으로 혜택을 받는

가? 지역사회에 광범한 임팩트는 있는가?

이상의 네 가지 유형의 임팩트 구분에 따라 〈그림 2-1〉과 같이 복합적인 가치생산을 구분해볼 수 있다. 사업이나 프로그램을 시행하는 정부기관의 입장에서는 단순한 1) 대상층(코호트)이 직접적인 수혜자가 되는 특정 사업에 대한 지출을 넘어, 2) 위탁기관(정부기관)에 대한 가치도 포함되며, 3) 공공부문(중앙 지방 등) 전체, 4) 사회 전체에 대한 가치생산이 포함된 것으로 분석된다(GOL 2018c: 7-8).

이같은 임팩트는 재정적, 경제적, 사회적 임팩트로 구분될 수 있다. 재정적 혜택은 공공부문의 재정에 대한 임팩트로 현금가능한(cashable) 것과 현금불가능한(non-cashable) 것으로 구분될 수 있다. 현금가능한 지출은 결

그림 2-1 사회적 가치: 단일 사업 → 위탁기관 → 공공부문 → 사회 전체 가치

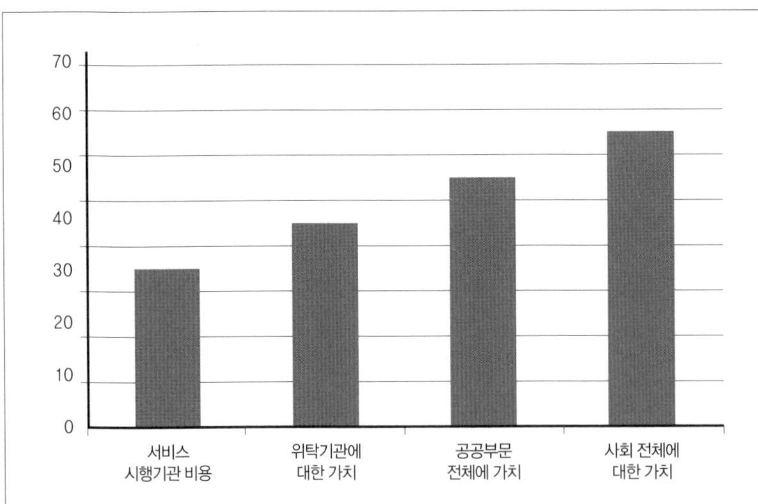

자료 GOL(2018c: 7). "An introductory guide to pricing outcomes."

과의 변화로 발생하는 지출이 다른 용도로 이용될 수 있는 현금을 의미하고, 현금불가능한 지출은 공공지출의 변화는 없지만 시민에게 혜택이 되는 지출을 의미한다(GOL 2018c: 8).

이상 네 가지로 구분된 가치생산의 사례로 '약물중독 치료'의 금전적 가치를 참고해볼 수 있다. 관련 정부기관은 국립의료원(NHS), 법무부, 지방정부 등이며, 금전적 가치의 추산은 약물중독 치료 참여자를 연구한 약물치료결과 연구, 비용효과분석 등이다(GOL 2018c: 9).

i) 재정적 혜택: NHS(2136파운드), 법무부(1495파운드)

ii) 공공(재정적, 경제적, 사회적) 혜택: 1만 6399파운드

- 서비스 비용 3631파운드(NHS 2136파운드 + 법무부 1495파운드)
- 약물 구매 중단의 혜택 8954파운드
- 약물 중독으로 인한 건강피해 감소 3814파운드

(3) 사회임팩트 '결과의 가치' 추산

2018년에 제정되어 시행되고 있는 미국의 〈사회임팩트 파트너십법〉(Social Impact Partnerships to Pay for Results Act)[2]은 사회적 가치 실현에 소요되는 비용에 대해 법적 규정을 제시한다. 법의 시행은 재무성이 주무기관으로,[3] 여러 프로젝트 유형에 공모를 실시해 보조금을 지원하는 시행 절차는

---

2 https://www.congress.gov/bill/115th-congress/senate-bill/963/text

3 https://home.treasury.gov/services/social-impact-partnerships/sippra-pay-for-results

다음과 같다(표 2-5).

연방정부에 대한 가치는 프로그램 시행의 결과로 생산되는 (연방정부의 지출 절감에 따른) 공공부문 저축과 (잠정적 세수입 증가에 따른) 연방 세수입의 증가를 합친 총액으로 추산된다.

표 2-5 SIPPRA 프로젝트 결과의 가치산정(Outcome Valuation)

〈제1단계〉

프로그램 개시전 현행법에서 프로그램 기간 중의 타깃 인구 기초선(baseline)을 추산.

타깃인구에 대한 현행법에서의 연방정부의 지출과 수입을 추산 그리고 SIPPRA 프로그램의 직접적인 개입 결과로 발생할 결과를 추산. 신청서에 다음을 추산.

A. 타깃 인구가 지불하는 연방정부의 수입 총액 추산.

B. 타깃 인구에 대한 연방정부의 지출 총액 추산.

〈제2단계〉

프로그램 개임으로 발생할 프로그램 기간 중의 결과와 연방정부의 지출과 수입 추산.

신청서에 다음을 추산.

C. SIPPRA 프로그램 개입의 직접적인 결과로 발생하는 결과의 변화로 타깃 인구가 지불하는 연방정부 세금 총액.

D. SIPPRA 프로그램 개입의 직접적인 결과로 발생하는 결과의 변화로 타깃 인구에 지불하는 연방정부 지출 총액.

〈제3단계〉

프로그램 개입으로 연방정부에 지불하는 가치의 총액 추산.

연방정부에 대한 가치 총액(Value)은 SIPPRA 개입의 직접적 결과로 발생하는 수입의 변화 총액(C-A) 마이너스 SIPPRA 개입의 직접적인 결과로 발생하는 지출의 변화 총액(D-B):

가치 총액(Value) = (C - A) - (D - B)

자료 US. Department of Finance(2019b) "Outcome Valuation Attachment Template."

2. 사회적 가치 측정과 결과지불

1) 사회적 가치 측정방법

사회적 가치 측정 또한 여러 다양한 방법들이 있다. 영국 총리실의 〈사회적 가치법 평가〉 보고서는 "검증 가능한 측정방법으로 사회적 가치가 실현되었다는 것을 공시, 보고하는 일이 결정적으로 중요하다"며, 바람직한 사회적 가치 측정의 제도적 정착을 위한 과제를 제시한다(UK Cabinet Office 2015).

a) 사회적 가치 용역이 생산하는 추가적인 가치 사정을 위한 방법론 개발로, 일반적으로 합의된 사회적 가치 측정 방법이 포함된다.
b) 측정의 표준화 작업으로, 다양한 유형의 조달에 필요한 측정의 정도를 반영할 필요가 있다.
c) 모범적인 측정 원칙들을 진흥하는 일로, 시민사회조직과 사회적기업, 소기업들의 잠정적 부담을 덜어주는 측정방안이 필요하다.

나아가 〈사회적 가치법 평가〉 보고서는 주요 사회적 가치 측정 접근법 세 가지를 소개한다(표 2-6).

표 2-6 사회적 가치 측정 접근법

〈사회투자수익(Social Return on Investment: SROI)〉 잘 알려진 사회적 가치 측정방법. 1달러 투자 대비 얼마나 많은 가치들이 생산되었는지를 보여주는 비율이다. SROI 매뉴얼에는 SROI 비율 측정 방법들이 소개되어 있다. http://www.thesroinetwork.org/sroi-analysis/the-sroi-guide **〈비용혜택분석(Cost-benefit analysis)〉** 사업이나 프로그램 개입의 비용과 혜택의 금전적 가치를 계산하는 방법. 단위비용(unit cost) 자료를 활용한다. 영국 재무성의 그린북(Treasury Green Book)은 시장 가치가 나타나지 않은 비용과 혜택을 추산하는 분석 방법 등의 매뉴얼을 제공해준다. https://www.gov.uk/government/publications/the-greenbook-appraisal-and-evaluation-in-central-governent **〈사회적 가치 포털(Social Value Portal)〉** 또 다른 사회적 가치 측정의 소스를 제공해준다. The Centre for Citizenship, Enterprise and Governance(CCEG)은 사회적 임팩트 사정을 위한 신속한, 저비용의 방안으로 사회적 소득 비율(social earnings ratio)을 개발해 제시해준다. 사회적 소득 비율은 생산된 사회적 가치를 투자된 금전 비용으로 나누어 계산한다. 간편한 메트릭스를 활용해볼 수 있다. http://socialvalueportal.org/dataentry.php http://www.cceg.org.uk/#!research/cmp

자료 UK Cabinet Office(2015: 39-42). "Social Value Act Review."

2) 결과 등급 카드

(1) 결과(outcomes)에 대한 합의와 가격

'결과'를 무엇으로 기획해 시행할 것인지, 난해한 작업이 될 수 있다. 사회임팩트채권(SIB)에서처럼 여러 이해관계자들이 참여해 합의해야 하는 경우 결과를 설정해 개념정의를 하는 일부터 시간소모적인 과정이 된다(ECORYS 2019: 21). 결과를 수치화 하는 작업은 합의하기 쉽지만, 이해관계자들이 서로 다른 욕구와 기대를 갖고 있으면 합의는 상당한 시간을 끌게 된다. 피터보로 SIB의 경우 초범 출소자들의 재범 방지를 위해 이들의 재범률 10% 이상 감소를 결과치로 명확하게 제시해 시행이 어렵지 않았다. 이 경우는 프로그램 시행 전반에 걸쳐 결과달성을 위한 다양한 자료 등의 증거기반을 잘 갖춰 프로그램을 운영하는 특징이 있다.

결과치를 금전으로 계량화하는 경우는 더 난해한 일이다. 프로그램 위탁기관이 되는 정부는 결과치의 금전적 추산을 보다 정확하게 하는 방대한 분량의 자료에 기반하는 높은 수준의 증거를 요구한다. 이런 자료 등 증거를 행정자료로 갖고 있는 정부기관의 경우 어렵지 않게 프로그램 단위비용과 재범률 10% 감소 등 금전적 가치를 계산할 수 있다. 영국의 국립의료원(NHS)은 오래전부터 질병유형의 치료에 드는 단위비용 계산방법 등을 개발해 적용하고 있다. 이런 결과등급 방식이 이제는 '결과등급카드(Outcomes Rate Card: ORC)'로 표준화되는 추세다.

(2) 결과등급카드(Outcomes Rate Card)

'결과등급카드(ORC)'는 정부가 달성하고자 하는 결과들의 메뉴이며, 각 결과에 대해 정부가 지불할 의지가 있는 가격을 제시한다(Social Finance 2017).[4]

4 https://socialfinance.org/content/uploads/OutcomesRateCard_Overview.pdf

ORC를 개발하는 과정은 다음과 같다.

i) 정부는 달성하려는 결과를 선택하고 대상집단을 설정한다.
ii) 결과 단위당 지불하려는 최대 가격을 정하고 검증의 방법론을 제시해,
iii) 시행기관들의 가치생산 제안서를 접수받아 선정한다.

ORC의 장점도 참고할 만하다(Social Finance 2017).

- 증거기반의 서비스 시행기관에 초점을 맞춰,
- 타깃 집단의 세분화로 가장 취약한 대상자에 대한 서비스 가격을 차별화하며,
- 성취된 결과의 검증과 지불을 지원하는 강력한 데이터 시스템을 중시해,
- 여러 정책 분야에 활용할 잠정적 가치가 있다(아동복지, 약물중독, 고등교육과 훈련, 만성 홈리스 등).

한편 ORC의 취약한 단점으로는 다음과 같은 문제들이 제기될 수 있다(Social Finance 2018).[5]

첫째, 결과등급의 그릇된 산정으로 결과 단위당 지불금이 지나치게 낮거나 지나치게 높게 이뤄져 발생하는 문제다. 높은 경우는 낭비, 낮은 경우는 적절한 결과 보상을 받지 못한 시행기관의 사기저하로 인한 참여저하 문제가 야기될 수 있다.

5 https://socialfinance.org/how-pay-for-success-works__trashed/outcomes-rate-card/

둘째, 정확한 등급 산정에는 상당한 분량의 자료수집과 분석이 뒷받침되어야 하므로 D/B와 관련된 IT 기술 투자비용이 상당해 시스템 구축이 쉽지 않다. 정부기관 전체의 종합적인 시스템 구축으로 '규모의 경제'를 추구하는 것이 바람직하다.

표 2-7 결과등급카드(ORC) 예시 (단위: 달러)

14~24세 위기의 청소년	결과 가격(일인당 최대 지불금)
학교 생활의 행태 개선	500
제1 단계 학업 성취	800
제2 단계 학업 성취	1,300
첫 일자리 진입	2,000
첫 일자리 진입(전과 청소년)	3,000
일자리 유지(12개월간)	2,500

자료 Social Finance(2017). "Outcomes Rate Card."

(3) 결과지불 방식

결과등급카드(ORC)와 같이 계획된 결과를 생산하는 프로그램에 대해서만 지불하는 방식은 '결과지불'제도이다. 전통적인 보조금 지원방식이 프로그램 시행 전에 사업비를 지원하는 방식과는 전혀 다른 '결과'에 대한 지불방식이다.

'결과지불'은 영국에서는 PbR(payment by results), 미국에서는 PFS(Pay-for-Success)로 알려져 있다(OECD 2015; Brookings 2015). 사용하는 용어는 달라

도, 아래와 같이 동일한 의미로 통용되고 있다.

영국의 PbR의 공식적인 개념 정의로는 "정부기관(위탁기관)이 지정한 결과를 달성한 시행기관에 계약금 전부 또는 일부를 지급하는 제도"이다(National Audit Office 2015: 5). 서비스 시행기관은 계획된 결과를 달성하는데 필요한 프로그램 등 개입방안을 자유롭게 선택할 수 있는 권한을 갖는 특징이 있다.

영국의 경우 최초의 결과지불제는 2011년 노동연금성(DWP)이 추진한 혁신기금(Innovation Fund)이다. 14~24세 NEET 청소년 문제해결에 2차에 걸친 공모결과, 전국 1만 7000명 청소년 서비스 제공 결과는 성공적인 것으로 평가되었다. 10개의 프로그램에 대한 평가보고서는 서비스 시행기관, 투자자, 중간기관들 모두가 "계획된 목표를 달성했거나 초과달성한 위대한 성공"이라는 공통된 의견을 제시했다.

혁신기금(Innovation Fund)에 이어 청년참여기금(Youth Engagement Fund), 공정기회기금(Fair Chance Fund) 등이 속속 개발, 추진되었다. 세 개 모두가 청소년 2만 5000명을 대상으로 하는 서비스 제공에 21개 시행기관들이 공모로 선정되어 6000만 파운드(약 800억 원) 규모의 사업을 시행하였다.

3. 사회적 임팩트의 의미와 측정

1) 사회적 임팩트란 무엇인가?

사회적 임팩트는 사회적 가치의 실천 결과가 중장기적으로 사람과 사회에 미치는 영향을 말한다. 국제적으로 통용되는 사회적 임팩트의 의미에 대해 우선 살펴볼 만하다.

(1) '사회적 임팩트' 투자의 의미

임팩트 투자 문헌에서는 "사회적 임팩트는 조직의 활동에 결과되는 변화, 혜택, 학습 또는 다른(긍정적 또는 부정적, 장기 또는 단기적) 효과들로 정의되는 광범한, 장기적 결과에 대한 조직의 활동 속성"이라 정의된다(EVPA 2018: 22).

유럽투자기금(European Investment Fund: EIF)에서는 실용적 개념정의를 사용한다. "임팩트는 (i) 긍정적인 사회적 임팩트를 달성하는 목적성, (ii) 사회적 혁신의 스케일 가능성(scalability), (iii) 임팩트와 재정 성과 사이의 긍정적 상관성에 관한 것이다."(EVPA 2019: 3). 마지막에서 긍정적 임팩트는 긍정적 재정수익으로 확인된다는 재정수익을 지적해, 민간 투자자의 투자동기에 호응한다.

그런데 사회적 임팩트를 보다 정확하게 측정하기 위해서는 결과(outcomes)에 다음이 해당되는지를 파악해, 의미있는 실질적인 임팩트가 생산되었는지를 판단해야 한다(앞글: 80). 다음 중 어느 하나에 해당되면 사회적 임팩트가 생산되지 않은 것으로 간주될 수 있다. 계획된 사업이나 프로그램에 의해 발생한 결과나 임팩트인지를 인과적으로 명확하게 규명하는 것이 중요하다.

(a) 자연적으로 발생한 결과일 가능성(데드웨이트: deadweight);
(b) 다른 행위자의 행동(귀인: attribution);
(c) 초기 개입의 결과가 시간이 지나며 감소되는 정도(쇠퇴: drop off);
(d) 원래의 상황이 대체되는 정도 또는 결과가 다른 잠재적 긍정적인 결과를 대체(대체: displacement); 그리고
(e) 의도되지 않은 (부정적 또는 긍정적) 변화.

〈그림 2-1〉에서 임팩트 관련 주요 개념들을 참고해볼 수 있다.

그림 2-1 프로그램 임팩트: 추가성, 반사실, 데드웨이트

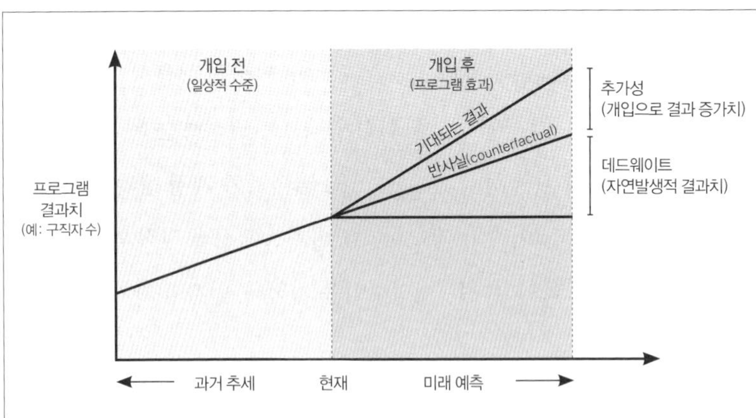

자료 GOL(2018c: 20). "An introductory guide to pricing outcomes."

(2) 공적, 사적, 사회적 임팩트

일반적으로 사회적 임팩트 투자(SII)는 사회적 혜택을 개인적, 사회적 임팩트로 생산한다. SII는 개인 차원과 사회 차원의 효율성 또는 비용효과로 구분해볼 수 있다(표 2-8).

표 2-8 사회적 수익과 경제적 효율성 임팩트: 개인과 사회 차원

공공성의 정도	개인 효율성 혜택	시스템 효율성 혜택
개인에 대한 사회적 임팩트	(1) 사적(private)	(2) 사회적 임팩트 투자
사회에 대한 사회적 임팩트	(3) 사회적 임팩트 투자	(4) 공적(public)

자료 OECD(2015a: 50). Social Impact Investment.

먼저 두 가지 차원의 '사회적' 차원을 구분해볼 수 있다. 하나는 사회적 임팩트(social impact) 차원으로, 재화/서비스의 공급으로 개인이나 사회의 욕구를 충족시키는 삶의 개선 결과를 생산하는 사회적 임팩트다. 다른 하나는 효율성 혜택(efficiency gains) 차원으로, 재화/서비스 공급으로 사회적 욕구 충족을 위한 공급의 효과성 개선 또는 비용절감의 저축 효과이다. 재화의 소비가 개인 차원에서만 이뤄지면서 시스템 차원의 효율성 이익이 발생하지 않은 경우(1)는 '사적'차원으로 SII 영역에 해당되지 않는다. 한편 재화의 소비가 사회 전체에 대한 사회적 임팩트를 생산하며 시스템 차원의 효율성 혜택이 되는 경우(4)가 '공적' 차원으로 SII 영역으로 간주되기 어렵다.

이상과 다른 두 가지 영역이 SII에 해당된다. 하나는 재화의 소비가 개

인 차원에서 이뤄지면서 시스템 차원의 효율성 혜택으로 기여되는 경우(2)는 사회적 임팩트의 관심이며 대상 영역이 된다. 또 재화의 소비가 사회 전반에 걸쳐 이뤄지며 개인들에게 효율성 혜택으로 임팩트가 생산되는 경우(3)도 SII 영역이다. 모잠비크의 말라리아 퇴치를 위한 개발임팩트채권(Development Impact Bond: DIB) 사례를 보면, 최소 30% 이상의 말라리아 발생율 감소를 결과수치로 제시한다. 재화/서비스 공급기관은 취약 대상층에게 모기장과 실내용 스프레이를 제공해 개인 차원의 말라리아 감염자 감소와 시스템 차원의 보건이슈 해결의 효율성 혜택을 함께 추구한다.

코로나19 사례에서 '공적 마스크' 공급도 (3)에 해당된다. 정부의 공공조달로 기업이 생산하는 마스크를 공급받아 개인들에게 판매해 개인효율성 혜택을 주면서 바이러스 방역이라는 사회적 임팩트를 생산하는 SII로 볼 수 있다. 정부는 마스크를 생산하는 민간기업의 수익과 마스크 전달기관인 약국의 수익도 시장가 수준으로 보장하면서 공적 자금을 투자해 코로나 바이러스 퇴치라는 사회적 임팩트를 타깃으로 삼았다. 코로나19 퇴치는 마스크 공급을 비롯해 바이러스 검사와 치료 등 여러 복합적인 의료적 처방뿐 아니라 '사회적 거리두기(social distancing)' 등 개인들의 '사회적 처방(social prescribing)' 행동 또한 상당한 사회적 임팩트를 창출한 것으로 평가해볼 수 있다. 사회적 거리두기, 손씻기 등의 사회적 처방으로 개인들이 코로나 퇴치에 정부와 함께 '공동생산자' 역할을 한 것이다.

(3) 국제임팩트사정협회의 개념정의

보다 넓은 의미의 사회적 임팩트 개념정의를 참고해볼 만하다. 국제임팩트사정협회(International Association for Impact Assessment: IAIA)에 따르면,

사회적 임팩트(social impacts)란 다음 중 하나 이상의 변화를 의미한다. 사람들의 생활습관의 변화부터 문화, 지역공동체, 정치체계, 자연환경, 건강과 웰빙, 시민권과 재산권, 안전과 기대감에 이르기까지 광범위하다.

표 2-9 사회적 임팩트(social impact) 개념정의

사회임팩트 구분	정의 및 설명
생활습관	사람들이 일상에서 살고, 일하고, 놀며, 서로 관계를 갖는 방식
문화	사람들 사이에 공유된 신념, 관습, 가치 및 언어나 토속어
지역공동체	지역공동체의 공고함, 안정, 특성, 서비스 및 시설
정치체계	사람들의 삶에 영향을 미치는 의사결정에 사람들의 참여 정도; 진행중인 민주화의 수준과 이를 뒷받침하는 자원
자연환경	사람들이 이용하는 공기와 물의 질; 식량의 유용성과 질; 위험, 리스크, 먼지, 소음 수준; 위생, 육체적 안전 및 자원에 대한 접근과 통제
건강과 웰빙	단순한 질병이나 허약으로부터 해방을 넘어 완전한 육체적, 정신적, 사회적, 정서적 웰빙 상태의 건강
시민권과 재산권	사람들의 경제적 영향, 시민권 위반을 포함한 개인적 불이익 경험
안전과 기대감	사람들의 안전. 공동체 미래에 관한 두려움, 자신과 자녀의 미래에 대한 기대감

자료 European Investment Bank(2018: 5). Environmental and Social Standards Handbook.

2) 사회적 가치와 사회적 지속가능성

사회적 가치의 실현은 지속가능성(sustainability) 원칙에 기반해야 한다. 일시적, 임시적, 상황적 가치 실현으로 그치게 되거나 지금 세대의 욕구 충족으로 다음 세대의 욕구를 침해하는 경우, 지속가능성을 상실하게 된다.

사회적 가치의 의미도 사라진다.

(1) 영국 〈국가계획정책법〉의 '지속가능한 개발'

영국의 국가계획정책(National Planning Policy) 프레임워크에 제시된 '지속가능 개발'은 경제적, 사회적. 환경적 목표를 동시에 추구한다(Ministry of Housing, Communities and Local Government 2019: 4). 지속가능한 개발을 달성하는 것은, 계획 시스템이 상호 독립적이며 상호 강화적 방법으로 추구되는 세 개의 핵심 목표들을 추구하는 것을 의미한다고 강조한다.

a) 경제적 목표: 올바른 유형의 충분한 토지가 올바른 장소와 올바른 시기에 유용되어 성장, 혁신 및 생산성을 지원하는 강력한, 호응적, 경쟁적 경제 구축을 지원한다.

b) 사회적 목표: 충분한 수와 범위의 주택들이 제공되어 지금 세대와 다음 세대의 욕구가 충족될 것을 확신한다. 또 지금 세대와 다음 세대의 욕구를 반영하고 지역사회의 보건, 사회적, 문화적 웰빙을 반영하는 잘 디자인되고 안전하게 구축된 환경을 조성함으로써 강력한, 생동적인 건강한 공동체를 지원한다.

c) 환경적 목표: 자연환경과 구축된, 역사적인 환경을 보존 개선하는데 기여한다. 이를 위해 토지를 효과적으로 이용하고, 생다양성을 진흥하며, 자연자원을 신중하게 이용하고, 저탄소 경제로의 이동을 포함한 기후변화 완화와 적응을 추구한다.

(2) EU의 '사회적 지속가능성' 검증

사회적 임팩트 투자에서도 '사회적 지속가능성(social sustainability)'이 중시되는 동향이다. EU의 사회적 투자를 대표하는 InvestEU의 새로운 규정에 따르면 금융과 투자 운영은 환경, 기후변화 또는 사회적 임팩트 여부를 사전에 스크린을 하도록 되어 있다(EVPA 2019a). 세 가지 중 하나 이상의 지속가능성에 임팩트를 가지고 있다면 부정적 임팩트를 최소화하고 긍정적 임팩트를 최대화하기 위한 목적에서 '지속가능성 검증(sustainability proofing)'을 받도록 되어 있다.

이런 새로운 규제의 목적은 다음 세 가지로 제시되어 있다(앞글: 2).

a) 프로젝트가 투자자에게 긍정적 재정 수익을 지향하도록 하기 위해,

b) 프로젝트가 사람과 지구에 피해가 되지 않도록 하기 위해,

c) 프로젝트가 긍정적인 사회적, 기후변화, 환경적 임팩트를 갖도록 하기 위해.

'사회적' 임팩트는 젠더평등, 특정 지역과 인구의 사회적 포용, 탈탄소화(de-carbonisation) 등 구조조정에 영향을 받는 지역과 분야의 경제적 개발이다. '사회적 지속가능성 검증'의 올바른 방향 설정을 위한 방법으로, 사회적 임팩트 투자자들이 개발한 임팩트 측정과 관리 경험을 일차적으로 학습해 InvestEU 프레임워크에 사회적 이슈들의 해결 해법 탐구를 핵심 단계로 설정되어 있다.

한편 유럽투자기금(EIF)은 사회임팩트 액설러레이터(SIA)로 임팩트 측정을 시행하고 있다. SIA는 2억 4300만 유로의 민관 파트너십 기금으로 사

회적기업에 지분 자본을 제공하기 위한 액셀러레이터 기금이다.

표 2-10 유럽투자기금(EIF)의 임팩트 측정과 관리 시스템의 특성

(1) 임팩트 지표 설정의 상향식 접근법이다. 사회임팩트 액셀러레이터(SIA)의 각 기금은 포트폴리오 기업당 1~5개의 지표를 설정해두고 있다. 지표들은 각 기업의 비즈니스 모델에 밀접히 관련된 맞춤형이다. 지표들은 기업마다 의미있는 지표가 되며 따르기 쉬운 목표를 설정한다, 사전에 설정된 임팩트 지표 없이 기업마다 다른 지표가 맞춤형으로 설정된다. (2) EIF는 펀드 매니저가 투자로 발생하는 사회적 임팩트를 잘 포착할 수 있도록 양적, 질적 지표들을 정의하는 역할을 맡긴다. 사회적기업의 일자리의 경우 일자리 수뿐 아니라 일자리 계약 유형, 신참자의 만족도 등이 조사로 측정된다. (3) 초기 단계의 사회적기업에 대한 투자는 비교적 어려운 일이다, 이 단계의 사회적기업은 완벽한 '변화이론'을 제시하지 못해 결과(outcome)보다 산출(output)을 제시할 정도다. 따라서 역량구축과 비금융적 서비스 지원으로 '변화이론'을 갖고 결과와 임팩트를 생산하는 단계로 발전하도록 지원하는 것이 중요하다.

자료 EVPA(2019a: 3). "Social Proofing, Impact Measurement and Invest EU."

3) 사회적 임팩트 측정과 관리

임팩트 측정과 관리는 사회적 임팩트 투자에서 핵심이 된다. 사회적 임팩트가 검증되지 않고서는 투자자본의 유치가 어렵고, 검증된 결과에 대해서 사후 지불하는 결과지불제가 임팩트 투자의 새로운 흐름이 되고 있다.

투자자들이 임팩트 측정과 관리를 위한 핵심 절차를 포함한 〈임팩트 관리 원칙〉이 다음 5단계로 제시되어 있다(EVPA 2019b). 이는 2017년 유럽벤처필랜스로피협회(EVPA)와 사회적 가치 인터내셔날(SVI)이 공동으로 개

발한 것이다.

임팩트 투자를 제공하는 벤처필랜스로피조직(VPO)과 임팩트 투자를 받는 사회목적조직(SPO)에 공통적으로 적용된다. 1) 목표 설정 → 2) 이해관계자 분석 → 3) 결과측정 → 4) 임팩트 증명과 가치평가 → 5) 모니터링과 리포팅 단계 등이다.

(1) 목표 설정

a) 심각한 사회적 문제에 대한 정의;

b) 범위와 임팩트 목표 설정;

c) 사회문제 해결과 임팩트 목표 달성에 기여할 수 있는 사회목적조직(SPO) 선정 (그리고 투자).

표 2-11 사회적 임팩트 목표설정 원칙

이해관계자 관여

영향을 받는 이해관계자들이 활동개시 단계부터 관여:

- 목표의 적당성과 관련을 확인하고,
- 기대 사항들을 설정하며,
- 활동에서의 관심사를 확인하고,
- 결과/서비스 디자인에 기여한다.

정기적으로 다음 사항에 의견을 제시:

- 활동의 결과로 경험하는 결과,
- 활동이 없는 경우에 발생할 수 있는 상황,
- 다른 사람 또는 기관이 기여할 가능성,
- 다른 결과들의 관련성 중요도.

자료 EVPA(2019b: 6). "Impact Management Principles."

(2) 이해관계자 분석

이해관계자란 "조직의 활동에 영향을 미치는 그리고/또는 조직의 활동에 영향을 받는 당사자"를 말한다. 그들에 대한 잠정적인 임팩트, 그리고 임팩트 측정 과정에서 주요 이해관계자의 협조 등에 대한 이해가 필요하다.

이해관계자 분석에는

- 이해관계자 파악: 이해관계자 매핑, 선정 및 그들의 기대사항 분석;
- 이해관계자 관여: 그들의 기대사항에 대한 이해 및 이들의 충족 여부를 검증.

(3) 결과 측정

계획된 목표들을 측정가능한 결과로 전환하는 과정:

- 산출(Outputs): SPO의 활동으로 생산된 실제 유형의 생산물과 서비스;
- 결과(Outcomes): SPO의 활동으로 생산된 수혜층에 대한 변화, 혜택 및 기타 효과.
- 임팩트(Impact): SPO의 광범한 장기적인 사회적 변화의 귀인(attribution);
- 지표(Indicators): 산출, 결과, 임팩트를 측정하는 도구로
  (i) SPO의 목적과 연관되며,
  (ii) 명확하게 정의된, 다른 지표들과 비교가능한 지표가 핵심이다.

표 2-12 임팩트 결과 측정 원칙

1. 변화에 대한 이해

기대되는 양적 결과가 측정되고 관리된다.

이 원칙은 다음에 대한 의사결정이 필요하다.

- 결과의 사슬 아래로 어느 정도까지 도달할 것인가,
- 이해관계자들을 어느 단위로 분류할 것인가는 이들이 서로 다르게 경험하는 결과들, 서로 다르게 가치를 매기는 결과들이 기준이 된다.
- 어느 결과를 물질적이지 않은 것으로 배제할 것인가.

이 원칙은 다음을 고려할 필요가 있다.

- 프로그램 활동이 없다면 어떤 변화가 일어날 것인가,
- 다른 기관들이 생산하는 기여,
- 프로그램 활동 종료 이후에도 지속되는 결과의 범위.

2. 이해관계자 관여

측정될 결과들은 조직의 목표와는 같지 않고 다른 경우가 일반적이다. 그럼에도 모든 결과를 측정해 관리하기는 불가능하다. 어느 결과를 계량적인 것으로 측정할지를 결정해야 한다. 원칙은 결과가 직접 관련된 것이고 의미있는 것이어야 한다.

이해관계자들이 기대되는 또는 실제 결과를 결정하는데 참여해야 한다. 결과측정의 방법을 결정하는데 동참할 수 있다. 그들 자신이 이같은 결과측정치를 활용해 수입된 자료의 소스가 되기도 한다.

3. 과대 주장 금지

- 프로그램 활동이 없다면 어떤 변화가 일어날 것인가,
- 다른 기관들이 생산하는 기여,
- 프로그램 활동 종료 이후에도 지속되는 결과의 범위.

4. 양적 결과만 포함

측정될 결과들은 조직의 목표와는 같지 않고 다른 경우가 일반적이다. 그럼에도 모든 결과를 측정해 관리하기는 불가능하다. 어느 결과를 계량적인 것으로 측정할지를 결정해야 한다. 원칙은 결과가 직접 관련된 것이고 의미있는 것이어야 한다는 것이다.

자료 EVPA(2019b: 14). "Impact Management Principles."

참고로 유럽이사회는 모든 유형의 개입과 모든 상황에 공통적으로 적용될 수 있는 임팩트 측정의 초점에 대해 〈표 2-13〉과 같이 제시한다.

표 2-13 임팩트 측정의 초점

• 측정은 달성되어야 하는 결과에 대한 분명한 이해와 누구를 위한 임팩트인지를 규명하는데 기초해야 한다. • 측정은 개입의 결과에 대해 설명해야 한다. 공급된 서비스와 제품에 기초한 측정이 되어야 하며, 서비스와 제품의 효과성과 개선에 기여해야 한다. • 개입의 임팩트로 그리고 개입에 따른 삶의 변화에 초점을 맞춰 임팩트가 발생한 근거를 명확하게 설명해야 한다. 명확한 변화이론(theory of change)을 제시해야 한다. • 활동이 산출(output)과 결과(outcome), 나아가 임팩트(impact)를 창출하는 과정에 대한 명확한 이해로부터 산출을 활용한 주요시점의 측정이 될 수 있다. • 측정은 의사결정의 배경에서 추진되어 의사결정을 지원해야 한다. • 측정에 대한 검증이 뒷받침되어야 한다. • 측정은 측정의 욕구 충족을 위해 개발되어 그것을 위해 이용되어야 한다. • 측정을 위한 재정 지표들(SROI 지표들)이 핵심 이해관계자의 견해에 부가가치가 되는 조건에서 이용되어야 한다.

자료 EC(2014a: 20). "Proposed Approaches to Social Impact Measurement."

(4) 임팩트 증명과 가치 평가

제4단계에서는 타깃 목표, 관련 지표들을 상세히 파악해 최고의 사회적 가치를 가진 임팩트를 파악하는 것이 목표이다.

- 임팩트 증명: 임팩트는 계획된 방식으로 발생했는가? 긍정적인 임팩트가 발생하는 것으로 주장할 수 있는가?

• 가치 평가(생산된 가치의 측정): 임팩트는 가치 있는가, 이해관계자들에게 가치있는 임팩트인가?

사회적 가치의 임팩트를 측정하는 방법으로는

- 정성적 방법: 포커스그룹, 인터뷰, 스토리텔링, 질적 서베이가 있으며.
- 정량적 방법(금전화): 양적 서베이, 표명된 선호도, 인지된 가치, 재정적 프록시(proxies) 이용 등이 있다.

표 2-14 임팩트 증명과 가치 평가 원칙

1. 중요한 것에 대한 가치 측정
창출된 가치를 증가시키기 위해, 경쟁적인 자원 배분의 방법 중 선택을 해야 한다. 방법의 상대적 가치를 실제 나타난 것으로 또는 실제 나타날 것으로 기대되는 것으로 사정할 필요가 있다. 상대적 가치와 트레이드오프가 투명하게 드러날 필요가 있다.

2. 이해관계자 관여
측정된 결과가 긍정적 또는 부정적 결과인지를 사정하는데 관여해야 한다.
이해관계자들은 다양한 결과들의 상대적 중요성을 이해해 제품이나 서비스의 디자인 개선을 위한 의사결정에 관련 정보를 제공해야 한다.

3. 물질적인 결과만을 고려
관련 결과들의 과정의 중요성을 파악하는 것이 중요하다.
결과가 중요한 것인지에 대한 판단은 결과의 지속, 가치 및 인과성과 조직이 설정한 기준을 고려해 이뤄진다.

자료 EVPA(2019b: 18). "Impact Management Principles."

(5) 모니터링과 리포팅

자료수집과 진행상황 점검의 모니터링은 다음의 지표들과 목표들 기준으로 추진한다. 모든 측정치의 데이터 소스를 파악, 대상층에 관한 기초선 위상 정립, 누가 자료수집을 어떻게 하는지를 결정, 평가를 진행하는 인적 자원 결정 등.

리포팅이란 데이터를 발표 가능한 양식으로 전환시켜 핵심 이해관계자들에게 투명하게 유용되도록 보고한다.

모니터링과 리포팅 도구와 자원은 다음과 같다.

- PULSE(수치 메트릭스 자료수집과 리포팅 도구);
- 린 자료수집 시스템(Lean Data Collection Systems);
- 소셜 리포팅 스탠다드(Social Reporting Standard)(가이드라인과 프레임워크);
- 글로벌 리포팅 이니셔티브(Global Reporting Initiative)(리포팅의 질 원칙).

표 2-15 임팩트 모니터링과 리포팅

1. **이해관계자 관여**: 이해관계자들은 정보의 리포팅과 제안을 위해 가장 적절한 양식을 결정하는 일에 참여해야 한다.
2. **투명성**: 임팩트를 이해하고 관리하는 과정을 진행하는데는 주관적 판단이 필요하다. 정보 이용자들이 의사결정을 할 수 있으려면 이같은 주관적 판단이 투명하게 이뤄져야 한다.
3. **결과 증명**: 가치 증가를 위한 자원의 배분방식에 대한 의사결정은 정보가 의사결정에 필요하는 것임을 확인해 관련된 리스크에 대한 이해가 뒷받침 될 필요가 있다. 의사결정이 이뤄지는 책무성(accountability)은 이해관계자들을 대신하는 독립적인 과정으로 검증되어야 한다.

자료 EVPA(2019b: 22). "Impact Management Principles."

4) 사회적 임팩트 측정 이니셔티브

사회적 임팩트 측정에는 다양한 글로벌 차원의 이니셔티브들이 있다. 사회적경제조직이나 비영리기관뿐 아니라 기업의 사회적 책임이나 임팩트 투자 모두가 해당된다. 대표적인 이니셔티브들은 아래와 같다.

(1) 사회적경제의 SARA 이니셔티브

사회적경제는 사회적, 환경적 목표를 달성하는 사회목적조직(SPO)들로 구성되므로, 이같은 목표달성을 하고 있는지에 관심의 초점이 모아진다. 이를 측정하고 관리하며 평가하는 이니셔티브들 중 SARA(social accounting, reporting and auditing), 즉 사회적 회계, 리포팅, 감사가 전통적인 이니셔티브다(UNRISD 2019: 6). 캐나다 학자 쿼터 등(Quarter et al 2017)은 사회투자수익(social return on investment: SROI)과 글로벌지속가능이니셔티브(Global Reporting Initiative: GRI)를 대표적인 것으로 제시한다. SROI에 대해서는 앞의 〈표 2-5〉를 참고하고, GRI는 다음과 같이 글로벌 지속가능성 리포팅 스탠다드로 활용되고 있다.

GRI는 경제적, 사회적, 환경적 차원을 고루 통합한 종합적인 지표를 지속가능성 지표로 제시한다. 공공부문, 민간부문 등 다양한 부문별 보충적 사항들을 구분하는 특징도 있다. 가이드라인은 기업, 노동, 시민사회, 금융시장 대표들과 다양한 분야 전문가들이 참여하는 글로벌 다자 이해관계자 과정을 거쳐 개발된 것이다. GRI의 미션은 가이드라인을 제시해 지속가능성 리포팅 표준의 실천을 지원하는데 있다. GRI는 비금융 리포팅을 대표하는 글로벌 표준으로 정착되어, 2020년 현재 1만 개 이상 기관들이 지속가

능성 리포팅에서 GRI 표준 가이드라인을 사용하고 있다.[6]

한편 SARA 사례에 대해서는 유럽 주요국 현황을 UNRISD(2019)의 보고서에서 참고해볼 수 있다. 독일에서 통용되는 비영리조직 결과지향적 리포팅으로 '사회적 리포팅 스탠다드(Social Reporting Standard)', 영국의 사회적경제와 시민사회조직들에 적용되는 사회회계네트워크(Social Audit Network), 프랑스의 사회적 대차대조표(CJDES), 오스트리아의 공동선대차대조표(Common Good Balance Sheet) 등이 그것이다.

표 2-16 프랑스의 사회적 대차대조표(Societal Balance Sheet)

> 종업원 300인 이상의 프랑스 기업들은 1977년 이래로 법에 의해 비즈니스 활동의 사회적 임팩트를 보고하도록 되어 있다. 종업원 수, 사회경제적 특성, 보건과 안전, 훈련, 노동관계 등이 주요 지표가 된다. 1990년대에는 사회적경제의 진전으로 사회적 대차대조표를 전통적인 지표 이상으로 내용을 추가하도록 규제한다. 사회적 목표, 이해관계자 등에 대해 관리자들과 다른 이해관계자 주요 문항들을 작성하고, 이들 사이의 의견차이나 일치에 관한 분석을 제시하도록 되어 있다.
>
> 지표들에는 직원과 고객 관계, 혁신, 노동조직, 인적자원, 시민정신, 인적, 물적 환경, 가치와 윤리 등 주요 사회적, 환경적 이슈들이 포함되어 있다.

자료 UNRISD(2019: 8). "Sustainable Development Impact Indicators for Social and Solidarity Economy."

한편 오스트리아의 '공동선을 위한 경제(Economy for the Common Good)'는 공동선을 위한 경제 시스템의 진흥을 목표로, 기업들의 '공동선대

---

6 GRI https://www.globalreporting.org/Pages/default.aspx

차대조표(Common Good Balance Sheet)' 시행을 지원한다(UNRISD 2019: 8).

표 2-17 오스트리아 '공동선 대차대조표'의 임팩트 지표

가치/이해관계자	인간 존엄성	연대/사회정의	환경 지속가능성	투명성/공동결정
A. 공급사슬	A1 공급사슬 인간존엄성	A2 공급사슬 연대와 사회정의	A3 공급사슬 환경 지속가능성	A4 공급사슬 투명성과공동결정
B. 소유주, 지분, 금융서비스기관	B1 금융자원의 윤리적 위상	B2 금융자원의 사회적 위상	B3 환경 관련 기금 사용	B4 소유권과 공동결정
C. 직원	C1 작업장/작업 환경의 인간존엄	C2 노동자 결정의 작업	C3 스탭의 환경 친화적 행태	C4 조직내부 투명성과공동결정
D. 고객, 협력사	D1 윤리적 소비자 관계	D2 타사와의 협력과 연대	D3 제품/서비스 사용의 임팩트	D4 고객참여와 제품 투명성
E. 사회환경	E1 제품/서비스의 사회적효과	E2 지역사회 기여	E3 환경 임팩트 감축	E4 사회적 공동 결정과 투명성

자료 UNRISD(2019: 8); https://www.ecogood.org/en/

(2) 협동조합의 SARA 이니셔티브

협동조합 또한 SARA 지표 개발과 시행에 동참한다. 캐나다에서 5년 이상의 개발과정을 거쳐 제시된 '협동조합 지속가능성 성적표(Co-operative Sustainability Scorecard)'가 대표적이다. 이는 협동조합들 전체가 조직 규모나 산업분야와 관계 없이 널리 활용하는 보편적인 대안으로 트리플 바톰라인(경제, 사회, 환경) 성적표를 제시한다.

국제협동조합연맹(ICA)은 지속가능성 지표뿐 아니라 SDGs, GRI 등 다양한 이니셔티브를 활용할 것을 권고한다. ICA는 국제협동조합 원칙에 기반하는 사회적 임팩트 지표들을 다음과 같이 제시한다(표 2-18)

표 2-18 협동조합 7대 원칙과 주요 지표

협동조합 원칙	지표
1. 자발적, 개방적 멤버십	1-1 회원(조합원) 수 1-2 회원의 다양성(젠더, 연령, 인종, 학력 등) 1-3 이사회의 다양성(이사 구성 다양성)
2. 회원(조합원)에 의한 민주적 통제	2-1 이사 선출 회원의 투표참여율 2-2 회원의 의사결정 제안수
3. 회원(조합원)의 경제적 참여	3-1 자본의 회원 기여 비중(%) 3-2 분할 불가 자본의 비중(%) 3-3 회원 충성도 지표
4. 자율과 독립	4-1 외부 투자자 소유의 자산 비중(%)
5. 교육, 훈련, 정보	5-1 교육, 훈련 및 정보에 지출된 수입액 5-2 협동조합 프로그램 참여자 유형(회원, 일반시민, 청년, 이사 등)
6. 협동조합 사이의 협력	6-1 타 협동조합과 관련된 수입과 지출
7. 지역공동체 기여	7-1 회원 일인당 그린하우스 배출 7-2 지역사회조직에 배당된 수입액 비중(%) 7-3 지역 푸드뱅크에 기부한 음식량 7-4 지원한 지역사회조직의 수

자료 ICA(2016:.20). Sustainability Reporting for Co-operatives: A Guidebook.

(3) 한살림의 사회적가치 지표

한살림은 ICA 등의 지표를 참고해 〈사회적가치 지표안〉을 개발중인데, 이를 참고하면 다음과 같다. 한살림이 가지고 있는 〈사회적가치 지표〉의 세부지표 자료를 바탕으로, 한살림의 〈사회적가치 지표〉를 〈표 2-19〉와 같이 제시한다.

대부분의 자료는 내부 조사와 확인을 거쳐 마련된 것이다. 1) 인권보호, 2) 안전한 근로와 생활환경, 3) 건강한 생활의 경우, 기획재정부의 사회

표 2-19 한살림의 사회적가치 지표(안)

<table>
<tr><th>한살림
지표안</th><th>사회적가치법
(안) 지표</th><th>세부지표
자료</th></tr>
<tr><td rowspan="5">밥상
살림</td><td>1. 인간의 존엄성을 유지하는 인권 보호</td><td>– 조합원·실무자·조합원 대상 교육활동(회)
– 조합원·실무자·조합원 대상 교육활동 참여자(명)</td></tr>
<tr><td>2. 재난과 사고로부터 안전한 근로·생활환경</td><td>– 산업재해 안전관리, 재난관리체계 구축 및 운영의 적정성 노력과 성과
– 개인정보 보호 및 정보보안 관리체계 구축 운영 등을 위한 노력과 성과
– 한살림에 적합한 환경보전의 개념을 정의하고, 이를 위한 예방적 접근과 훼손 방지를 위한 노력과 성과
– 물품안전성 관리</td></tr>
<tr><td>3. 건강한 생활이 가능한 보건복지</td><td>– 한살림의 종사자 건강생활 개념 정의 및 노력과 성과(설문)</td></tr>
<tr><td>4. 조합원 임파워먼트</td><td>– 우리농산물 소비(일인당 금액)
– 물품구매 기간(연)
– 조합원활동 참여도(설문)
– 생활실천운동 참여도(일인당, 금액)
– 취약층 물품 지원(명, 금액)</td></tr>
<tr><td>5. 민주적 의사 결정과 참여의 실현</td><td>– 전국세대 대비 조합원
– 총회 대의원 참석(참석율)
– 위원회 활동(개, 참여인원)
– 마을모임(개, 참여인원)
– 소모임(개, 참여인원)
– 매장모임(개, 참여인원)
– 총회 대의원 선출자 만족도(설문)
– 연간 간담회 참여자 만족도(설문)
– 설문조사 의견수렴 만족도(설문)</td></tr>
<tr><td rowspan="3">생명
살림</td><td>6. 노동권의 보장과근로조건</td><td>– 공식 고충처리(접수 대비 해결 건수)
– 한살림의 종사자 노동권과 근로보건 개념정의 및 노력과 성과
– 생협조직의 정규직 비율
– 생산법인 고용인원의 정규직 비율</td></tr>
<tr><td>7. 사회적 약자에 대한 기회제공과 사회통합</td><td>– 생협조직의 여성 고용인원 비율
– 생산법인의 여성 고용인원 비율
– 생협조직의 장애인 고용인원 비율
– 생산법인의 장애인 고용인원 비율</td></tr>
<tr><td>8. 양질의 일자리 창출</td><td>– 생협조직 고용인원(총원)
– 생협조직 실무자
– 생협조직 활동가
– 조직활동가
– 매장활동가
– 생협조직 정규직 비율</td></tr>
</table>

지역 살림	9. 대기업, 중소 기업 간의 상생과 협력	– 생산자공동체(개) 및 공급액 – 생산농가(호) 및 농가당 수취액 – 가공생산자(산지, 개) 및 생산면적 – 가공생산자(명) 및 출하액
	10. 지역사회 활성화와 공동체 복원	– 도농교류 횟수(회) 및 참여인원(명) – 조합원 자주점검활동(팀, 조합, 명) – 한살림 자주인정(생산자, 승인) – 식생활 교육(횟수, 참여인원)
	11.경제활동의 이익의 지역경제 공헌	– 생산안정기금(조성액, 집행액) – 행복기금(참여생산자, 펀딩수, 금액) – 사회적경제기업 물품 취급 이용액
	12. 윤리적 생산과 유통, 기업 사회적 책임	– 유기농 계약 생산(총량, 재배면적) – 무농약 계약 생산(총량, 재배면적) – 저농약 계약 생산(총량, 재배면적) – 우리밀(생산총량, 재배면적, 이용량) – 토박이씨앗살림(생산면적, 공급량) – 수입곡물사료 감축량 – 해외농지의존 감축량 – 우리보리농지 확보량 – 지역사회 기부액 – 지역사회 자원봉사 참여인원
농업 살림	13. 환경의 지속가능성 보전	– 온실가스 감축량(총량) – 가까운먹을거리운동 온실가스 감축량 – 태양광(햇빛발전소)건립 온실가스 감축량 – 유리병 재사용 온실가스 감축량(톤)
	14. 지구촌 생명살림운동	– 개도국 농업기술 전수(대상인구) – 개도국 농업협동조합(설립수) – 개도국 농민 소득증대(인원, 금액)

자료 주성수(2020) "한살림 사회적 지표 측정 개발연구."

적가치 '경영평가' 지표항목을 참고한 것이다. 4) 조합원 임파워먼트 14) 지구촌 생명살림 운동 지표는 한살림 고유의 활동을 반영한 지표들이다. 한살림 정책기획위원회에서는 한살림의 밥상살림·농업살림·생명살림에서 '지역살림'이라는 주요 가치를 추가하여 측정 지표를 제안했다. 이를 사회적가치 지표에 매핑한 결과와 세부지표를 제시하면 〈표 2-19〉와 같다.

(4) GIIN's IRIS 지표

글로벌 임팩트투자 전문기관 GIIN의 임팩트 측정지표 IRIS(Impact Reporting and Investment Standards)는 성과(performance) 지표를 제시한다. '변화이론'에서 투입, 산출, 결과, 임팩트 모든 과정별 성과를 측정하는 지표에 해당된다. 2019년에는 IRIS+를 제시해, SDGs와 연계해 SDGs의 169개 타깃 중 70개를 지표에 포함한다.[7] 세계적인 임팩트 투자자 59%가 IRIS 메트릭스를 활용해 리포팅을 해서, IRIS는 이제 글로벌 임팩트 스탠다드로 정착되고 있다(UNRISD 2019: 17).

(5) B Corp의 GIIRS 등급

글로벌 임팩트투자 리포팅 스탠다드(GIIRS: Global Impact Investing Reporting Standards)는 등급 시스템으로 B Lab의 B Impact 사정 방법에 기초한다. B Corp의 5개 원칙들과 사회적 가치 3개 항목들 대부분이 매핑된다.

표 2-20 B Corp과 사회적 가치 매핑

B Corp	사회적 가치
1) 환경(environment) 기업의 설비, 자재, 에너지 사용 등 환경적 성과 평가. 또 기업의 수송/배분 채널과 공급사슬의 환경적 임팩트 평가.	1) 재난과 사고로부터 안전한 근로·생활환경의 유지 2) 건강한 생활이 가능한 보건복지 제공 3) 환경의 지속가능성 보전

7 IRIS+ https://iris.thegiin.org/about/

2) 노동자(workers) 기업의 노동력과의 관계를 평가. 기업이 노동자에게 제공하는 보상, 수당, 훈련 소유 기회 등이 일차적인 초점이며, 또 관리/노동자 커뮤니케이션, 일자리 유동성, 기업문화, 노동자 보건과 안전 실천 등 노동환경 전반에 대한 평가.	4) 인간의 존엄성을 유지하는 기본 권리로서 인권의 보호 5) 노동권의 보장과 근로조건의 향상 6) 사회적 약자에 대한 기회제공과 사회통합 7) 품위 있는 삶을 누릴 수 있는 양질의 일자리 창출
3) 고객(customers) 기업이 고객에게 미치는 임팩트를 평가. 기업이 공익을 증진시키는 제품과 서비스의 판매 여부, 또 제품과 서비스의 취약층에게 혜택을 주는지의 여부를 평가.	8) 그 밖에 공동체의 이익실현과 공공성 강화
4) 지역사회(community) 지역사회 공동체에 미치는 기업의 임팩트를 평가. 공급자 관계, 다양성 및 지역 공동체의 관여 등에 초점을 맞춰, 지역사회 서비스와 자선적 기부의 공헌과 정책을 측정. 또 기업의 제품이나 서비스가 기초 서비스, 보건, 교육, 경제적 기회, 예술 등을 포함한 사회적 이슈 해결, 사회적 목적으로 기업에 대한 자본의 제공 등을 평가.	9) 대기업, 중소기업 간의 상생과 협력 10) 지역사회 활성화와 공동체 복원 11) 경제활동을 통한 이익이 지역에 순환되는 지역경제 공헌 12) 윤리적 생산과 유통을 포함한 기업의 자발적인 사회적 책임 이행
5) 거버넌스(governance) 기업의 미션, 윤리, 책무성, 투명성 부분으로, 사회적, 환경 미션을 갖고, 어떻게 임직원, 이사회, 지역사회를 관여시켜 미션을 달성하는지를 측정. 직원의 재무정보 접근, 고객의 피드백 제공 기회, 회사의 이사회의 다양성 평가.	13) 시민적 권리로서 민주적 의사결정과 참여의 실현

자료 (B Corp) https://bcorporation.net/certification; (사회적가치) 사회적가치 기본법(안)

(6) Impact Management Project(IMP)

IMP는 임팩트 관리 프로젝트로, 브릿지스 펀드매니저(Bridges Funds Management)가 오미다르 네트워크(Omidyar Network), 포드재단(Ford Foundation), 맥아더재단(MacArthur Foundation), BSC(Big Society Capital), BlackRock, UBS 등과 협력해 개발한 것이다. 세계적으로 임팩트 투자 측정지표로 널리 사용되고 있다.

IMP는 글로벌 기준설정 조직들의 네트워크 사이의 오랜 공조로 개발된 것으로 임팩트 측정과 관리 원칙들, 프레임워크, 벤치마킹 이니셔티브 등에 임팩트 측정, 관리, 리포팅의 표준이 된다. 글로벌 기관 UNDP, OECD, Social Value International(SVI), Global Impact Investing Network(GIIN), Principles for Responsible Investment(PRI), World Benchmarking Alliance(WBA), Global Steering Group for Impact Investments(GSG) 등도 IMP를 활용한다.

IMP의 목적은 공유된 기본원칙에 대한 합의를 이끄는 데 있다. 어떤 특정 지표를 사용할 것을 권장하는 것은 아니다. 〈표 2-21〉과 같이 다섯 개로 구분된 임팩트 차원에서 조직의 목적이나 목표 달성에 적합한 지표들을 이해관계자 협의를 통해 설정해 추구하는 과정이다.

표 2-21 임팩트 관리 프로젝트(IMP)의 임팩트 5차원

임팩트 차원	임팩트 문제에 대한 응답	임팩트 범주
무엇을 (What)	– 어떤 결과를 비즈니스 활동이 추구하는가 – 결과는 사람과 지구에 얼마나 중요한가	– 기간 중 결과 – 임팩트의 이해관계자 중요도 – 결과 한계점 – SDGs와 SDG 타깃
누가 (Who)	– 누가 결과를 경험하는가 – 결과는 이해관계자에 어떤 영향을 주는가	– 이해관계자 – 지리적 범위 – 기초선 – 이해관계자 특성
얼마나 (How much)	– 결과는 어느 정도인가	– 넓이 – 깊이 – 지속기간
기여 (Contribution)	– 결과에 기업이 실제로 기여한 것은	– 깊이 – 지속기간
리스크 (Risk)	– 임팩트가 계획대로 발생하지 않으면, 사람과 지구에 어떤 리스크가 되는가	– 리스크 유형 – 리스크 수준

자료 Impact Management Project(2019); UNRISD(2019: 20–21).

4. 공공조달의 사회적 가치 임팩트

사회적 가치는 "프로젝트와 프로그램의 광범한 재정적 및 비재정적 임팩트를 의미하며, 여기에는 개인과 공동체의 웰빙, 사회적 자본과 환경이 포함된다."(UK Cabinet Office 2019: 5). 2019년 영국 정부는 사회적 가치가 정부의 위탁과정 전체에 반영되어, 서비스 디자인 단계부터 시작해 상업적 전략, 시장 관여, 특성화, 소싱, 계약관리 및 평가에 이르는 전과정에 고려될 것을 발표하였다.

1) 지속가능조달: ISO 20400

먼저 글로벌 차원에서, ISO 20400은 '지속가능조달'의 국제표준을 의미한다. ISO(2017)가 제시하는 '지속가능조달'의 의미, 원칙, 핵심 주제를 차례로 정리한다.

(1) 지속가능조달이란?

'지속가능조달(Sustainable procurement)'이란 "전체 과정을 통해 가능한 한 최고의 긍정적인 환경적, 사회적, 경제적 임팩트를 가지고 또 부정적인 임팩트를 최소화하는 조달이다." 지속가능조달은 조직이 지속가능성 요건을 고려해 지속가능한 개발에 자신의 기여를 고려할 때 강력한 도구가 된다.

(2) 지속가능조달 원칙(ISO 20400)

① 책무성: 조직은 자신의 사회, 경제, 환경에 미치는 임팩트에 대해 책무적이어야 한다. 조달에서는 재화와 서비스에 대한 생애과정(life cycle) 시각에서 조직의 공급사슬에 대한 임팩트의 책무성과 공급사슬 사람들에 대한 책무성이 포함된다.

② 투명성: 조직은 사회, 경제, 환경에 영향을 미치는 의사결정과 활동에 투명해야 한다. 조달에서는 조달 의사결정과 활동에서의 투명성을 비롯해 공급기관의 투명성 또한 권장해야 한다. 투명성은 이해관계자 대화와 협력을 위한 기반이 된다.

③ 윤리적 행태: 조직은 윤리적으로 행동하고 공급사슬 모든 과정에서 윤리적 행태를 진흥해야 한다.

④ 완전하고 공정한 기회: 조직은 모든 조달 의사결정에서 불공정과 편견을 회피해야 한다. 지방 공급자와 중소조직들을 포함한 모든 공급자들이 완전하고 공정한 경쟁의 기회를 가져야 한다.

⑤ 이해관계자 이해에 대한 존중: 조직은 조달활동에 영향을 받는 이해관계자들의 이해를 존중하고 이를 고려해 호응해야 한다.

⑥ 법 규정과 국제 행태규범에 대한 존중: 조직은 모든 공급사슬 과정에 법과 규범의 위반을 인지하도록 노력해야 한다. 공급자들이 규정을 준수하도록 장려하고 상황에 따른 준수 여부를 사정해 해결해야 한다.

⑦ 인권에 대한 존중: 조직은 국제적으로 인지된 인권에 대해 존중해야 한다.

⑧ 혁신적 솔루션: 조직은 자신의 지속가능성 목표에 대한 솔루션을

추구하고 공급사슬 전체에서 보다 지속가능한 결과를 진흥하는 혁신적인 조달 실천방안들을 권장해야 한다.

⑨ 필요에 초점: 조직은 수요를 파악해 필요한 것만을 구매하고 보다 지속가능한 대안을 탐구한다.

⑩ 통합: 조직은 지속가능한 결과를 최대화하기 위해 지속가능성이 모든 기존의 조달 실천에 통합되도록 확인해야 한다.

⑪ 모든 비용의 분석: 조직은 전 생애 과정에서 발생할 비용, 달성될 '금전의 가치(value for money)', 그리고 조달활동으로 결과되는 사회, 환경, 경제에 대한 비용과 혜택을 모두 고려해야 한다.

⑫ 지속적인 개선: 조직은 지속가능성 실천과 결과를 지속적으로 개선하고 공급사슬 또한 같이 개선하도록 추진해야 한다.

(3) 지속가능조달의 핵심 주제

ISO 20400이 제시하는 '지속가능조달'의 핵심 주제들은 다음과 같이 일곱 가지로 요약된다(ISO 2017).

① 조직 거버넌스: 의사결정 과정과 구조.

② 인권: 실사(due diligence), 인권 리스크 상황, 공범 연류 회피, 불만 해결, 차별과 취약층, 시민권과 정치적 권리, 경제적, 사회적, 문화적 권리, 노동 기본원칙과 권리.

③ 노동실천: 고용 관계, 노동 조건과 사회적 보호, 사회적 대화, 보건, 작업 안전, 인간개발과 작업장 훈련.

④ 환경: 오염 예방, 지속가능한 자원 이용, 기후변화 적응과 완화, 환경

보호, 생다양성과 자연생태계 복원.

⑤ 공정한 실행: 반부패, 책임있는 정치적 개입, 공정한 경쟁, 공급사슬의 지속가능성 증진, 재산권 존중.

⑥ 소비자 이슈: 공정한 마켓팅, 사실적, 비편향적 정보, 공정계약 실천, 소비자 건강과 안전 보호, 지속가능한 소비, 소비자 서비스와 지원, 불만과 분쟁 해결, 소비자 자료 보호와 프라이버시, 필수 서비스 접근, 교육과 인식.

⑦ 지역사회 관여와 개발: 지역사회 관여, 교육과 문화, 고용창출과 기술개발, 테크놀러지 개발과 접근. 부와 소득 창출, 건강, 사회적 투자.

2) EU의 사회적 가치 공공조달

유럽의 공공조달은 "사회적 책임의 공공조달"(socially responsible public procurement: SRPP)을 새로운 전략으로 제시한다(EC 2011). SRPP는 공공기관이 기업들에게 사회적으로 책임있는 관리를 개발하도록 실질적인 인센티브를 제공할 수 있다. 공공기관들은 사회적으로 책임있는 구매를 통해 고용기회를 확대하고 양질의 일자리, 사회적 포용, 모든 사람들을 위한 접근가능성과 디자인, 윤리적 무역, 사회적 기준에 순응 등을 증진시킬 수 있다.

(1) 사회적 책임의 공공조달이란?

사회적 책임의 공공조달(SRPP)이란 '사회적' 고려사항 중 하나 이상을 반영하는 조달 업무를 말한다. 그것들은 고용기회, 양질의 일자리, 사회권리와 노동권리에 대한 준수, 사회적 포용(장애인 포함), 동등한 기회, 모든 사람을 위한 접근가능성과 디자인, 지속가능성 기준 고려, 윤리적 무역, 자발적인 기업 사회적 책임(CSR)의 실천 등이다(앞글: 7). SRPP는 지속가능한 개발과 EU의 사회적 목표 달성에 중요한 정책도구가 될 수 있다. SRPP는 계약기관이 조달단계에서 고려할 수 있는 광범위한 사회적 고려사항들을 담고 있는데, 사회적 고려사항들은 환경적 고려사항들과 함께 공공구매에서의 지속가능성에 대한 통합적 접근법을 구성한다.

(2) 공공조달의 사회적 고려

공공조달에는 다음과 같은 '사회적' 고려사항들이 규정되고 있다(앞글: 8-9).

① 고용 기회의 증진
- 청년 고용의 증대,
- 젠더 균형의 증진(노동/생활 균형, 부문/직업별 분리에 대한 거부 등)
- 장기 실업자와 노인 노동자에게 고용 기회 확대,
- 취약층(이주노동자, 민족 소수자, 종교 소수자. 저학력자 등)을 위한 다양성 정책과 고용 기회 확대,
- 포용적이고 접근가능한 작업 환경 조성과 함께 장애인을 위한 고용

기회 확대 등이다.

② 양질의 일자리 확대

사람들은 자유, 형평성, 안정과 인간적 존엄성의 조건에서 생산적인 고용을 누릴 권리를 갖고 있다는 확신은 보편적으로 인정되는 개념이 되고 있다. 또 다른 중요한 양질의 일자리 개념에는 생산적이고 자유롭게 선택한 노동에 대한 권리, 노동의 근본적인 원칙들과 권리, 적절한 소득과 사회보장과 사회적 대화를 제공하는 고용 등이 포함된다. 젠더 평등과 비차별 원칙들과 범분야 이슈들로 고려되어야 한다.

③ 사회적 권리와 노동권리 준수 증진

- 국가의 법률과 단체협정에 대한 준수,
- 동등한 가치의 노동에 대한 동등한 보수 원칙을 포함한 남성과 여성 사이의 동등한 대우의 원칙 및 양성평등의 증진,
- 직업 보건과 안전 법률 준수,
- 연령, 장애, 인종, 종교 및 신념, 성 오리엔테이션 등에 근거하는 차별의 금지와 동등 기회의 창출.

④ 사회적 포용의 지원과 사회적경제 조직의 증진

- 협동조합, 사회적기업, 비영리조직 등이 소유한 기업이나 취약층(인종/소수자)을 고용하는 기업에 대한 공공조달 기회에 대한 동등한 접근,
- 장애인을 위한 지원적 고용.

⑤ 모든 사람을 위한 접근가능성과 디자인

장애인들의 공공서비스, 공공건물, 대중교통, 공공정보와 웹기반 응용을 포함한 ICT 재화와 서비스에 대한 접근을 확보하는 기술적 특수사항들을 의무적으로 제시한다. 핵심 이슈가 되는 것은 모든 사람들에게 접근가능한 재화와 서비스를 구매하는 것이다.

⑥ 윤리적 거래에 대한 고려

특수한 상황에서 계약의 특이사항과 조건에서 윤리적 거래를 고려한다.

⑦ 자발적인 기업의 사회적 책임(CSR) 실천

자발적으로 일상적인 비즈니스 활동에서 환경적, 사회적 목표를 추구하는 기업들이 CSR 가치 추구에 실천하도록 지원한다.

⑧ 인권 침해에 대한 보호와 인권에 대한 존중을 증진

⑨ 중소기업 지원

중소기업에 대해 SRPP 기회 참여의 비용과 부담을 감소시켜 줌으로써 공공조달의 접근을 증진시킨다.

(3) 사회적 책임의 공공조달의 혜택

사회적 책임의 공공조달(SRPP)의 잠재적인 혜택들은 다양하다(앞글: 9-10).

첫째는 사회적 법률과 노동법에 대한 준수 및 관련된 국가적, 국제적 정책 이행이다. SRPP는 사회적 개발 목표에 대한 국가적, 국제적 이행에 기여할 수 있다. SRPP는 사회적, 경제적 고려사항들이 상호 강화적인 관계를 가질 수 있다는 것을 잘 보여준다.

둘째는 사회적 의식을 가진 시장의 진흥이다. SRPP는 사회적 목표 달성을 지원하고 소비자들에게 표준과 정보를 제공하는 모델 역할을 하는 기존의 재화와 서비스 시장을 확장시키거나 또는 새로운 시장을 창출해서 사회적 혜택이 되는 시장개발에 기여할 수 있다.

셋째는 사회적으로 호응적인 거버넌스 제시이다. SRPP는 정부로 하여금 사회적으로 책임있는 활동을 하도록 압력을 행사하는 대중적 요청에 호응하며 지역사회 가치와 욕구 충족에 기여할 수 있다. 장애인 등 취약층을 포함한 모든 이용자의 욕구를 고려하는 사회서비스 용역이 체결되면 공공기관의 입장에서는 서비스를 제공해야 하는 지역사회의 다양한 요구들을 충족시키는 성과를 갖게 된다.

넷째는 사회와 경제의 통합 증진이다. 공공조달 등의 공적 개입으로 장애인, 소상공인, 여성, 소수자 등 사회의 특정 계층을 핵심 시장활동에 통합시켜 효과적인 시장이 개발되도록 진흥하는 역할을 하는 것이 바람직하다.

다섯째는 공공지출의 효과성 증진이다. 공공조달의 거대한 규모뿐 아니라 긴축예산 정책으로 인한 직접적인 사회적 개입의 한계 때문에도 공공조달은 사회적 포용과 통합을 증진시키는 매력적인 정책 영역이 되고 있다.

(4) 공공조달의 혁신

EU 전역에서 추진되는 전략적 공공조달은 녹색공공조달(Green Public Procurement: GPP), 사회적 책임의 공공조달(SRPP), 혁신의 공공조달(Public Procurement of Innovation: PPI) 등으로 분류된다.

표 2-22 전략적 공공조달 비중과 분포: EU 10개국 사례

	녹색공공조달	사회적책임 공공조달	혁신의 공공조달
조달의 비중(건수)	4%	10%	1%
조달의 비중(금액)	25%	17%	7%

참고 10개국은 Austria, France, Latvia, Netherlands, Poland, Portugal, Slovakia, Spain, Sweden and the United Kingdom 등.

자료 EC(2016c: 6).

표 2-23 전략적 공공조달의 개념정의: 녹색, 사회책임, 혁신의 공공조달

녹색공공조달 Green public procurement(GPP)	'좋은 환경을 위한 공공조달'로 공공기관이 계약기간 전반에 걸쳐 환경적 임팩트의 감소를 제시한 재화, 서비스 및 용역을 조달하는 것으로, 이런 환경적 임팩트를 고려하지 않은 재화, 서비스 용역의 제안과 동일한 핵심 기능에 비교된 감소가 기준이 된다.
사회적 책임 공공조달 Socially responsible public procurement (SRPP)	고용 기회, 품위있는 노동, 사회권과 노동권 준수, 사회적 포용(장애인 포함), 평등한 기회, 모두를 위한 접근성과 디자인, 지속가능성 기준, 윤리적 무역, 기업사회공헌 자발적 준수 등.
혁신의 공공조달 Public procurement of innovation(PPI)	상업적으로 대규모로 유용하지 않은 혁신적 재화와 서비스의 조달, 공공기관은 착수 고객 역할을 하며 혁신 조달은 혁신을 촉진하는 수요측 도구가 된다. PPI는 R&D 서비스 조달을 반드시 포함하는 것은 아니다.

자료 EC(2016c: 13). "Strategic use of public procurement in promoting green, social and innovation policies."

GPP는 대부분이 자발적이며 일부 국가에서만 의무적인 규정이다. 오스트리아, 영국, 네덜란드는 중앙정부차원에서는 의무적이다. SRPP 또한 대부분이 자발적인 규정을 따르지만, 일부 국가만 의무적인 규정을 중시한다. SRPP는 공공조달 전체에 적용되기 어려워 일부 분야에만 한정적으로 적용될 만한 특성이라는 것이다.

3) 영국의 사회적 가치 공공조달

(1) 사회적 가치 정책 동향

2018년 영국 정부는 정부조달의 혁신적 변화를 발표하였다, 2019년까지 정부조달의 우선순위에 사회적, 경제적 혜택을 고려하도록 한 것이다. 여기에는 취약층에게 고용기회를 제공하고 환경피해를 감소하는 소기업들이 포함된다. 모든 정부부처가 조달에서 사회적 가치를 고려하는 우선 정책에는 다음이 포함된다.

a) 소기업의 접근 지원
b) 취약층 소유의 비즈니스 접근 지원
c) 노동력에서 장애인의 대표 확대
d) 환경에 부정적 임팩트 감소 등.

2015년의 〈공공위탁 규정〉은 위탁기관이 사회적, 환경적 고려사항을 사업제안, 선정기준, 계약조건에 구체화할 것을 규제한다. 혁신을 진흥하고,

고용과 사회적 포용, 환경보전. 에너지 효율성, 기후변화 해소 등에 적용되는 규정이다.

또한 2015년의 규정은 위탁기관이 특정 서비스 계약의 조달 절차에 상조단체와 사회적기업들의 참여를 확보하도록 하고 있다. 또 직원 30% 이상이 장애인이거나 취약층이며 이들의 사회적, 직업적 통합을 목적으로 하는 공급업체의 참여도 확보하도록 하고 있다.

또 선정 단계부터 사회적 가치를 고려하는 방안이다. 2015년의 규정이 조달되는 작업, 서비스 또는 물품 등 계약의 주대상에 선정 기준이 적용될 것을 규제한다. 입찰자들에 대한 차별 없이 동등하게 대우하며 투명하고 책무적인 과정을 강조한다. 최고 가격-품질 기준에는 환경적, 사회적 기준이 포함될 수 있도록 한다.

실제로 공공기관들은 프로젝트 디자인 단계부터 가격 기준을 넘어 사회적, 환경적 혜택을 고려하고 있다. 공공 분야에서 사회적 가치를 측정하는 도구들이 개발되어 있는데, '사회적 가치 TF'의 국가 주제, 결과, 측정(TOMs: themes, outcomes, measures)가 대표적이다.

중앙정부에서는 지난 수년에 걸쳐 주요 공공조달에서 사회적, 경제적 혜택이 공급에 초점을 맞춰 왔다. '균형 점수표(balanced scorecard)' 접근방법은 1000만 이상의 건설과 인프라 프로젝트가 경제성장을 지원하는데 초점을 맞추도록 한다. 일종의 '금전의 가치(value for money)'를 조달과정에 반영한 것이다.

그런데 저액의 계약이나 일반 재화와 서비스의 경우 지방공급 측면의 고려가 배제되고 있는 문제가 있다. 조달 디자인 팀에게는 사회적 가치 평가가 불명확한 것이다. 확고한 평가기준 접근법이 없기 때문이다.

(2) 사회적 가치의 결과 메트릭스

정부기관은 기관 업무 특성에 적합한 사회적 가치 실천의 조달계약의 주제와 정책결과를 자발적으로 선택한다. 대표적인 '문화미디어스포츠부'의 경우, 사회적 가치의 결과 메트릭스를 〈표 2-24〉와 같이 제시해 시행한다.

표 2-24 사회적 가치의 결과(outcome) 메트릭스

잠재적 사회적 가치 결과	예시 / 설명
보건과 사회적 돌봄	
공공기관이 다른 보건 서비스 프로그램에 대한 수요 변화를 확인	초기 개입의 서비스 활용을 촉진
고용	
고용주가 노동 생산성 개선을 확인	직원의 건강 개선 서비스로 병가를 감소
개인이 자신의 고용 잠재성 개선을 확인	개인의 건강과 웰빙 개선 서비스로 고용 자신감과 능력 구축
개인 웰빙	
개인이 건강관리 능력 개선을 느낌	개인의 체중/흡연/음주/운동 관리 교육 서비스. 하나에 대한 통제력으로 전체 건강과 웰빙에 대한 높은 관심 등가.
개인이 자존감 개선을 느낌	개인 서비스로 정신건강, 고용, 금전관리 등 광범한 혜택 생산.
아동의 건강과 웰빙 개선	부모 건강개선 모범 모델을 자녀에게 전수, 가족 건강과 학교 등교 개선 효과.
지역사회 자산	
지역사회 자원의 접근가능성과 활용성 개선	지역사회 자원 활용 서비스, 지속가능한 수입원 제공(지역사회 공간 활용 등)
지역사회의 다른 자산의 환경에 대한 인식 개선	도보와 싸이클링 루트 인지 확대, 지역사회 서비스 활용 개선, 로컬 오너십 느낌 개선.

지역사회 자산을 위한 추가적 펀딩 생산	지역자산의 공동펀딩(co-funding) 또는 매칭펀딩 개발 서비스
테크놀러지	
테크놀러지 디자인과 개발 기술 개선	지역의 교육/연구기관을 활용해 새로운 테크놀러지 접근 개발. 지역의 기술과 역량을 기반으로 함.
개인이 테크놀러지 사용에서 역량 개선을 느낌	개인 대상 교육으로 보건 모니터링에 테크놀러지 활용 독려
서비스 개발	
지역사회 조직자와 공급자가 과정의 공동 디자인에 신뢰감을 느낌	위탁기관과 시행기관이 아이디어 공유
지역사회 조직자와 공급자가 서비스 제공 노동력의 기술 개선을 확인	서비스 공동 디자인으로 진단기술 개발 촉진
지역사회 조직자와 공급자가 상호 관계의 강화	서비스 공동 디자인으로 위탁기관과 시행기관 사이의 소통 개선

자료 UK Department for Culture, Media & Sport(2017: 7)

(3) 사회적 가치의 공공조달 성과 평가

중앙 및 지방 정부기관들은 지출 결정을 통해 심각한 사회문제와 긴축재정 문제에 대응하는 상당한 권력을 행사한다. 공공조달에서는 사회적 목적 주도적 접근법으로 장기적인 사회적, 환경적, 경제적 가치를 최대화할 수 있다.

사회적 가치 기반의 조달과 결과기반의 위탁(outcomes based commissioning: OBC), 두 핵심 정책의 진흥을 위해 영국의 사회임팩트 국가자문위원회(UK NAB 2018: 32)는 몇 가지를 권고한다.

정부는 (1) 모든 입찰 평가에서 사회적 가치 적용의 가중치를 공식적으로 시행한다. 그리고 정부는 (2) 사회서비스 공급에서 OBC를 시행한다. 영국 정부는 수년간의 예산삭감의 기간을 통해 재정 압박은 물론 역량의 긴축마저 갖게 되었다. 사회적 문제들은 지속적으로 늘어나지만 지역사회가 기대하는 수준에 맞춰 공공 서비스를 공급하는데 더 이상 지속가능하지 못한 상태에 있다. 또 장기적 솔루션보다는 단기적 절약을 우선시하는 전통적인 과정 지향적인 공공조달 접근법을 더 이상 유지하기 어렵게 되었다.

이에 대한 일부 정부기관의 혁신적 대응은 조달정책의 실험으로 나타났다. 가장 중요한 것은 목적(purpose)에 초점을 맞춰 시행기관으로 하여금 최적의 솔루션을 결정하도록 임파워링을 하는 것이다. 이로써 공공기관의 역할을 재정해 지역사회 문제 해결방안을 탐구하는 것이다. 그럼에도 결과를 생산하는 조달이나 사회적 가치를 위한 조달은 항상 쉬운 것은 아니다.

영국의 사회적 가치법 시행 4년이 된 2017년 정부기관 80%가 사회적 가치 기준의 지출결정을 하지만, 사회적 가치를 완벽하게 활용한 공공기관은 14%에 지나지 않은 것으로 나타났다. 특히 정부는 지난 5년 기간에 결과기반 계약에 150억 지출한 것으로 나타나, 사회적 가치의 실현 결과지향 전략이 상당한 진전을 보여준다.

(4) 사회적 가치의 결과기반계약(OBC)

영국 사회임팩트 국가자문위원회(UK NAB 2018)은 OBC를 사회서비스 공급 영역에 확대할 것을 권고한다. 일부 선도적인 계약들에서 결과와 비용절감의 성과가 두드러지게 나타났다는 것이다. 가치에 대한 기준을 달성된 사회적 결과와 전반적인 비용에 대한 총체적, 장기적 측정을 통해 평가하는 것이다. 그럼으로써 시행기관에 대해 혁신적, 효과적, 지속가능한 솔루션을 공급하도록 인센티브를 제공한다.

맨체스터 복합행정당국(Greater Manchester Combined Authority: GMCA)은 시행기관이 모든 입찰서에 사회적 가치를 포함할 것을 규제하는 조달정책을 도입했다. 사회적 가치는 GMCA의 6대 전략적 목표에 부합된 사회적 가치로 한정하였다.

a) 고용과 경제적 지속가능성 진흥,

b) 지역 주민의 삶의 질 향상,

c) 시민참여와 관여 증진,

d) 비영리 시민사회의 역량과 지속가능성 구축,

e) 형평성과 공정성 증진,

f) 환경 지속가능성 증진.

일례로 ICT 장비 계약에서 시행사는 교도소와 협약을 맺어 수감자의 ICT 교육훈련을 실시해 자격증을 줘, 이들의 출감후 구직을 지원하는 사회적 가치를 실천했다. 이로써 수감자의 사회복귀를 지원해 재범율을 낮추며 나아가 범죄에 대한 주민 불안 해소의 사회적 혜택과 정부의 비용절감도 성과로 나타났다. 수감자 관리비 등 교도행정의 비용절감도 적지 않은 것이다.

OBCs로 장기적인 사회적 가치를 생산하는 혁신이 가능하다. OBCs는 결과를 생산할 때만이 지불을 받기 때문에 시행기관은 결과생산을 위한 혁신적 방안을 적용하게 된다. 시행기관이 자율적으로 효과적인 솔루션을 탐구해 적용하는 것이며, 솔루션이 증거에 의해 검증됨으로써 위탁기관인 정부는 검증을 통해 결과를 확인한 다음에 지불한다.

4) 사회적 가치 공공조달 사례

(1) 런던시

런던시의 사회적 가치 실행은 대부분이 공기 질 개선을 위한 '탄소 제로' 배출 전략 등을 공급사의 공급 등에 광범위하게 적용하는 '공공 책임 조달'을 철저하게 계획해 시행하는 특징이 있다.

사회적 가치 실현에 대한 런던시의 중장기계획은 주로 조달정책의 수립과 이행으로 연도별로 목표치를 제시해 추진되고 있다(Mayor of London 2019). 정책의 산출 수준을 넘어 결과와 임팩트를 달성하는 차원으로 진전되고 있는 것이다.

① 2019~20년까지의 목표

- 핵심 이해관계자와 협의해 사회적 가치 결과를 측정하는 적절한 방법을 파악한다.
- 런던시의 모든 비즈니스 직원들에 대해 조달정책 실천과 원칙들의 적용에 대한 훈련을 실시한다.
- 향후의 '좋은 성장2' 위탁 가이드라인과 연계되어 런던시장의 환경 프로젝트를 사회적 가치와 좋은 성장(Good Growth)을 통해 실천한다.
- '좋은 노동 기준(Good Work Standard)'을 진흥하며 핵심 공급자들의 서명 동참을 촉진한다.
- '최상의 실천(Best Practice)' 수준의 정부 구매기준(Government Buying Standards)과 녹색공공조달(Green Public Procurement) 기준을 관련 계

약에 정착시킨다.

- 런던시 건설 프로젝트에 그린하우스가스 배출을 측정해 감축하는 범위를 조사한다.
- 런던시의 소비기반의 탄소 배출에 대한 이해를 개발한다.
- 노동 관련 도로 리스크(Work Related Road Risk) 요건을 관련 모든 용역에서 시행한다.
- 가능한 대체수송 전략을 조사해 시행하며, 우선 운송차량의 공기질의 임팩트를 감소하기 위해 목록에 있는 공급사부터 개시한다.
- 계약체결 단계에서 재량적으로 최고의 금전의 가치를 고려할 것으로 확인하기 위해 호혜적인 전체 과정의 비용추산 방법을 파악한다.
- 공급사슬에서 여성과 소수층 소유의 비즈니스의 비중을 가장 효과적으로 증가시키는 방법에 대한 이해를 도모하기 위해 종합적인 이해관계자 관여 실험을 시도한다.
- 조달에 의한 사회적 가치 공급의 진전을 이해하기 위해 지속가능조달(Sustainable Procurement Standard ISO20400)에 따라 외부 사정을 실시한다.
- 런던시 재정지원의 모든 환경 프로젝트가 런던 검증 패널(London Review Panel)의 디자인 검증 또는 런던품질검증헌장(London Quality Review Charter)의 공인된 디자인 검증을 1회 이상 받도록 한다.

② 2020년 이후의 목표

- 모든 신규 공급사슬 견습 스타트업의 목표가 런던의 다양성을 반영하는 목표를 추구한다.

- 2012년까지 전체 공급사슬에서 중소기업에 지출의 33% 목표를 달성하기 위한 개입방안을 개발한다.
- 2022년까지 런던시의 공급사슬 활동이 2050년까지 런던시장이 제시한 '탄소 제로' 런던시 목표 달성에 기여할 수 있는지 로드맵을 제시한다(2020년부터 중간 초안과 관련 분야 로드맵이 개시).
- 런던시가 조달하거나 또는 런던시를 대신해 공급사와 협력사들이 사용하는 모든 비도로 모바일 기계가 2040년까지 탄소 제로 배출을 해서 공기 질 관련 목표치 달성을 지원한다.
- 모든 런던시에 대한 '라스트 마일' 공급 또한 2050년까지 탄소 제로 배출을 해서 공기 질 관련 목표치 달성을 지원한다.

(2) 하로우 시의회

영국 지방정부 하로우 시의회(Harrow Council)의 사회적 가치 조달 사례는 영국 총리실이 공모한 혁신적 모델로 학습되고 있다(Social Value Portal 2016: 3-6).

① 1단계: 사회적 가치 정책 위원회 설치

하로우 시의회는 2016년 사회적 가치 정책위원회를 설치해, 공공조달과 상업적 활동에서 사회적 가치 혜택을 달성하는 능력을 강화시키기 위한 정책이었다.

② 2단계: 사회적 가치 측정 메트릭스

사회적 가치 포털(SVP)의 전문 자문을 받아, 시의회는 사회적 가치 측정 〈의제, 결과, 측정(Themes, Outcomes, Measures: TOMs)〉 포탈을 개설해 개별 입찰에서 사회적 가치 사정을 지원하는 시스템을 갖추었다.

표 2-25 사회적 가치 사정(TOMs) 메트릭스: 영국 하로우 시 사례

의제(Themes)	결과(Proposed Outcomes)
가족의 변화	취업을 위한 기술과 훈련 교육 이수
지역사회의 변화	일자리 창출 또는 유지
	지역의 시민사회조직과의 공조활동
	다양한 배경의 사람에 대한 존중과 공정한 대우
극심 취약층의 변화	취약층에 기술과 고용 기회로 지원
비즈니스의 변화	지역 비즈니스의 진흥
	효과적인, 회복적인 지역 시민사회
	비즈니스의 사회적 책임 강화
	윤리적 소싱 실천
환경 지속가능성	주민의 환경적으로 지속가능 생활과 지속가능한 비즈니스
	주민의 생활, 일자리, 방문하는 생동적, 창의적인 타운센터
비즈니스 혁신	부가 사회적 가치 창출의 기타 혁신적 비즈니스 실천

자료 주성수 외(2018) "사회적 가치 실현을 위한 KOICA 조직과 사업 연계방안."

③ 3단계: 입찰 평가

각 응찰자는 핵심 계약 사항에 어떻게 사회적 가치를 추가할 것인지를 제안하도록 한다. 입찰안내서에는 시의회가 추가적인 사회적 가치에 대해서는 지불하지 않을 것이지만, 평가 점수에 반영될 것이라고 명시한다.

사회적 가치 포털(SVP)에서는 사회적 가치가 전체 10% 전체 비중으로 7%가 사회적 가치 점수, 3%가 추진방법 점수이다. 평가 점수에서 질적 평가 40%, 비용평가 50%로 분포된다.

④ 입찰 결과 분석

사례가 되는 용역계약 입찰에서 9개의 입찰서가 SVP에 접수되었는데, 사회적 부가가치가 4~57%로 매우 넓게 분포되었다. 9개의 평균 사회적 부가가치는 25%이다. 가장 높은 57% 사회적 부가가치를 제안한 입찰제안서의 계약가격(136만 3543파운드)은 5위에 해당되었다.

5. 글로벌 지속가능개발 투자

사회적 가치는 글로벌 개발에서도 지속적인 논의 주제가 되었다. 코로나19 팬데믹에 대한 지속가능한 개발 투자 또한 최근 많은 주목을 받고 있다. 2000년 MDGs의 시행으로 글로벌 개발은 경제적 차원을 넘어 사회적 차원의 빈곤, 교육, 보건, 불평등, 젠더, 환경 이슈들을 성공적으로 제기하였다. MDGs는 개발의 사회적, 경제적, 환경적 가치 실천의 방안을 결과와 임팩트를 생산하는 목표들로 제시해, 2000~15년 기간에 상당한 성과를 내며 이후 다른 15년(2016~30) 기간의 SDGs로 계승되어 현재 진행형이다.

1) '사회적(social)' 대전환

(1) 개발의 사회적 가치: 인간개발 접근

개발의 '사회적 가치'에 대한 학계와 국제사회의 높은 관심은 최근의 일이지만, 오랜 학문적 관심사였다. 아마티아 센(A. Sen) 교수의 역작 〈빈곤과 기근〉(1981)은 권리접근(entitlement approach) 시각에서 기아와 빈곤 해소 정책을 제시해준다. '권리접근'은 빈곤층의 식량안보를 잠식할 수 있는 시장구조, 제도적 규율, 차별적 관행, 권력관계에 초점을 맞춘다. 권리접근은 소득, 토지, 다른 자산 및 정치적 대표에 반영된 식량과 자원에 대한 불평등한 접근에 초점을 맞추며, 양질의 식량에 대한 접근의 중요성을 중시한다(UNDP 2012).

'인간개발' 접근법은 개발의 사회적 가치에 초점을 맞춘다. UNDP의 〈1996 인간개발보고서〉는 "인간개발 없는 경제성장은 지속가능하지 않다"고 주창하였다. 경제성장 일변도의 개발 시각에 심각한 문제를 제기한 것이다. 사회적 가치 지표에 반드시 포함되는 일자리, 불평등 해소, 공동체 참여, 환경보호에 대한 문제제기가 핵심이다.

- 고용기회를 증대시키지 못하는 일자리 없는 성장(jobless growth),
- 불평등의 확대를 수반하는 '무자비한 성장(ruthless growth)',
- 가장 취약한 공동체의 참여를 거부하는 '참여 없는 성장(voiceless growth)',
- 외부의 부적절한 모델을 이용하는 '뿌리 없는 성장(rootless growth)',
- 환경자원 훼손에 기초하는 '미래 없는 성장(futureless growth)'

보고서에 따르면, 1980~90년대를 통해 세계는 놀라운 경제적 성장을 이뤘지만, 경제성장은 사회에 고른 혜택을 주지 못했다. 인간개발을 중시해 사람 중심의 지속가능성의 사회적 가치를 중시하는 특징이 있다.

- 경제적 성과의 분배에서 두 세계로 나뉘는 분배 왜곡 심화,
- 성장의 구조와 질은 인간개발, 빈곤해소, 장기적 지속가능성에 기여하도록 관심,
- 인간개발이 진전되고 있지만 세계적으로 불평하게 개선,
- 새로운 접근법으로 고용기회를 개선시켜 성장에 참여하고 성장의 혜택을 고루 누릴 수 있도록 하는 새로운 접근법.

(2) 사회적 전환

MDGs가 시행된 21세기에 들어서면서 '사회적 전환(social turn)' 논의가 진전되며 사회적 가치에 대한 인식이 점차 높아졌다. 시장근본주의의 사회적 결과에 대한 관심과 더불어 개발의 사회적 측면에 대한 정책과 제도들이 등장하기 시작했다.

민영화, 자유화, 탈규제 등의 신자유주의 정책들이 여전히 지배적이지만, 이 정책들은 이제 빈곤, 부패, 투명성 정책들로 보완되는 과정에 있다. 신자유주의 정책을 적용하는 하나의 통일된 새로운 접근법으로 점차 대체하고, 문화, 경제, 정책적 배경의 다양성을 중시하는 새로운 사고방식과 실천들이 지방, 국가, 지역, 글로벌 차원에서 진행되고 있다. 사회정책의 통합적 접근은 환경정책, 인도적 정책, 무역과 노동시장 정책들의 밀접한 관련을 요청한다. 사회정책과 여러 환경 관련 정책들 사이의 시너지를 최대화하

는 전략이 추진되어야 한다.

UN 지속가능개발연구소(UNRISD)의 연구결과 또한 참고할 만하다. UNRISD의 〈지속가능한 개발의 사회적 드라이버(Social Drivers)〉 보고서에 따르면, 사회적 드라이버는 사회적 가치와 규범에 기반하는 사회적 구조, 제도로, 이들이 변화의 방향과 과정들을 결정하는 중요한 역할을 한다. 또 UNRISD의 2016년 〈전환적 변화를 위한 정책 혁신〉 보고서는 새로운 개발 접근법과 혁신은 이제 사회정책이 경제성장에 종속되는 시기를 마감시키고 있다고 강조한다. 보편적인 사회보호 정책들은 브라질, 중국, 태국 등 신흥시장에서 그리고 볼리비아의 보편적 사회연금 등 일부 저소득국에서도 등장하고 있다(UNRISD 2016a).

2) 사회적 가치와 SDGs

글로벌 차원에서 추진중인 SDGs는 '글로벌 사회적 가치(global social value)'에 해당된다. 국가의 공공재화가 글로벌 차원의 공공재화로 적용되어 '글로벌 공공재화(global public goods)'로 개념화된 것과 같은 개념이다. 평화, 안보, 인권, 민주주의 등이 대표적인 글로벌 공공재화다.

마찬가지로 〈사회적 가치 기본법(안)〉에 제시된 13개 사회적 가치들은 글로벌 차원에서 국제협력과 개발증진의 가치들로 적용될 수 있다. OECD는 SDGs를 글로벌 개발뿐 아니라 국내 개발에도 적용되는 삶의 질 지표분석 결과를 한국을 비롯한 일부 국가 사례들을 제시한다(OECD 2017).

SDGs와 사회적 가치와의 밀접한 관련성을 요약해볼 수 있다. SDGs 대부분이 사회적 가치 생산의 세부목표를 설정해, 다양한 사회적 가치들이 결과와 임팩트로 생산됨으로써 SDGs 달성이 가능하다.

사회적 가치와 SDGs 연계성은 UN(2016)과 OECD(2017)과 5대 분류를 사회적 가치 유형에 매핑해볼 수 있다. '인권'의 경우, '인간(SDG 1, 2, 3, 4, 5)' 분류에 인간과 밀접한 SDG 6(식수), 7(불평등해소), 8(일자리), 16(평화, 인권)이 추가될 수 있다.

이상의 논의를 중심으로 사회적 가치와 SDGs 연계성을 매핑하면 아래와 같다. 먼저 인권이 주목되는데, SDGs로는 1, 2, 3, 4, 5, 6을 비롯해 8, 10 및 16(평화, 인권, 거버넌스)가 해당되는 것으로 볼 수 있다.

표 2-26 사회적 가치 유형과 SDGs 연계

공공기관 사회적 가치 기본법(안)의 사회적 가치 유형	SDGs의 사회적 가치 유형
1. 인간의 존엄성을 유지하는 인권 보호	16(평화,인권,거버넌스) 5(젠더평등) 10(불평등해소) 1(빈곤종식) 2(기아종식) 3(건강과 웰빙) 4(양질의 교육) 6(식수와 위생) 8(적절한 일자리)
2. 재난과 사고로부터 안전한 근로·생활환경	8(적절한 일자리) 16(평화,인권,거버넌스) 11(지속가능한 공동체) 13(기후 행동) 9(산업, 혁신, 인프라) 6(식수와 위생) 7(적정가격의 청정 에너지)
3. 건강한 생활이 가능한 보건복지	3(건강과 웰빙) 8(적절한 일자리) 5(젠더평등) 6(식수와 위생) 7(적정가격의 청정 에너지)
4. 노동권의 보장과 근로조건	8(적절한 일자리) 5(젠더평등) 10(불평등 해소) 9(산업, 혁신, 인프라) 7(적정가격의 청정 에너지)
5. 사회적 약자에 대한 기회제공과 사회통합	5(젠더평등) 8(적절한 일자리) 10(불평등 해소) 16(평화, 인권, 거버넌스) 11(지속가능한 공동체)

6. 대기업, 중소기업 간의 상생과 협력	5(젠더평등) 11(지속가능한 공동체) 10(불평등 해소) 9(산업, 혁신, 인프라)
7. 양질의 일자리 창출	8(적절한 일자리) 5(젠더평등) 10(불평등 해소) 9(산업, 혁신, 인프라)
8. 지역사회 활성화와 공동체 복원	8(적절한 일자리) 11(지속가능한 공동체) 13(기후 행동) 9(산업, 혁신, 인프라)
9. 경제활동의 이익의 지역경제 공헌	11(지속가능한 공동체) 10(불평등 해소) 17(SDGs를 위한 파트너십)
10. 윤리적 생산과 유통, 기업 사회적 책임	12(책임있는 소비와 생산) 13(기후 행동)
11. 환경의 지속가능성 보전	12(책임있는 소비와 생산) 13(기후 행동)
12. 민주적 의사결정과 참여의 실현	16(평화, 인권, 거버넌스) 5(젠더평등) 10(불평등 해소)
13. 그밖에 공동체 이익실현과 공공성 강화	17(SDGs를 위한 파트너십)

자료 주성수 외(2018) "사회적 가치 실현을 위한 KOICA 조직과 사업 연계방안."

3) SDGs 임팩트 투자와 블렌딩

주요국의 개발협력은 GNI 0.7% 이상의 원조금을 지원하는 협정에 의존하고 있다. 그럼에도 정부 예산만으로는 SDGs 달성은 어렵다. 2016년부터 추진되는 SDGs를 달성하는 데 드는 투자 요청 규모는 개발도상국에서만 연간 3~7조 달러에 달할 것으로, 연간 2.5조 달러의 갭이 발생할 것으로 추산된다.

SDG 파이낸싱 갭을 매울 수 있는 자본이 부족한 것은 아니다. 기관투자자들은 글로벌 자본시장에 투자가능한 자본금 91조 달러를 갖고 있고,

소매투자자도 자산 110조 달러를 갖고 있다(GSG 2018a: 5). 자본이 부족한 게 아니라 자본의 배분의 문제인 것이다. 이 정도 많은 투자가능한 자본을 SDGs 프로젝트에 얼마나 많이 이동할 수 있겠는가 하는 것이다. SDGs와 파리 기후협약이 체결된지 몇 년이 지났지만 여전히 그 이동은 더디고 규모도 적다. 사회책임투자(Socially Responsible Investing: SRI)는 두드러지게 성장하고 있는 반면에 SDGs 프로젝트에 동원된 민간자본은 오히려 줄어드는 추세다.[8]

다양한 분야의 정책당국과 전문가들은 SDG 17개 목표 달성에 필요한 개발금융의 사고방식에서의 새로운 패러다임 전환이 필요하다는 데 인식을 같이 한다. 개발금융의 장벽을 제거하는 방법, 리스크 완화 방법, 새로운 개발 어젠다 달성에 필요한 수조 달러의 자원을 확장하는 방법 등이다(Gavin and Wilson 2016: 68).

ODA 기관들은 민간부문과 파트너가 되어 상업적으로 생존가능한, 지속가능한 스케일 확장이 가능한 혁신적 방안들을 파악하는데 중요한 역할을 할 수 있다. 공공 자금을 전략적으로 활용해 리스크 완화 금융수단들을 제공할 수 있다. 그래서 높은 실제적 또는 인지적 리스크 때문에 실행되지 않게 되는 민간의 투자 금융에 인센티브를 제공해 강력한 사회적 혜택과 개발혜택이 창출되게 해야 한다. 완전한 상업적 프로젝트와 보조금/증여 의존의 프로젝트 사이의 교차점에서 운영되는 '블렌딩(blending)'이 필요하다. 블렌딩 모델은 민간부문이 리스크와 수익의 균형을 갖추게 해주는

---

8 2012~16년 기간에 SRI 투자가 13조 3000억 달러 → 22조 9000억 달러로 늘었지만 민간자본에 포함된 프로젝트는 6520개 → 271개로 줄면서 투자 규모도 123조 달러 → 74조 달러로 크게 줄었다(GSG 2018a: 5).

새로운 혁신수단이다. 그래서 대상집단이 시장에 연계되고 궁극적으로 금융적으로 지속가능한 해결방안을 탐구할 수 있다.

〈그림 2-2〉에서 오른편의 공공 공여기관은 사회적 가치의 생산, 즉 '개발'에 우선적 목표를, 왼편의 상업 자본은 '수익'에 우선적 목표를 둔다. 중앙의 개발금융기관(DFI)은 공여기관의 개발(development)과 상업자본의 수익(returns) 사이의 균형을 갖추도록 프로젝트의 리스크(risk) 관리를 일차적인 목표로 한다. "블렌딩은 다른 금융 파트너들이 감당하려 하지 않거나 감당할 수 있는 수단을 갖고 있지 않은 리스크를 해결한다"(OECD 2018c: 105). DFI는 프로젝트에서 우선 수익성을 추구하는 민간부문이 프로젝트 리스크 부담을 줄여주는 역할로 투자를 유도한다.

그림 2-2 블렌딩(Blending): 개발, 수익, 리스크 조정

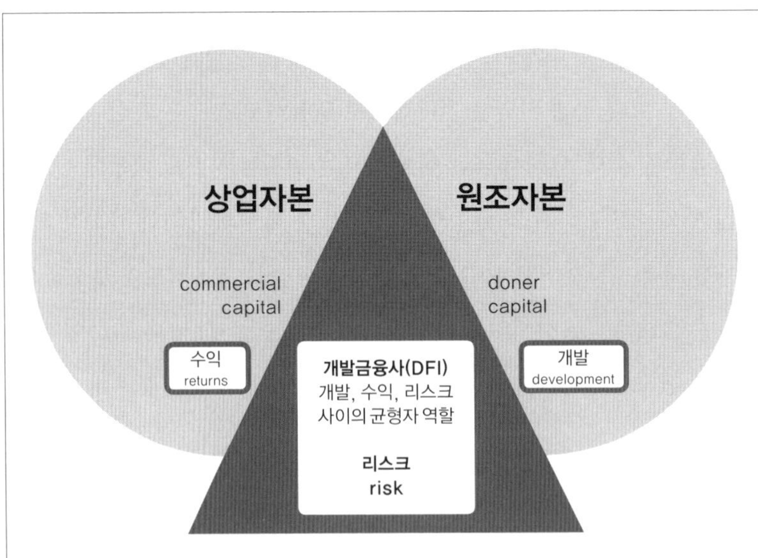

자료 OECD(2018c:105).

글로벌 차원에서 새로운 패러다임으로 진행되는 PRI(수익, 리스크, 임팩트) 3차원의 혁신적 금융이 개발협력에서 이미 시행중에 있다.

4) 지속가능개발 금융 패러다임

이상과 같이 기업 등 민간자본이 파트너로 참여하는 임팩트 투자, 블렌딩, 녹색 금융은 이제 글로벌 개발협력 패러다임의 이동을 주도한다. 블렌딩과 사회임팩트, 그리고 제4장에서 소개할 녹색금융이 새로운 지속가능개발 금융의 새로운 패러다임을 형성한다는 OECD(2019c)의 보고서를 참고해볼 만하다.

(1) 지속가능한 개발금융 패러다임

블렌딩과 임팩트 투자는 어떤 관계인가? 블렌딩은 "추가적 파이낸싱의 동원"에 초점을 맞추며, 사회임팩트 투자(SII)는 "측정가능한 사회적 임팩트"에 초점이 있기 때문에, 둘은 상호보완적이다(OECD 2019c: 51).

지속가능개발을 지원하는 파이낸싱에서 수십조 달러의 자본을 유치해 "지속가능한, 측정가능한 결과"를 창출하는데 블렌딩과 SII가 활용된다. 블렌딩은 유치가능한 민간자본을 대거 동원하는 역할을 하면, SII는 유치된 자본을 지속가능한 개발의 '결과'와 '임팩트'를 창출하는 사업이나 프로그램에 투입하는 역할을 맡는다. 둘은 보완적 분담 역할을 한다. 여기에 최근 활성화되고 있는' 녹색금융'이 결합해서, 탄소제로(zero-carbone) 경제로의 '전환'에 초점을 맞춰, '지속가능한 투자'로의 전환에 투자를 유도하는 역할을 한다.

OECD는 "블렌딩, 사회임팩트투자, 녹색금융, 셋은 지속가능개발을 위한 민간자본을 레버리지 하기 위한 효과적인 접근법이자 도구"라고 설명한다(앞글: 51-52).

> "셋 모두가 SDGs 파이낸싱의 갭에 대한 파이낸싱 문제 해결과 파리기후협정 이행에도 도움을 준다. 블렌딩 파이낸스 모델로 추가적인 상업자본의 유치, 투자를 측정가능한 임팩트로 연계, 그리고 녹색 전환의 경로로 투자의 전환이 그것이다. 셋은 각각의 비교 우위를 활용해, 공동으로 지속가능개발 파이낸싱 패러다임의 변화를 이끌고 있다. 정부와 시장행위자들도 자신들의 원칙, 정책, 실행 등 모든 차원에서 동원, 전환, 임팩트를 우선으로 하는 통합전략을 추진해야 할 것이다."

(2) 녹색금융, 블렌딩, 사회임팩트 투자

녹색기후금융은 저탄소(low carbone), 기후복원적(climate resilient), 자원효율적(resource-efficient) 경제로의 전환을 추구한다. 다음 수십년에 걸쳐 에너지와 산업 시스템의 전환이 SDGs 달성과 파리기후협정의 섭씨 2도C 이하 목표 달성에 결정적으로 중요하다. 기후관련 개발금융의 20% 가량이 민간부문에 타깃을 맞추고 있는데, 이를 더 레버리지 해야 하는 과제가 있다. 식수 또한 ODA를 통한 상업자본의 동원 비중이 1.9%에 지나지 않아 더 큰 레버리지 과제를 제시한다(앞글: 53).

기후변화의 핵심 이해관계자인 기업들은 SDGs에 관심을 갖고 일부 기업들이 선도적인 역할을 하지만 여전히 많은 기업들의 참여가 부진하다.

자본투자에 따른 리스크를 감소시키는 역할을 하는 블렌딩으로 녹색금융과 SII 참여 확대를 촉진할 필요가 있다.

제3장

임팩트 경제와 임팩트 투자

1. 글로벌 '임팩트 투자' 패러다임

1) 글로벌 임팩트 투자의 성장

임팩트 투자는 지난 수년간 급성장하며, 앞으로도 더 성장할 것으로 내다보인다. 투자 규모가 크게 늘고, 투자 영역도 다양화되며, 투자 수혜층 또한 급증하는 뚜렷한 성장세를 보여준다.

(1) 글로벌 임팩트 투자의 동향

글로벌 차원의 임팩트 투자 동향은 〈임팩트 투자 서베이 2018〉을 살펴보면, 2018~20년 기간에 74%가 추가 투자될 것으로 예측된다(GIIN 2018). 수혜자는 2020년까지 연평균 16% 증가해, 7억 6000만 명 이상으로 확대할 것으로 추산된다.

사회임팩트투자(SII) 시장은 초기부터 안정적인 성장세를 유지해왔다. 2011년부터 글로벌 서베이를 시행해온 J.P. Morgan과 GIIN의 조사결과를 참고해볼 수 있다. 2014년 핵심 임팩트 투자자, 125명의 펀드 매니저, 재단, 기관 투자자, 개발금융기관을 대상으로 조사한 보고서에 따르면(GIIN 2014), 이들이 2013년 한해에 460억 달러의 임팩트 투자를 해서 2012년에 비해 10% 성장세를 보여주었다. 또 거래량은 20% 증가하였다. 2014년에는 2013년에 비해 7% 성장세를 보였고 또 거래량이 13% 늘었다.

또 2014년 조사결과 자신들의 포트폴리오 대부분이 임팩트 기대치 71%와 재정수익 기대치 78%를 달성한 것으로 나타났다(J.P. Morgan, Global Social Finance 2015: 8). 기대치 이상의 사회 임팩트와 재정 임팩트를 창출한 비중도 각기 27%와 14%에 달한다. 반면에 기대치 미만의 성과를 낸 포트폴리오는 사회 임팩트에서 2%, 재정수익에서 9%에 지나지 않았다. 한편 펀드 매니저들에 따르면 현행 SII 관리자산 중 가장 많은 비중을 차지하는 순서는 복수의 금융기관/은행이 32%로 가장 높고, 다음으로 연금기금 또는 보험사(19%), 개발금융기관(18%) 등이다(앞글: 10).

(2) 임팩트 투자 지역과 분야

또 임팩트 투자 수혜층 중 북미나 유럽보다는 개발협력 분야가 되는 아시아, 아프리카, 남미가 다수를 차지한다. 2017년 현재 4억 1000만 명의 수혜자 중 사하라이남 아프리카 9500만 명, 아시아 전체가 1억 3700만 명, 남미가 6600만 명 등 비서구 지역이 3억 가량에 달한다.

글로벌 수혜층 중 보건의료가 8600만 명으로 가장 많다. 또 에너지

6200만 명, 포용적 금융지원 5000만 명, 식량농업 2000만 명, 주거 400만 명, 교육 100만 명 등이다. 또 2020년까지 가장 많은 임팩트 투자 혜택을 누리는 수혜층도 보건의료(1억 9800만 명), 에너지(1억 1800만 명)를 비롯해, 포용적 금융(8500만 명), 식량농업(5100만 명), 주거(900만 명), 교육(400만 명)으로 예측되고 있다(KPMG 2018: 8).

임팩트 투자의 자산관리 규모에 따른 투자분야는 금융서비스(소액대출 제외)가 19%로 가장 높은 비중을 차지한다. 이어서 에너지, 소액대출, 주거, 식품농업, 인프라, 보건, 식수위생, 교육, 제조업, 환경보전, ICT 등 순서다. 2014~18년 기간 급성장한 분야는 인프라로 3조 3600억 달러 → 22조 7000억 달러로 크게 성장했다. 뒤이어 높은 성장률을 나타낸 분야는 식수위생과 ICT가 같은 43%, 에너지 30%, 금융서비스(소액대출 제외) 27%, 보건 25%, 농식품 24%, 교육 14%, 제조업 8%, 주거 7% 등이다(GIIN 2018a: 22).

그림 3-1 임팩트 투자 자산관리 분야 (단위: %)

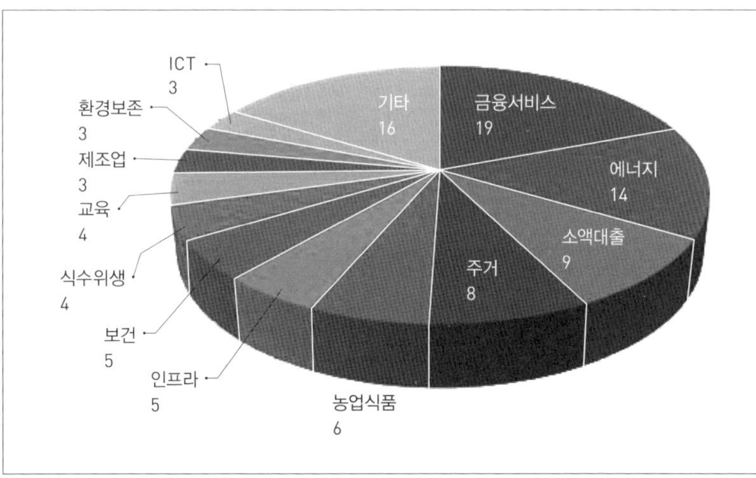

자료 OECD(2019: 80). Social Impact Investment 2019.

투자자들의 재정수익 또한 만족 수준에 있다. 2018년 글로벌 임팩트 투자 조사에서 투자자들은 자신들의 투자가 재정수익에서 기대를 충족시켰다는 응답이 76%, 사회적 임팩트에서는 기대 충족이 82%로 더 높게 나타났다(OECD 2019: 82).

(3) 사회와 환경에 대한 임팩트 투자

ESG 시대의 임팩트 투자는 사람과 지구에 대한 투자로 집중되는 동향을 보여준다. 글로벌 임팩트 투자의 절반 이상은 사회 임팩트와 환경 임팩트를 동시에 추구하는 동향을 보여준다. 동시 추구 사례들이 2014년 42%에서 2019년 58%로 급증하고 있다(GIIN 2020: 20). 임팩트 투자의 목표가 사회 임팩트만 추구한다는 응답이 환경 임팩트만 추구한다는 응답에 비해 다섯 배 이상이다.

그림 3-2 글로벌 임팩트 투자의 사회/환경 임팩트 목표 (단위: %)

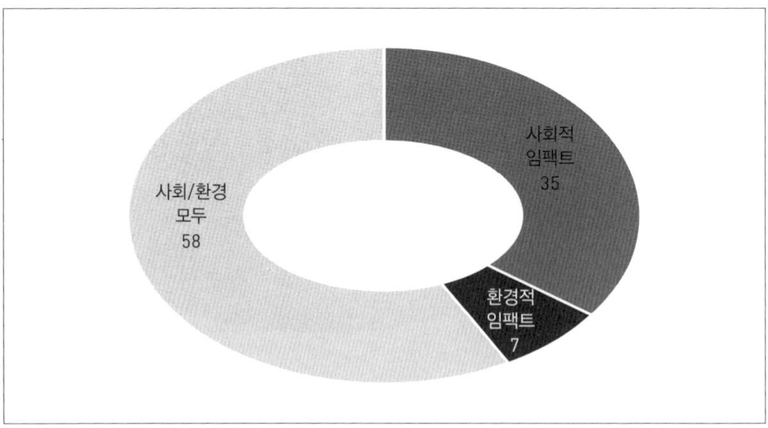

자료 GIIN(2020: 20).

2) 임팩트 측정과 관리: 글로벌 투자자 동향

임팩트 투자의 초점은 임팩트 측정에 모아지고 있다. 임팩트 측정이 정확하게 이뤄질 때 임팩트 투자의 의미가 실질화될 수 있기 때문이다. 임팩트 투자자들의 자본유치에도 필수적이며, 임팩트 투자 디자인에도 임팩트 목표 설정과 목표 달성 여부의 측정, 그에 따른 자료 수집과 분석 등 전반적인 관리 과제가 있다. 아래에서는 GIIN의 〈임팩트 측정과 관리 현황〉 보고서(2020)를 참고해 임팩트 측정의 현황을 정리해볼 수 있다. 투자기관 298개 설문결과를 보여준다.

(1) 임팩트 측정 개선의 과제

임팩트 투자자들은 임팩트 측정의 현황과 진전에 대해 어떻게 생각하는가? 임팩트 측정의 상황에서 '임팩트 측정 전문가 활용'이 가장 두드러진 진전을 보여준다. 동시에 상당한 과제 우선순위에서 가장 낮은 것이다. 반면에 〈그림 3-3〉의 하단에 위치한 두 가지 과제, '임팩트 결과 등의 성과 투명성'과 '임팩트 측정 접근법 분화'에 대한 해결은 지난 3년간 개선이 잘 이뤄지지 않아 가장 심각한 과제로 남아 있다.

다음으로 투자자들이 당면하는 가장 중요한 과제들도 적지 않다.

- 임팩트 결과를 시장성과에 비교하는 측정의 문제가 가장 중요하며,
- 양질의 자료수집도 중요한 과제가 된다.

그림 3-3 임팩트 측정의 개선과 과제: 지난 3년간의 변화

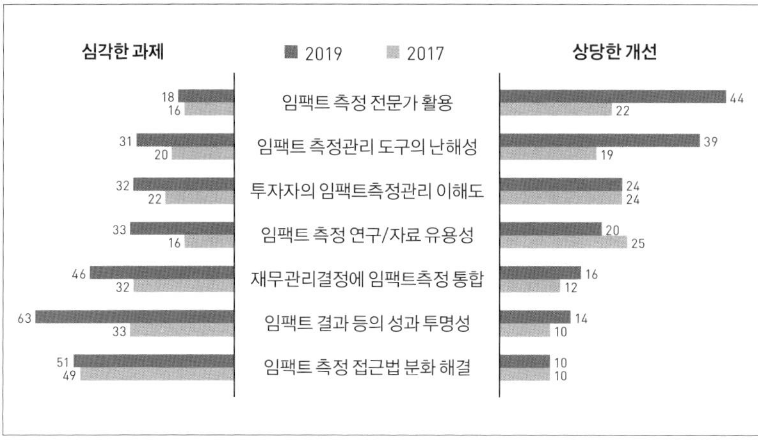

자료 GIIN(2020: 20) "The State of Impact Measurement and Management."

표 3-1 임팩트 측정의 과제: 투자자의 당면과제 (단위: %)

	매우 중요	다소 중요
임팩트 결과를 시장성과에 비교하기	45	39
양질의 자료 수집	35	57
자료 수집, 분석 및 해석	19	54
적합한 임팩트 타깃의 파악/선정	17	58
의사결정에 임팩트 자료 활용	16	49
적합한 임팩트 메트릭스 파악/선정	14	55
조직의 의사결정층의 임팩트 측정 확신	11	27
임팩트 전략에 대한 이해/개념정의	9	38

자료 GIIN(2020: 28) "The State of Impact Measurement and Management."

투자자들이 제시하는 임팩트 측정의 관리 준비사항도 다양하게 나타난다.

- 임팩트 자료와 결과의 투명성이 절대적으로 중요하며,
- 조직의 의사결정에 임팩트 자료의 통합 방안도 중요하게 나타난다.

표 3-2 임팩트 측정 관리를 위한 준비 (단위: %)

	매우 중요	다소 중요
임팩트 자료와 결과의 투명성	78	20
의사결정에 임팩트 자료의 통합	73	24
재무회계 기준과 보고에 임팩트 자료 통합	49	42
임팩트 결과의 벤치마킹/비교	48	46
보편적인 임팩트 기반의 투자 원칙	47	43
임팩트 자료와 성과에 대한 전문기관 검증	29	54

자료 GIIN(2020: 28) "The State of Impact Measurement and Management."

(2) 임팩트 타깃의 설정

임팩트 목표 달성을 위한 타깃은 어떻게 설정하는가?

- 타깃이 되는 시장의 문제에 대한 사정이 가장 일반적이며,
- SDGs 등 글로벌 개발 어젠다의 타깃을 참고하기도 한다.

표 3-3 임팩트 타깃은 어떻게 설정하는가 (단위: %)

타깃 시장의 문제의 정도에 대한 사정	52
글로벌 개발 어젠다(SDGs, 파리기후협정 등)	52
우리 투자자들의 목표	43
우리 투자처의 기초선 또는 역사적 성과	43
우리 투자처의 목표	41
제3 전문기관의 자문	11

자료 GIIN(2020: 35) "The State of Impact Measurement and Management."

(3) 임팩트 메트릭스 설정

임팩트 결과 측정의 메트릭스는 어떻게 설정되는가? 투자자들은

- 변화이론 등 기존 전략개발에 활용한 증거 기반으로,
- 일반적인 임팩트 메트릭스, 레이팅 시스템, 인덱스에 기반한다는 응답이 많다.
- 자체 특화된 임팩트 타깃에 기반하는 경우도 많다.

표 3-4 임팩트 메트릭스는 어떻게 설정하는가 (단위: %)

변화이론 등 기존 전략개발에 활용한 증거 기반으로	72
일반적인 임팩트 메트릭스, 레이팅 시스템, 인덱스에 기반	60
자체의 특화된 임팩트 타깃에 기반	56

투자처의 비즈니스 모델과 연계해서	49
투자자의 요구사항에 따라	29
정부 규제정책이나 세제 혜택을 고려해	10

자료 GIIN(2020: 36) "The State of Impact Measurement and Management."

임팩트 설정의 기준으로는

- 신뢰성(실제 임팩트의 유용한 자료와 지표)가 가장 많이 언급된다.
- 효율성(실행가능성과 유용성이 있는 자료) 또한 주요 기준이 된다.
- 표준화(기존의 표준과 연계) 등이 뒤를 잇는다.

표 3-5 임팩트 설정의 주요 기준

신뢰성(reliability) 실제 임팩트의 유용한 자료와 지표	N = 276
효용성(utility) 실행가능성과 유용성이 있는 자료	222
표준화(standardization) 기존의 표준과 연계	123
용이성(ease) 정보 수집의 실행가능성	98
비교가능성(comparability) 투자자들의 결과 비교가능성	58
정확성(precision) 높은 수준의 정확성과 구체성	31

자료 GIIN(2020: 36) "The State of Impact Measurement and Management."

임팩트 투자에서 널리 활용되는 프레임워크는 무엇인가? 세계적으로 다양한 임팩트 측정 도구와 프레임워크들이 있다(표 3-6). SDGs가 가장 보편적인 메트릭스로 정착되고 있는데, 2017~19년 사이에 43→72%로 확대되었다. UNPRI 또한 많이 활용되고 있다. GIIN 등이 공동 개발한 IRIS, IRIS+ 또한 임팩트 투자에서 널리 활용되는 메트릭스이다.

표 3-6 임팩트 측정 도구와 프레임워크 활용도 (단위: %)

	전체 N=273	서구 투자자	개도국 투자자	사회/환경 투자자	사회 투자자	환경 투자자	직접 투자자	간접 투자자
UN SDGs	72	68	75	79	57	87	69	93
IRIS Metrics	48	42	54	49	47	40	46	59
IRIS+ Metrics	38	29	45	41	37	13	37	48
IMP Metrics	33	31	30	37	31	13	30	52
UNPRI	30	26	29	37	26	33	27	41
IFC OPIM	26	4	40	33	17	7	21	41
GRI	13	10	14	19	5	0	11	14

자료 GIIN(2020: 39) "The State of Impact Measurement and Management."

(4) 임팩트 관리

임팩트 자료 수집과 분석 등 임팩트 관리에서는 임팩트 자료의 활용, 임팩트 측정관리에 투입된 예산에 관해 살펴볼 수 있다. 임팩트 자료를 투자 결정에 활용하는 것은 임팩트 투자에 핵심이 된다.

- 임팩트 결과를 이해관계자와 공유하는 경우가 가장 일반적이며,
- 임팩트 성과 사정 또한 보편화되어 있다.
- 적합한 메트릭스 파악 또는 개선 등이 뒤를 잇는다.

표 3-7 임팩트 자료를 투자 과정에 어떻게 활용하는가 (단위: %)

임팩트 결과를 이해관계자에게 공유(보고)	89
임팩트 성과를 사정	87
적합한 메트리스를 파악 또는 개선	69
임팩트 목표, 기대, 타깃 설정 또는 수정	65
자료 수집 과정 개선	62
임팩트 분석 역량 개선	58
리스크 요인 사정	45

자료 GIIN(2020: 42) "The State of Impact Measurement and Management."

임팩트 측정관리에는 상당한 예산이 투입되어야 한다. 보다 엄밀한 측정과 관리를 위해 상당한 예산 투입을 하는 경우부터 소형 프로그램이기 때문에 약식의 측정관리로 머무는 경우 사이에 다양한 비중의 예산이 투입된다. 조직 전체 재정의 10% 이내에서 투입하는 경우가 일반적이다. 반면에 예산 절반 이상의 투입하는 경우는 아주 드물다.

- 1~10% 투입 (62%)
- 11~20% 투입 (14%)
- 0% 투입 (11%)

- 21~30% 투입 (8%)
- 50% 이상 투입 (4%)

한편 임팩트 측정관리 활동별로 예산투입 비중이 다양하게 나타난다. 자료 수집과 자료 수집, 리포팅에 예산이 많이 소요되는 것으로 나타난다.

- 기획 (14%)
- 자료수집 (25%)
- 자료분석 (20%)
- 임팩트 관리 (17%)
- 리포팅 (24%)

(5) 성과 책무성

임팩트 투자기관은 스스로가 자신들의 투자에 대한 사회적, 환경적 책무성을 갖추려 한다. 내부 메카니즘을 통해, 또한 외부 전문기관의 평가를 받는다. 투자처의 임팩트 결과 달성이 핵심이 되므로, 다양한 투자처 인센티브를 지원할 필요가 있다.

- 투자처가 자체 강한 내재적 동기를 갖추고 있다는 확신이 가장 중요한 것으로 나타난다.
- 임팩트 타깃 달성이 후속 자본 유치를 위한 강한 동기가 되며,
- 초기 자본 유치에도 기초선 임팩트 타깃이 잘 설정되는 것으로 나타난다.

표 3-8 임팩트 결과 달성을 위한 투자처 인센티브 (단위: %)

투자처 팀은 임팩트에 내재적 동기를 갖추고 있다	57
후속 자본 유치를 위해 임팩트 타깃 달성이 필요하다	24
초기 투자 유치를 위해 기초선 임팩트 타깃이 필요하다	22
부채투자는 임팩트 타깃이 융자 계약에 포함된다	19
임팩트 결과 달성이 유리한 투자 조건이다(자본비용 감소)	14
임팩트 타깃이 달성 안되면 거버넌스, 관리팀 교체	10
지분투자는 투자처 관리팀 성과금이 임팩트 달성에 연계	9

자료 GIIN(2020: 53) "The State of Impact Measurement and Management."

3) 임팩트 경제: 시장과 정부의 선도적 역할

(1) 임팩트 투자는 투자 관행을 바뀌는가?

글로벌 임팩트투자네크워크(GIIN)의 보고서 〈임팩트 투자의 미래 로드맵〉은 임팩트 투자의 전망에 대한 글로벌 투자기관들의 의견수렴 결과를 보여준다. 기존의 투자 관행의 변화를 이끄는 중요성과 잠재성 모두에서 "사회에 대한 금융의 기본 목적에서 기본자세 변화"가 제1순위 의견일치를 보여준다(GIIN 2019: 7). 임팩트 투자가 금융의 목적에서 근본적인 변화를 일으키는데 중요한 역할을 하고 또 그럴 만한 잠재력도 강하다는 평가다.

또 "모든 투자에서 임팩트 고려의 통합을 '뉴 노말'로 추구"하는 것과 "주주 이해와 소비자 등 모든 이해관계자 이해의 균형 추구"도 중요성과 잠재성 모두에서 제2, 제3의 우선순위라는 인식을 공유한다.

표 3-9 임팩트 투자의 투자관행 변화의 중요성과 잠재성

	변화의 중요성	변화의 잠재성
1. 사회에 대한 금융의 기본 목적에서 기본자세 변화	4.27	4.29
2. 모든 투자에서 임팩트 고려의 통합을 '뉴 노말'로 추구	4.25	4.23
3. 주주 이해와 소비자 등 모든 이해관계자 이해의 균형 추구	4.20	4.06
4. 현안을 경시하지 않으면서 장기 성과를 우선 중시	3.97	3.68
5. 그간 주변화된 목소리를 투자 팀에 포용	3.76	3.68
6. 금융투자와 실물경제 투자 사이의 적절한 혼합 추구	3.47	3.37

참고 1~5척도.
자료 GIIN(2020: 7).

(2) 시장과 정부의 임팩트 투자 진흥

이상의 투자 관행의 변화를 이끄는 쌍두마차는 시장과 정부다. 지금의 글로벌 임팩트 투자 시장은 시장과 정부의 합작으로 생태계가 조성되며 성장의 발판을 마련해왔다. 시장은 임팩트 경제의 선도적 역할을 해왔고, 정부는 시장의 흐름에 발 맞춰 적절한 생태계와 인프라 조성의 역할을 해왔다. 지난 10여 년 기간에 시장과 정부는 어떤 활동으로 역할을 해왔는지를 정리하면 〈표 3-10〉과 같다. 영국과 미국의 시장과 정부가 선도적인 역할을 하면서, 프랑스와 OECD 주요국 또한 선두그룹에 포함되어 있다.

표 3-10 시장과 정부의 임팩트 경제

시장: 임팩트 측정과 관리	정부: 임팩트 투자 정책
2009년 IRIS and GIIRS[1]가 모니터 인스티투트(Monitor Institute)의 〈사회적, 환경적 임팩트〉 보고서에 기초해 제안됨.	2008년 프랑스의 "90/10" 사회임팩트기금법의 도입으로 전국의 고용인들이 자발적으로 사회적, 환경적 프로젝트에 자신의 저축금의 10%까지 투자할 수 있도록 함.
2011년 지속가능성 회계표준협회(SASB: Sustainability Accounting Standards Board)가 독립적, 민간 표준설정 조직으로 창설, 투자자 요구에 호응하는 소재 지속가능성 정보의 공개를 촉진.	2011년 남아공 정부는 연금기금 규정에 투자결정에서 ESG 요인을 적극 고려하는 수정안을 추가했고, 책임있는 투자규정 개시.
2013년 B Lab이 임팩트 벤치마킹, 측정, 리포팅 플랫폼 B-Analytics를 개설.[2] IRIS 메트릭스와 경쟁적 플랫폼 역할. PwC는 종합임팩트 측정과 관리(Total Impact Measurement & Management) 프레임워크 개설,[3] 임팩트 데이터 활용의 의사결정 가이드 제공.	2013년 G8 리더들과 정부가 임팩트 투자 시장 촉진을 위해 사회임팩트투자 TF(Social Impact Investment Taskforce: SIIT) 설치, 2013년 인도 기업법은 기업 수익의 2%를 사회적 이슈 해결에 의무적 기부하도록 하는 기업사회적책임(CSR) 가이드라인 시행.
2014년 DCED Standard for Results Measurement 개설,[4] 임팩트 결과 측정의 프레임워크, 도구 및 인센티브를 제공.	2014년 영국 정부는 사회목적조직에 대한 투자 가치의 30% 범위에서 면세가 되는 사회적 투자 면세(Social Investment Tax Relief) 프로그램을 도입.

1 임팩트 투자 펀드의 사회적 환경 임팩트의 종합 등급을 결정하는데 사용되는 등급으로, GIIRS(Global Impact Investment Rating System) 등급제는 IRIS(Impact Reporting & Investment Standards), 즉 임팩트 투자의 사회적, 환경적 성과 보고에 기초한다(자료: https://iris.thegiin.org/document/iris-and-giirs/).

2 https://b-analytics.net/

3 https://www.pwc.com/gx/en/services/sustainability/total-impact-measurement-management.html

4 https://www.enterprise-development.org/measuring-results-the-dced-standard/

2015년 OECD의 〈임팩트 증거 구축〉 보고서 출간, 임팩트 정의, 자료수집과 측정의 글로벌 표준안을 제시. UN은 지속가능개발목표(SDGs) 발표.	2015년 193개국이 유엔의 17개 SDGs와 169개 글로벌 개발 목표에 서명. 2015년 196개국이 글로벌 기후변화 완화를 목표로 하는 파리 기후협정(Paris Climate Agreement)에 서명. 2015년 글로벌 사회임팩트투자 추진위원회(Global Social Impact Investment Steering Group: GSG)는 사회임팩트 투자 TF를 조직해, 글로벌 임팩트 투자 생태계와 플랫폼 조성 착수. 2015년 미국 재무성은 면세혜택을 가진 재단들이 과세 벌과금이 없는 미션관련 투자(mission-related investments: MRI) 허용. 2015년 프랑스는 기관 투자자들의 기후변화 관련 보고 의무를 최초로 규정.
2016년 Bridges Impact+는 임팩트관리 프로젝트 개시, 임팩트에 대한 기대 설정, 소통 및 측정과 관리 방안. 2016년 캠브리지 대학의 지속가능성 리더십연구소는 6대 임팩트 분야별로 17개 SDGs 매핑을 제시. 2016년 세계경제포럼은 〈임팩트 측정과 관리 액설레이팅〉 방안 제시, 투자자들의 임팩트 투자 의사결정 지원.	2016년 미국 노동성은 연금기금이 동등한 리스크와 수익을 가진 투자 결정에서 사회적, 환경적 목표를 고려하는 규정을 개정. 2016년 영국 연금규정기관(Pensions Regulator)은 연금기금의 투자 결정에 사회/환경. 거버넌스(ESG)를 고려하는 새 규정을 발표. 네덜란드 중앙은행(Dutch Central Bank: DNB)은 지속가능한 투자를 장려하는 지속가능금융 플랫폼(Sustainable Finance Platform)을 개시.
2017년 GIIN은 유사한 임팩트 기대를 가진 투자자를 위한 핵심 메트릭스의 활용을 지원하는 〈Navigating Impact〉 개설. 2017년 유럽벤처필랜스로피협회(European Venture Philanthropy Association)와 사회적가치인터내셔날(Social Value Int'l) 공동으로 투자자들의 임팩트 측정과 관리를 위한 절차를 포함한 〈임팩트 관리 원칙(Impact Management Principles)〉 제시.	2018년 미국은 사회적 임팩트를 생산하는 결과지불 파트너십 법(Social Impact Partnerships to Pay for Results Act)을 시행해, 모든 연방 및 지방정부 기관들이 증거기반의 사회문제 해결에 사회적 임팩트를 생산하는 사회임팩트 기관들과의 파트너십을 시행하도록 규제. 2019년 영국국가자문위원회(UK NAB)와 사회임팩트투자 TF(SIIT)가 협력해 새로운 통합조직인 임팩트투자기관(Impact Investing Institute)을 창설.

자료 GIIN(2018b: 34-35). 2018년과 2019년은 저자가 추가.

4) 글로벌 임팩트 투자 시장의 성장

글로벌 차원의 임팩트 투자의 성장 역사는 10여년에 지나지 않는다. 초기 혁신기관들의 선도적 역할에 이어 시장형성이 한창 진행중인 것으로 파악된다. 이후 시장의 주류화로 판단되는 '시장가치 수용' 기간을 거쳐 최종 성숙기로 진입하는 과정이다.

그림 3-4 글로벌 임팩트 투자의 성장(2007~2017)

조정이 없는 혁신	시장 형성	시장 가치 수용	성숙기
- 기업가 개별적 활동이 시장수요나 정책 인센티브에 호응해 성장 개시 - 현실 파괴적인 혁신가들이 성숙 단계의 산업에서 새로운 비즈니스 모델을 시도 - 상위 시장부문을 제외한 산업부문에서 경쟁이 부족한 상태	- 기업가 활동의 중심체가 점차 개발되기 시작 - 인프라가 구축되며 거래비용이 줄고 대량의 활동을 지원	- 주류 행위자들이 기능적 시장에 진입해 성장 개시 - 대량 활동 지원의 인프라에 대한 투자의 고정 비용을 레버리지하는 기관들의 역량 개선 - 관련 조직들의 전문성 강화	- 기업가 활동이 안정 상태에 도달, 성장률 둔화 - 부분적인 통합 가능성

자료 GIIN(2018b: 27). "Roadmap for the Future of Impact Investing."

(1) 중개(Intermediation)

효율적인 중개란 투자은행, 클럽, 펀드, 상품의 개발을 포함해 관심있는 투자자들에게 긍정적 임팩트를 가진 프로젝트에 투자하도록 하는 능력을 의미한다.

다음과 같은 이니셔티브가 임팩트 투자 진흥방안으로 제시되고 있다(GIIN 2018b: 27).

- 사회적, 환경적 이슈들을 해결하는 방안을 위한 지침이 될 만한 산업계

전반의 펀드를 창출하는 것,

- 촉진적 금융 구조에 상당한 규모의 리스크 부담이 되는 자본을 투입하기,
- 임팩트 투자 뱅킹 역량을 개시해 성장시키기,
- 기존의 중간지원조직으로 비즈니스 공헌 차원의 임팩트 투자로 유도하기,
- 특정 주제에 초점을 맞춘 투자 클럽의 창출,
- 펀드 매니저 개발을 지원하기,
- 접근성 확장을 위한 금융상품을 만들기.

그럼에도 기존의 중개 역할에는 상당한 갭이 발생하고 있다(GIIN 2018b: 28). 첫째, 투자은행 중 극히 일부만이 투자처를 위한 자본유치의 기능을 조정하는 임팩트 거래에 초점을 맞추고 있다. 투자자와 투자처 사이의 자본 채널 역할을 하는 중개-딜러 플랫폼 개발이 정체된 상태이며 일부는 폐쇄되었다. 둘째, 금융 서비스와 재생 에너지 부문에 쏠림이 있어 전반적인 임팩트 투자 중개의 한계가 있다. 기관투자 자본을 관리하는 펀드 매니저의 역량 개발 과제도 있다. 셋째, 갭은 상업적 자본을 임팩트 거래에 유치하기 위한 복합금융 또는 블렌딩(blending)의 활용이다. 마지막은 도매 투자기관의 참여 제한이다. 많은 개인 투자자들의 퇴직금, 저축 및 기타 투자금을 긍정적 임팩트 생산에 투자할 관심이 많지만 기관투자자들의 임팩트 투자는 활성화되어 있지 않다. 중개 역할이 미흡한 것이다.

(2) 인프라(Infrastructure)

인프라는 임팩트 투자 생태계 개발에서 핵심적인 환경이다. 임팩트 투자 이해관계자들의 집단적 행동을 위한 플랫폼이 되는 네트워크 개발 등 활동을 지원하는 역량 지원의 인프라가 임팩트 투자 생태계의 핵심이 된다.

생태계 조성에 필요한 이니셔티브는 임팩트 투자 산업의 성장에 초점을 맞출 수 있다.

- 임팩트 투자 정책 또는 규제적 변화에 대한 로비활동,
- 산업계 액설러레이트를 위한 임팩트 투자 네트워크 개발,
- 리스크 사정 도구의 개발,
- 공통 언어의 플랫폼 개발 조정,
- 공개적으로 활용되는 벤치마킹 자료 창출,
- 경제, 금융 이론에 사회, 환경 요인들 통합,
- 홍보 캠페인을 착수해 모범 성과 진흥.

2009년 '글로벌 임팩트 투자 네트워크(GIIN)'의 출범으로 임팩트 투자 프레임워크가 개설되었다. 임팩트 투자 산업의 가이드에 초점을 맞춰 리더십 네트워크 형성을 시도하였다. GIIN의 출범으로 투자자위원회(Investors' Council)가 임팩트 투자기관들의 다양성을 대표하는 리더십 네트워크를 구성했다. GIIN은 임팩트 투자의 개념정의와 투자 실행력 강화를 위한 임팩트 투자 부문 설정에 집단지성의 실천적 역량을 발휘했다. 이후 10여년 기간에 멤버 네트워크들이 개설되어 임팩트 투자 시장의 전문 영역별 서비스를 개시했다. 임팩트 투자 프로그래밍, 연구, 네트워킹 기회들을 제공하며

부문별 욕구에 적합한 맞춤형 서비스를 특화한 것이다.

이같은 노력을 성과로 단기간 내에 '임팩트 투자'라는 새로운 용어가 금융시장과 자선계에 유행처럼 번졌다. 주요 언론에 '혁신적' 방안으로 지속적으로 보도되어 왔다. 일반 시민에게는 '임팩트 투자'가 낯선 용어지만, 투자자들 사이에서는 친숙한 용어가 되어가고 있다. 투자자들은 자신의 투자로 창출되는 사회적 임팩트, 환경적 임팩트가 정확하게 측정되는지에 관심을 집중시키고 있다.

표 3-11 임팩트 투자 플랫폼

중개 플랫폼 intermediation	인프라 플랫폼 infrastructure	수용적 역량 플랫폼 absorptive capacity
– 다양한 투자 전략 전반에서 기금의 양적 증가와 기금 파악을 위한 자원 개발 – 검증된 실적을 가진 일부 대형 기금으로 금융서비스 분야에 집중 – 펀드 매니저 개발 필요 – 복합금융(블렌딩) 인식 확장에서 실행으로 전환 필요 – 투자자와 투자처 지원의 투자은행 서비스 한계, 투자처와 투자자 매치 필요.	– 핵심적인 산업계 스투어드십 역할을 하는 강력한 리더십 그룹 개발 – 다양한 틈새시장에 서비스 하는 투자자 네트워크 확장 – 임팩트 측정과 관리 도구와 자원의 광범한 개발. 그럼에도 핵심 차원 또는 접근법에 대한 의견수렴 부재. – 수익과 리스크 벤치마킹을 지원하는 증거기반의 성장 – 대부분 국가의 임팩트 투자에 대한 특정 정책이나 규제, 국가 정책주창그룹 등장.	– 기업가들을 지원하는 일부 인큐베이팅, 액설러레이팅, 전문 컨설팅 기관의 제도화 – 사회적, 환경적 문제들에 긍정적인 해결을 하는 기업가들의 양적 증가를 개발할 강력한 필요성. – 기업가의 관리 역량 개선에 대한 지속적인 필요성.

자료 GIIN(2018b: 31). "Roadmap for the Future of Impact Investing."

(3) 수용적 역량(Absorptive Capacity)

성공적인 투자시장은 자본의 공급 뿐 아니라 충분한 양질의 투자기회를 필요로 한다. '수용적 역량' 개발에는 기업가 지원 그리고 기업가들이 활동하는 환경의 조성이 포함된다. 수용적 역량 강화를 위한 이니셔티브로 a) 기업가를 위한 관리 역량 개발을 목적으로 효과적이며 확장 가능한 접근법을 지원, b) 혁신적, 확장 가능한 모델들을 연구와 개발을 지원하는 방안들이 제시되고 있다.

기업가들을 지원하는 많은 다양한 자원들이 생겨나고 있다. 액셀러레이터와 인큐베이팅은 임팩트 추구적인 기업들에 특화된 자원들이다. 대표적인 지원기관들로는 Echoing Green, Global Social Benefit Incubator, GoodCompany, Hub Ventures, New Ventures, Unreasonable Institute, Village Capital, Villgro 등이 있다. 이들 대부분이 지난 십여년 새에 설립되어 사회적, 환경적 문제해결에 스케일링 솔루션을 제공하는 스타트업을 지원한다. 이런 액셀러레이팅 프로그램의 효과성을 평가하는 기관으로는 Aspen Network of Development Entrepreneurs, Emory 대학교 등이 있다.

그럼에도 투자자들은 현장 기록이 있는 투자기회 부족 문제를 임팩트 투자 산업의 성장에 가장 심각한 문제로 꼽는다. 투자자들은 커다란 잠재력을 가진 기업가들이 자본 니즈와 투자 과정에 대한 전문적인 이해부족 문제뿐 아니라 금융관리와 성장기획 관련 기술부족 문제를 제기한다.

2. 글로벌 '임팩트 경제' 패러다임

1) 임팩트 경제란 무엇인가

임팩트 경제(impact economy)는 한편으로는 전통적인 영리추구 비즈니스를 제외하고 다른 한편으로는 자선적 필랜스로피를 제외한 경제를 말한다(UK NAB 2018).

(1) 접근법

〈그림 3-6〉에서 좌측의 '책임있는' 접근법부터 우측으로 이동하면 지속가능한 접근 → 임팩트 추구 접근법에 이르는 스펙트럼이 있다.

(2) 재정적 목표

재정적 목표는 수익과 리스크의 균형으로 보면, 우측의 자선 접근(모든 자본손실 수용 또는 부분 자본손실 수용)을 제외하면 리스크 조정의 수익을 수용하는 입장이다. 임팩트 추구 접근이 리스크 조정의 수익에서 사회적 임팩트를 우선하는 것에 비해 좌측의 지속가능 접근과 사회적 책임 접근은 수익과 리스크의 경쟁적인 조정을 목표로 보다 적은 리스크, 많은 수익에 초점을 맞춘다.

그림 3-5 임팩트 경제의 조직과 목적

접근법	전통적	책임있는	지속가능한	임팩트 추구		필랜스로피	
재정목표	〈--- 경쟁적, 리스크 조정의 재정수입 ---〉				리스크 조정 수익	부분적 자본보전	자본손실 수용
임팩트 목표		A. 피해 회피(Avoid harm)					
			B. 모든 이해관계자에 혜택(Benefit all stakeholders)				
				C. 솔루션 기여(Contribute to solutions)			
	고려없음 사람과 지구에 부정적 영향	피해회피 사람과 지구에 피해방지 노력	혜택 사람과 지구에 긍정적 영향	솔루션 취약층과 지구에 상당한 긍정적 영향			
의도	부정적 영향을 인지하지만 노력하지 않는다	책임있는 행동을 하려 한다	긍정적 영향의 비즈니스를 하면서 장기적 수익도 낸다	기후변화 문제 해결을 지원한다. 교육격차 해소를 지원한다.			
		〈--------- 임팩트 경제 ---------〉 Impact Economy					

자료 UK NAB(2018: 10). "The Rise of Impact."

(3) 임팩트 목표

임팩트 목표는 세 가지 목표로 구분된다. 기본적인 A. 피해 회피 → B. 이해관계자 혜택 → C. 사회문제 해결 솔루션으로 업그레이드를 거친다.

첫째, 임팩트 수준이 낮은 '피해 회피(avoid harm)' 목표는 사람과 지구, 또는 사회와 환경에 피해를 주지 않는 범위에서 책임있는 투자를 실천하는 것을 목표로 한다. 낮은 수준의 임팩트 경제 단계라고 볼 수 있다.

둘째, 중간 수준의 임팩트 목표는 모든 이해관계자에게 혜택을 주는 목표가 된다. 사람과 지구, 사회와 환경에 긍정적인 혜택을 주는 투자를 의미한다. 임팩트 투자의 의도가 긍정적 영향의 비즈니스를 하면서 장기적 수익도 내는데 있다.

마지막은 높은 수준의 임팩트를 목표로 하는 사회문제 해결, 솔루션을 목표로 한다. 단순한 피해 회피 또는 소극적인 혜택 제공의 수준을 넘어 적극적인 문제해결의 솔루션을 임팩트 목표로 한다. 기후변화에 적극적인 솔루션이 되는 탄소제로 전략의 시행이라든지, 계층간 교육격차를 지원하는 임팩트 투자 등이 사례가 된다.

2) 글로벌 '임팩트 경제'의 발전

임팩트 경제는 사회적 임팩트 관리체계의 정착으로 발전해왔다. 민간기업과 재단, 비영리섹터의 선도적인 조직들이 임팩트 관리를 지원하는 중간지원조직으로 조직되어 활동하면서 임팩트 관리는 이제 임팩트 경제의 핵심이 되고 있다.

(1) 혁신자, 이상자, 실용자

지금의 임팩트 경제가 발전해온 과정에는 최초의 혁신가 그룹의 역할을 비롯해 이후 이상자와 실용자들의 동참으로 이어지고 있다. 이제 임팩트 경제의 주류화가 가시화되면서 보수자와 후발자 그룹이 마지막으로 동참하는 패러다임 이동이 기대된다. 새로운 패러다임은 리스크, 수익, 임팩트 3차원의 임팩트 투자가 된다.

그림 3-6 임팩트 경제의 발전: 2000~2025

혁신자	이상자	실용자	보수자	후발자
소수의 선두자 고위험 환경에서 새 방법 테스트	초기 도입자 비전/직관 공유로 새 방법 도입	초기 다수자 제도적 신뢰로 동참	후발 다수자 선두 그룹 따라잡기	패러다임 전환 2D → 3D(risk, return, impact)
2000~2006	2007~2015	2016~2019	2020~2025	2025+

자료 UK NAB(2018: 12). "The Rise of Impact."

① 혁신자(Innovators)

혁신자 그룹은 임팩트 경제를 선도한 소수의 혁신자 조직이다. 이 그룹은 검증되지 않은 리스크 수준이 높은 환경에서 혁신적 방법을 테스트하며 기존의 시장경제에 대한 대안을 탐구한다.

표 3-12 글로벌 임팩트 경제의 혁신자 그룹

UnLtd	UnLtd는 2000년 런던에 기반을 둔 사회적기업가들을 지원하기 위한 '사회적기업가들의 재단'으로 그간 16,500명의 사회적 기업가들의 사업을 투자 지원했다. https://www.unltd.org.uk/
THE BIG ISSUE INVEST	Big Issue Invest는 스스로를 "영국 최대의 사회기업가들을 위한 사회기업가들에 의한 '사회적 사업 은행'"이라 소개하는데, 홈리스 지원의 목적으로 설립된 BIG Issue의 임팩트 투자를 목적으로 2005년 설립되었다. https://bigissueinvest.com/
Cheyne Capital	Cheyne Capital은 런던에 기반을 둔 주거 임팩트 투자기관으로, 2000년에 설립되어 유럽 전역에서 대안적 '사회적' 자산투자관리사를 대표한다. https://www.cheynecapital.com/
PRI	PRI(UNPRI) 세계적인 '책임투자원칙(PRI)'를 제시한 UN 기구로 이제는 글로벌 '책임투자' 플랫폼으로 다국적 기업, 재단, 정부기관, 시민사회 조직들이 동참하는 글로벌 임팩트 투자지원조직이다. https://www.unpri.org/
BRIDGES Fund Management	Bridges는 2002년에 설립된 민간 시장투자기관으로 정부, 시민사회와 주요국과 개도국에서 임팩트 투자 중간지원조직의 선도적 역할을 한다. 영국 임팩트 경제의 창시자 로널드 코헨 등이 창립대표들이다. https://www.bridgesfundmanagement.com/
SOCIAL FINANCE	Social Finance는 2011년 미국 뉴욕시를 기반으로 로널드 코헨 등이 설립해, 주로 정부기관의 결과지불제(PFS), 사회임팩트채권(SIB), 개발임팩트채권(DIB)을 지원하는 중간지원조직이다. 스스로를 "사회적 발전을 위한 공공, 민간, 사회 섹터의 새로운 방법의 연마" 역할을 한다고 소개한다. https://socialfinance.org/

② 이상자(Visionaries)

이상자 그룹에는 영국의 빅소사이어티 캐피털과 미국의 J.P.Morgan 임팩트 투자가 대표적이다. 그밖에도 비교적 늦게 동참한 이상자 그룹에는 Leapfrog 투자사, Imprint Capital 투자사, ClearlySo 사회적 임팩트 투자 은행이 있다.

표 3-5 글로벌 임팩트 경제의 '이상자' 그룹

BIG SOCIETY CAPITAL	Big Society Capital은 2012년 4월에 개설된 세계 최초의 임팩트 투자 은행, 임팩트 투자 도매사(wholesaler)로 임팩트 투자 금융중간지원조직에 자본을 제공한다. BSC의 자본금은 휴면계좌 4억 파운드, 4대 은행(Barclays, HSBC, Lloyds, Royal Bank of Scotland)에서 2억 파운드 등 전체 6억 파운드다. www.bigsocietycapital.com
J.P.Morgan	J.P.Morgan는 월스트리트 금융위기에 중심에서 새로운 금융투자를 선도하는 금융사로 GIIN(글로벌 임팩트 투자네트워크) 공동의 임팩트 투자 서베이 등 연구와 임팩트 측정과 관리에 선도적 역할을 하며 2010년부터 영국과 미국에 SIB 펀드 공급자 역할도 했다.
LEAPFROG INVESTMENTS	Leapfrog는 2007년에 설립된 민간투자기관으로, 스스로를 "사회목적 비즈니스들이 성장해 수익을 내면서 사회적 임팩트를 생산하도록 자본, 사람, 지식에 투자한다"고 소개한다. Omidyar Network 등에서 10억 달러 이상 투자금을 유치해, 아프리카와 아시아 빈곤지역에 임팩트 투자를 해 연간 40% 투자 성장률을 이뤘다. https://www.leapfroginvest.com/
ImprintCapital	ImprintCapital은 2008년 금융과 임팩트 전문가 18인이 설립한 임팩트 투자사. https://www.crunchbase.com/organization/imprint-capital
ClearlySo	ClearlySo는 2008년에 설립된 유럽 최대의 사회적 임팩트 투자 은행으로, 수익뿐 아니라 환경적, 사회적 임팩트를 목표로 영국의 고액 자산가들의 '사회적 앤젤' 투자자 네트워크를 통해 사회적기업들이 투자를 유치하도록 지원한다. https://www.clearlyso.com/

(2) 임팩트 경제의 가치

임팩트 경제는 비즈니스, 투자자, 정부 모두에게 가시적, 실질적 혜택을 생산하고 있다. 임팩트 경제는 변화하는 사회적 태도를 반영하며 그것에 호응하고 있다. 이같은 시각에서 영국의 사회임팩트 국가자문위원회는 다음과 같은 혜택을 예시한다(UK NAB 2018: 16).

- 유니레버(Unilever)의 국제적 조사에 따르면, 고객 33%가 사회적 또는 환경적 선행을 하는 것으로 신뢰하는 기업 브랜드를 구매하는 것으로 나타난다.
- 영국 빅소사이어티 캐피털(BSC)의 조사에 따르면, 임직원 68%가 고용주의 사회적, 환경적 가치를 고려하는 것이 중요하다고 생각한다.
- 영국 밀레니얼 기업가 절반은 자신의 비즈니스 성장뿐 아니라 사회적 긍정적 임팩트를 생산하는 의도에 동기를 갖고 있다.
- 영국 국민 50~75% 가량은 자신의 투자가 금전적 수익을 내면서 사회에 긍정적인 기여를 하기를 바란다.

3) 포용적 성장, 지속가능한 지역개발

임팩트 투자 시장은 특히 포용적 성장과 지속가능한 성장의 시스템을 지향한다. 투자시장이 이런 중요한 역할을 하도록 정부가 모우멘텀 촉진자 역할을 하고, 시장실패 문제해결자 역할을 해야 한다(UK NAB 2018: 22). 사회적 돌봄과 보건 케어, 경제안정 등 공공서비스에서 정부가 제 역할을 하지 못함으로써 발생하는 사회적 비용은 계속 증가한다.

영국의 사회적 임팩트 국가자문위원회는 "연금기금, 보험사 및 재단들이 사회적 임팩트 달성을 지원하는 투자기회를 확대"할 것을 제안한다(앞글: 22). 특히 포용적, 지속가능한 성장이 확대되도록 기관투자자들의 역할이 중요하다고 강조한다.

기관투자자들의 사회적 가치 투자로 사회적 임팩트가 증대되는 사례들이 문헌들에서 널리 소개되고 있다. 기관투자자들의 투자결정에 임팩트

요소를 결합시켜 장기적인 '리스크 조정의 수익'을 늘리는 전략을 추구함으로써 포용적 지속가능한 성장과 개발을 지원하는 후원자 역할을 한다. 그래서 미래의 비전이 "투자시장이 포용적, 지속가능한 경제성장의 시스템을 지향하는 핵심 메카니즘이 되는 것이다."(앞글: 22)

포용적 경제의 경우, 영국에서는 취약 지역사회에서는 사회적, 경제적 결과 측면에서 엄청난 격차가 있고, 그 격차가 점차 벌어지고 있다. 이런 불균형은 민간부문의 저투자와 밀접히 관련된다. 남동부 지역의 고수익 생산 지역으로 치우진 투자가 이뤄진 것이 사실이다. 지방 지역구 중 최하위 25% 소득수준 지역구는 최상위 25% 수준 지역구에 비해 매년 연간 20% 더 적은 투자를 받는다(앞글: 25).

장소기반의 저투자 지역에 대한 민간투자가 중요하다. 특히 장기적으로 민간자본이 투자가능한 적절한 기회가 주어지도록 하는 것이 중요하다. 이를 위해 정부의 촉진자, 진흥자 역할이 필요하다. 정부는 예산투입으로 사회적 금융 진흥의 생태계를 조성하고, 임팩트 투자자들은 임팩트 프로그램의 기획과 시행의 파트너 역할로 협력하는 전략이 필요하다. 좋은 경제 파트너십(Good Economy Partnership: TGE)이 사례가 되는데, 이를 통해 영국 내 좋은 일자리 창출과 경제성장에서의 지역별 지방별 불균등 문제가 파악되고 있다. 웨일즈, 콘월, 북부 지역이 투자가 가장 필요한 지역으로 드러난다.

지난 수십년간 저투자로 소득성장이 멈춘 지역사회에 투자의 점프 스타트를 할 것도 제안한다. 정부가 〈포용적 경제 촉진기금〉 20억 파운드를 조성할 필요가 있다는 것이다(앞글: 26). 이로써 민간자본의 레버리지를 해서 향후 5~10년 기간에 수백억 파운드 레버리지를 하게 될 것이라 추산한다.

낙후된 지역과 지역사회를 대상으로 경제성장의 재균형이 이뤄져야 하는 사회적, 경제적, 정치적 정당성이 있다는 평가다. 단기적으로는 정부가 주니어 자본 2억 파운드를 제공해 파이롯트 투자 프로그램에 민간자본이 10억 파운드 투자하도록 레버리지가 될 것이라는 추산이다. 파이롯트 프로그램의 결과를 영국 전역으로 스케일링하는 다음 단계의 민관공조의 임팩트 투자가 추진될 수 있다는 분석이다. 빅소사이어티 캐피털(Big Society Capital), 영국기업은행(British Business Bank), 지역기업파트너십(Local Enterprise Partnerships)이 중요한 역할을 하며, 나아가 새로운 제도적 방안이 모색될 필요가 있다는 제안도 제시되고 있다.

4) 임팩트 투자의 동향과 과제

임팩트 투자는 영국을 비롯한 유럽이 선도적인 역할을 한다. 유럽의 일반적 동향에 초점을 맞춘 유럽벤처필랜스로피협회(EVPA 2019c) 보고서, 〈임팩트 15년〉을 참고해 정리해본다.

(1) 주요 사회 문제들과 자원 부족

투자자들이 임팩트가 필요한 사회문제들은 변화하고 있다. 사회문제들은 국가와 사회 환경에 따라 우선적 해결을 요청한다. 유럽의 경우 그 우선순위는 고령인구, 청년실업, 홈리스, 주거 감당능력(affordability of housing), 이주자와 난민의 욕구에 대한 호응, 정치와 거버넌스 체계의 안정성, 시민사회의 활동 위축 등으로 제시되고 있다(EVPA 2019b: 20). 이같은 사회문제들이 보다 첨예화된 논쟁과 대립을 야기시키고 공공과 민간 자원이 회소해지면, 회소자원의 지출에 대한 감시가 강화되면서 보다 엄밀한 임팩트 특정과 관리의 실천을 수용하게 된다.

(2) 지속가능한 솔루션의 스케일링 한계

임팩트 투자가 성장해온 지난 15년 기간에 유럽의 경우 벤처필랜스로피(VP)가 사회문제 해결에 선도적인 역할을 해왔다. 그럼에도 임팩트 투자자의 역할은 일부 지역에 작은 규모로 머무는 한계가 있다(EVPA 2019b: 20). 임팩트 스케일링보다는 조직의 스케일링에 초점을 맞추는 사례들도 적지 않았다. 또 다른 한편으로는 사회, 경제, 환경 문제 해결의 임팩트 확대에 공공, 민간 주체들의 탐색에 상당한 어려움이 있었다. 또 지속가능한 임팩트 생산 문제도 제기되고 있다. 비즈니스 모델이 스케일링되면, 그것은 임팩트를 생산하는가? 임팩트를 생산한다면, 조직의 지속가능성을 상실하지 않고도 임팩트 스케일링이 가능한가?

(3) 하이브리드 금융 메카니즘의 급성장

사회목적조직(SPO)를 지원하고 임팩트 생태계에 자원을 유치하기 위한 효과적 방안은 무엇인가? 이를 탐구하는 과정에서 지난 10여 년간 '결과지불(pay by result 또는 pay for success)'의 메카니즘이 여러 형태로 개발되었다. 영국에서는 2010년 세계 최초의 사회임팩트채권(SIB)가 Social Finance에 의해 개발되었다.

뒤이어 개발협력에서도 개발임팩트채권(Development Impact Bond: DIB)

이 시행되었다. 또 최근에는 유누스 사회적기업(Yunus Social Business)과 록펠러 재단(Rockefeller Foundation) 합작의 사회성공노트(Social Success Note)가 시행되고 있다. 또 새로운 임팩트전문기관(Roots of Impact)은 사회임팩트인센티브(Social Impact Incentives: SIINC)를 선보였다.

이상의 다양한 결과지불제에는 하이브리드 파이낸싱 수단들이 적용되고 있다. 몇 개의 결과기반의 메카니즘을 동시에 재정지원하기 위해 공공 또는 공여자 재정을 동원하는 공공기관이 그런 방안을 개설한 것이다. 하이브리드 메카니즘 수단은 서비스 제공에서 중요한 혁신수단이지만 구조화 과정에 상당한 시간과 자원이 소요되는 문제가 있다. 하이브리드 메카니즘의 비용효율성을 높이려면 여러 우수 사례들을 확대하는 '규모의 경제'를 추구할 필요가 있다.

(4) 데이터 중요성과 투명성 중시

빅데이터 활용이 급증하면서 일부 산업의 가치사슬에서 급격한 변화가 일어나고 있다. 거의 모든 분야의 조직들 대부분이 데이터를 통한 경제적 가치 창출과 의사결정 개선을 탐구하고 있다. 임팩트 경제의 생태계에서도 임팩트를 추구하는 투자자와 수익과 임팩트 모두를 추구하는 투자자 모두가 자신들의 투자의 임팩트 측정과 관리 실천을 개선하는데 데이터의 중요성을 실감하고 있다(EVPA 2019b: 20).

데이터를 통해 사회적 가치 창출의 혁신적 방법을 탐구하고 있다. 데이터는 투명성 보장뿐 아니라, 투자자들 사이에 그리고 투자자와 투자처 사이에 효율적인 정보 공유를 확대하고, 또 성공적인 비즈니스 모델과 솔루션의 복제와 스케일링 가능성을 개선하는 전환점에 주도적인 역할을 한다.

(5) 벤처에서 산업으로

소액대출과 녹색에너지 등의 일부 분야가 이제 주류시장에 진입해 있다. 주류화가 되는 것은 높은 리스크의 벤처 특성의 초기 단계를 지나 무수한 시행착오를 거친 다음에 공고화(consolidating)에 달했다는 것을 의미한다. '공고화' 단계에 달한 것은 많은 데이터가 유용해서 투자자들이 증거기반의 좋은 의사결정을 해서 자본의 효율적인 배분을 한다는 것을 의미한다(EVPA 2019b: 20-21).

성과 기록을 내는 분야들은 더 많은 자본을 유치해 더 크게, 빠르게 성장하게 한다. 농업, 식품, 소셜 하우징 등의 사회적 임팩트 생태계 분야의 경우 수익과 임팩트 모두를 추구하는 투자자들 사이에 상당한 관심을 유도하며 이제 '공고화' 단계로 진입해가고 있다. 그럼에도 다른 분야의 임팩트 생태계는 실험, 시행착오, 혁신, 실패와 데이터 부족의 영역에 머물러 있다.

이 모든 분야들은 임팩트를 추구하는 투자자의 자본을 유치하고 있지만 여전히 시장 인프라 구축에 상당한 규모의 자본투자를 필요로 한다. 또 주류화에 이동하기 앞서 준비를 갖추어야 하는 초기 단계의 벤처들에게도 이런 시장 인프라 구축이 필요하다(EVPA 2019b: 21).

3. 정부의 임팩트 투자 정책

1) 임팩트 투자 정책결정

임팩트 투자를 진흥하는 정부의 정책 동향은 어떠한가? 글로벌 임팩트 투자 플랫폼(GSG)은 19개 주요국의 정부 정책결정의 발전 경로를 1, 2, 3단계로 구분해 제시한다(GSG 2018b: 2).

(1) 1단계: 기반조성 정책

대부분 국가들이 임팩트 비즈니스 관련 교육과 활동하기 좋은 환경조성 정책으로 임팩트 생태계 기반조성을 우선적으로 추진한다. 19개국 대부분이 임팩트 산업에 대한 이해교육 차원에서 대학과정, 연구센터 교육 프로그램을 개설해 운영하고 있다. 마찬가지로 대부분의 국가들이 임팩트 인큐베이팅 형태의 역량구축 프로그램을 갖고 있으며 자본접근 프로그램, 그리고 이 둘의 연계 과정을 갖추고 있다.

(2) 2단계: 핵심강화 정책

기반조성이 어느 정도 갖춰지면 다음으로 생태계 핵심을 강화하는 정책에 초점을 맞춘다. 대상이 되는 19개국 모두가 공공 사업이나 서비스의 결과를 생산하는 '결과위탁(outcomes commissioning)'을 시행하고 있거나 시행 준비를 하고 있다. 또 대부분의 국가들이 공공조달 결정에서 임팩트 가치의 시행을 준비하고 있다. 임팩트 가치 시행은 민관 파트너십을 강화시켜 정부지출을 새롭게 구조화하는 혁신방안이다. 임팩트 투자 생태계의 수요 측면을 강화하는 정책이다.

임팩트 비즈니스를 지원하는 특수한 법제는 일부 국가들이 시행하는 수요측 생태계 강화 정책이다. 법제 정책은 재정 인센티브를 비롯한 목표달성 정책 추진에 기반이 된다. 임팩트 리포팅 표준화 또한 생태계 핵심 강화 정책에 해당된다. 대부분 국가들이 사회적, 환경적 등 비금융적 요인들에 대한 리포팅 표준화를 준비하고 있다.

또 중간지원기관의 역량 강화를 위해 정부는 임팩트 투자 도매시장 창출을 준비하고 있다. 19개국 중 3개국이 도매시장을 갖고 있고, 다른 4개국이 준비하고 있다. 다른 국가들도 시행준비를 하고 있지만 재정지원 문제에 부딪혀 있다. 임팩트 신의성실 의무(fiduciary duty)는 공급측 역량강화를 위한 정책으로 대부분의 국가에서 추진되고 있다.

(3) 3단계: 성장확장 정책

제2단계까지 성숙한 임팩트 생태계를 갖춘 국가들은 시장확장 그리고 스케일링 확대 정책을 준비하고 있다. 임팩트 투자 산업의 규모를 확장하는 국가들의 공통점은 소매시장 투자자에게 시장을 확장하는 정책이다. 사회적 목적의 연금 창출과 임팩트 주식거래소 개설이 소매시장 투자자 유치를 위한 주요 정책이다.

또 임팩트 자본 수요측과 공급측에 제공하는 금융 인센티브도 시행 초기 단계에 있다. 임팩트 비즈니스의 특수 법제를 갖춘 국가들에서 금융 인센티브제가 시행되는 특징이 있다. 마지막으로 국가전략은 임팩트 투자

산업의 지속적인 개발에 대한 일관된, 합의된 국가전략을 갖추는 핵심 방안이 되고 있다.

그림 3-7 임팩트 투자 생태계: 정부와 민간의 역할

<table>
<tr><td rowspan="12">시장 구축 (정부 역할)</td><td rowspan="4">시장 진흥자</td><td colspan="4">전담의 중앙 행정기관</td></tr>
<tr><td colspan="4">국가 전략</td></tr>
<tr><td></td><td>임팩트 증권거래</td><td></td><td>교육 프로그램</td></tr>
<tr><td>역량 구축</td><td>도매 시장</td><td></td><td>정부 NAB 동참</td></tr>
<tr><td rowspan="4">시장 참여자/ 구매자</td><td></td><td></td><td></td><td></td></tr>
<tr><td>결과지불 위탁</td><td></td><td></td><td></td></tr>
<tr><td></td><td></td><td>자본 접근</td><td></td></tr>
<tr><td>조달의 임팩트</td><td></td><td></td><td></td></tr>
<tr><td rowspan="4">시장 규제자/ 입법자</td><td>재정 인센티브</td><td></td><td>재정적 인센티브</td><td></td></tr>
<tr><td></td><td></td><td>임팩트 상품</td><td></td></tr>
<tr><td></td><td></td><td>임팩트 성실의무</td><td></td></tr>
<tr><td colspan="4">임팩트 리포팅 표준</td></tr>
<tr><td colspan="2" rowspan="2"></td><td>〈수요〉</td><td>〈중개〉</td><td>〈공급〉</td><td>〈생태계 조성〉</td></tr>
<tr><td colspan="4">시장 참여자</td></tr>
</table>

자료 GSG(2018b: 4). "Catalysing an Impact Investment Ecosystem."

2) 임팩트 투자에서의 정부의 역할

(1) 시장 진흥자, 참여자, 규제자

지난 십여년 기간 정부의 촉매 역할은 19개국 사례에서 확인되고 있다. OECD(2019)는 임팩트 투자생태계 조성에서 정부의 3대 역할 프레임워크를 다음과 같이 제시한다.

a) 시장 진흥자(facilitator): 임팩트 활동이 가능하게 진흥하고 교육하는 조직들과 시스템의 창출.
b) 시장 참여자(participant): 임팩트 재화와 서비스의 위탁과 조달을 통해 임팩트 투자생태계 지원.
c) 시장 규제자(regulator): 임팩트 생태계의 지원과 인식 구축을 위한 법률의 시행.

정부는 시장진흥자로서 역량 구축을 비롯해 전담 중앙기관의 설치, 교육 프로그램 제공, 국가전략과 도매시장 전략 추진, 임팩트증권거래소 개설 등이 포함된다. 각각의 역할에서 대표적인 국가 사례를 〈표 3-13〉에서 참고해볼 수 있다.

시장참여자로 정부는 직접 투자자가 되어 자본에 대한 접근, 결과위탁, 임팩트 조달 역할을 한다. 한국의 공공기관 전체의 사회적 가치 실현과 조달 사례를 참고할 만하다.

시장규제자로서 정부는 법제의 마련과 재정요인(수요)와 재정요인(공급) 등이 주요 정책도구로 포함된다.

표 3-13 임팩트 투자 생태계의 정부의 역할=시장 진흥자, 참여자, 규제자

	정책 도구	설명	대표 사례
	민간 국가자문위원회(NAB)에 정부대표 참여	정부대표가 NAB 참여해 정부, 민간, 비영리부문의 공조 협의	핀란드, 칠레
정부 = 시장 진흥자	1. 역량구축	임팩트 기업에 비즈니스 지원과 성장 도구 제공해 진흥(인큐베이팅, 가속화)	아르헨티나, 우루과이
	2. 전담 중앙기관	임팩트 투자 정책 개발과 감독을 하는 정부내 중앙 전문조직 구축	프랑스
	3. 교육 프로그램	현행 및 미래 시장참여자의 임팩트 투자교육 프로그램 실시	이탈리아
	4. 국가 전략	국가차원의 임팩트 투자 생태계 개선을 위한 정책기획과 시행	포르투갈
	5. 도매시장	임팩트 주도 투자펀드에 촉매자본을 제공하는 모태펀드 도매시장 창출	영국
	6. 임팩트증권거래소	투자자와 임팩트 기업을 중개하는 중앙 DB와 크라우드펀딩 플랫폼 개설	캐나다
정부 = 시장 참여자	7. 자본에 접근	금융프로그램과 정부소유의 펀드를 통해 임팩트 기업이나 펀드에 자본 제공	호주
	8. 결과 위탁	결과지불제 조달 시스템 시행에 필요한 결과펀드 조성 및 결과지불 조달 시행	영국
	9. 임팩트 조달	임팩트 기업에 사회적 가치 반영 조달, 조달에 사회/환경 메트릭스 통합	한국
정부 = 시장 규제자	10. 임팩트 성실의무	자산소유자에게 임팩트를 고객의 투자결정에 의무화 하는 도매시장 규제	미국
	11. 임팩트리포팅표준	임팩트 기업의 임팩트 이해를 돕는 표준화된 임팩트 리포팅 구축	브라질
	12. 특별법제	임팩트 투자의 수익 이외에 사회/환경적 기여를 규정하는 법제 마련	한국
	13. 재정유인(수요)	임팩트 기업의 세부담 경감, 기타 재정 인센티브 제공	프랑스
	14. 재정유인(공급)	임팩트 투자자의 세부담 경감, 기타 재정 인센티브 제공	미국
	15. 소매임팩트상품	임팩트 투자에 투자가능한 솔루션을 창출하도록 자본 공급측 촉진	프랑스

자료 GSG(2018b: 5). "Catalysing an Impact Investment Ecosystem."

(2) G20 각국의 정부 역할 비교

이상의 시장 진흥자, 참여자, 규제자 역할을 수행하는 15개 정책 도구에 따라 G20 각국의 현황을 비교해볼 만하다. 프랑스와 영국이 전반적으로 광범위하게 정부의 역할이 두드러지게 나타나 있다.

표 3-14 임팩트 투자생태계의 정부의 역할: GSG 19개국 비교

	시장 진흥자							시장 참여자			시장 규제자					
	정부 NAB 대표	1. 역량 구축	2. 중앙 기관	3. 교육 훈련	4. 국가 전략	5. 도매 시장	6. 임팩트 거래소	7. 자본 접근	8. 임팩트 위탁	9. 임팩트 조달	10. 신의 성실 의무	11. 임팩트 리포팅	12. 특별 법제	13. 수요 유인	14. 공급 유인	15. 소매 상품
호주		○		○				○	○							
인도		○		○				○					○			
일본		○		○				○	○							
한국		○	○	○				○		○			○			
핀란드	○	○						○	○							
프랑스	○	○	○	○	○			○			○		○	○	○	○
독일	○			○				○								
이탈리아		○		○		○										
포르투갈		○	○	○	○	○		○							○	
영국		○	○	○		○	○	○		○					○	
이스라엘		○														
남아공		○		○				○		○	○	○				
ARUR	○	○		○				○		○		○	○			
브라질		○	○	○	○			○				○				
캐나다		○	○	○			○									
칠레		○						○								
멕시코																
미국								○	○		○		○		○	

자료 GSG(2018b: 8). "Catalysing an Impact Investment Ecosystem." ○ 시행중 준비중

(3) 한국 임팩트 투자의 성장

이상에서 한국 정부는 GSG가 제시하는 임팩트 투자생태계 조성에서 이미 상당한 역할을 하고 있거나 계획을 발표해 준비하고 있는 것으로 나타난다(GSG 2018b).

먼저 시장진흥자 5대 기능 중 4개에서, 시장참여자 기능 3개 중 2개, 시장규제자 6개 기능 중 4개에 해당된다. 발전단계에서는 초보 형성기에 해당되지만, 발전가능성에서는 G20 중 강력한 후발강국에 해당된다.

한국은 아직 민간주도의 국가자문위원회(NAB)를 구성하지 못하고 있지만, 정부가 강력한 '시장진흥자' 역할을 하는 것으로 평가받고 있다. 문재인 정부의 출범과 함께 청와대 사회혁신수석실과 사회정책실이 신설되면서 핵심적인 중앙기관이 강력한 리더십을 발휘하는 것으로 평가받고 있다. 실제로 사회정책실을 통해 정부부처 합동회의에서 〈사회적경제 활성화〉(2017.10) 종합계획과 〈사회적금융 활성화〉(2018.2) 계획이 제시되었다. 또 '사회가치연대기금'이 영국식 BSC와 같은 도매은행으로 제도화되고 있다.

둘째, '시장참여자'로서의 정부의 역할은 정부 관계부처의 다양한 기금 마련으로 자본접근이 활성화한 것으로 평가받고 있다. 또 임팩트기업인 사회적기업, 소셜벤처 등이 생산하는 사회적 가치를 인정하는 정부조달의 상당한 진전 또한 긍정적 평가를 받고 있다.

셋째, '시장규제자' 역할도 상당한 것으로 나타난다. 사회적기업육성법(2007) 도입을 비롯한 협동조합법(2015) 시행, 그리고 사회적경제기본법과 사회적가치법의 입법 계획 등 특별 법제를 통한 정부의 '시장규제자' 역할도 GSG의 긍정적인 평가를 받는 부분이다.

사회적기업이나 소셜벤처에 투자되는 사회적 금융에 대한 수요측 인센티브는 비교적 강하다. 반면에 자본 공급측 인센티브는 미미하거나 불확실한 것으로 평가되고 있다. 또 고액자산가나 일반 소비자의 임팩트 투자참여를 이끄는 소매상품의 개발도 불확실한 상태로 국가적 과제로 남아 있다.

4. 글로벌 임팩트 투자의 전망

글로벌 동향은 임팩트 투자의 활성화를 재촉하고 있다. 다음 몇가지 주목할 만한 동향들이 임팩트 투자의 활성화를 촉진시키는 주요 배경이 된다(GIIN 2018b: 20-22).

1) 노동의 미래: 자동화(automation)

생활 전반에 걸친 일의 자동화는 글로벌 동향이 되고 있다. 자동화의 진전도는 18세기 산업혁명부터 지금에 이르기까지 지속적인 성장세를 보여준다. 자동화의 진전으로 생산성, 번영, 삶의 질의 향상이 가능해졌지만, 동시에 일자리 축소 등 구조적 변화를 야기시키고 있다. 코로나19 때문에도 비대면, 노동을 대신하는 untact 자동화, AI의 확대가 가속화될 것이 분명하다.

저임금, 저숙련 일자리가 거의 사라질 위기에 있고, 이런 변화는 새로운 고용 기회, 교육의 필요성을 제기한다. 자동화 변화에 적합한 고숙련 일자리가 필요하며 이런 일자리 변화에 적응하지 못하는 취약층에 대한 생계안전망 제공 과제도 있다. 정책 당국과 기업 지도자들이 기본소득을 대안을 제시하고 있는 것도 하나의 대안이 될 수 있다. 코로나19로 한국뿐 아니라 세계적으로 기본소득에 대한 요청이 더욱 강해지고 있다. 긴급재난지원으로 전국민이 40만 원 이상의 지원을 받은 좋은 사례도 있어, 기본소득이 이제 여론의 지지도 받고 있다.

그런데 임팩트 투자는 자동화의 변화로 인한 일자리 상실 계층의 인구적 동태에 관심의 초점을 맞춘다. 이들은 위한 기술개발과 훈련, 자동화로 상실된 가능성이 적은 설비관리 또는 고객 서비스 등의 일자리 개발과 투자가 그것이다. 글로벌 투자기관들의 코로나19 위기 극복의 임팩트 투자는 대부분 일자리에 초점을 맞추고 있다.[5]

2) 핀테크 혁명(fintech revolution)

핀테크 혁명은 2008년 글로벌 금융위기가 있었던 직후부터 성장해왔다. 핀테크 기업이란 핀테크 산업계의 정보지(FinTech Weekly)에 따르면, "소프트웨어와 현대 테크놀러지를 이용해 금융서비스를 제공하기 위한 비즈니스"라 정의된다.

핀테크 기업들은 전통적인 은행이나 다른 금융서비스 기관과의 경쟁에서 금융서비스의 갭을 매우는 틈새시장의 역할을 한다. 기초 금융서비스

5 https://thegiin.org/covid19 GIIN 사이트를 참고.

에서 배제된 배제층에 대한 서비스 제공뿐 아니라 소비자층의 개인화된, 디지털화된 경험에 대한 기대를 충족시켜주는 역할도 한다. 일정 수준의 자동화 또는 알고리즘 의사결정을 활용해 투자관리 비용을 절감시켜주는 로보 자문가(robo advisors)의 등장이 투자시장의 한 흐름이 되고 있다. 로보 자문가들은 투자관리에 인력의 관여 필요를 절감시키는 인덱스 펀드(index fund)를 활용한다. 예를 들면 오픈인베스트(OpenInvest)는 부분적으로 자동화된 책임있는 투자서비스를 제공하는데, 소비자들이 자신들의 가치선호에 적합한 투자 포트폴리오를 만드는데 활용되는 질문서를 작성한다.

임팩트 투자 산업의 이해관계자들은 새로운 세대의 자산가들에 접근할 기회를 확장하면서 핀테크가 어떻게 투자자 선호를 바꾸고 있는지를 고려해 임팩트 투자를 설계한다. 사회적, 환경적으로 긍정적인 투자에 보다 많은 자본이 유치되도록 핀테크의 테크놀러지가 가진 효율성 혜택을 활용하는 다양한 방법들을 모색한다.

핀테크 혁명은 투자자뿐 아니라 수혜층에게도 잠정적인 영향을 미치고 있다. 전자나 모바일 지불제가 성장하면서 현금지불의 비중이 두드러지게 줄고 있다. 신용카드와 온라인 지불이 급성장하며, 셀폰의 보편화로 새로운 금융서비스의 시장이 확대되고 있다.

코로나19를 계기로 핀테크의 보편화가 가속화되고 있다. 비대면, untact 핀테크 생활이 '뉴 노말'로 정착되어 가는 동향이다.

3) 데이터 민주화(democratization of data)

투명성은 미래사회의 핵심 키워드이며, 임팩트 투자에서 성과 투명성은 핵심적 관심사가 된다. 임팩트 투자가 어디에 어떻게 이뤄지는지를 데이터 공유로 투명하게 알려지게 된다. 두 가지 주요 테크놀러지 추세가 이런 투자 투명성을 높이는데 도움을 준다.

하나는 블록체인 테크놀러지로, 분권화된 자산 데이터베이스를 활용한다. 여기에 모든 참여자들이 자신 소유의 동일한 복사본을 갖고 어떤 모든 변화가 업데이트된 자료를 공유한다. 오늘날 주로 비트코인 화폐로 사용되는 블록체인 기술은 데이터 투명성에 잘 활용되어, 지역에서 검증가능하고 글로벌 차원에서 접근가능한 방식으로 달성된 임팩트를 기록해 보관한다.

다른 하나는 빅데이터로, 정부나 기업이 활용하는 엄청난 분량의 정보 데이터이다. 이들은 이런 자료를 수집해 이용해서 고객 서비스, 제품 개발 또는 정책 디자인을 하는 데 새로운 시각을 모색한다.

빅데이터 등 데이터 혁명과 새로운 테크놀러지로 광범한 투자와 비즈니스 이슈에 대한 집단지성을 확장하는 분권화가 가능해지고 있다. 분권화로 투자활동과 투자 임팩트의 투명성이 증가하고 있다. 데이터 민주화(democratization of data)로 불릴 만한 이런 혁명적 변화는 새로운 임팩트 투자 패러다임의 핵심 중 하나가 된다. 그럼에도 일부에서는 '정보과잉(information overload)'이 정보비대칭 문제를 야기해 양질의 정보를 분류해 소비하는 역량을 가진 사람들에게 특권을 주고 있다는 문제를 제기한다. 사생활 보호 이슈 또한 해결해야 할 주요 이슈다. 개인신상 등의 상세한 자료가 개인에 대한 서비스 제공에 제약이 될 수 있다.

4) 크라우드펀딩(crowdfunding)

크라우드펀딩으로 개인들이 공익 등 공유된 이해에 참여할 기회가 확장되고 있다. 많은 개인들이 십시일반의 작은 자금을 투자하는 것이다. 지분(equity) 크라우드펀딩이 특히 놀라운 성장세에 있다. 그 규모는 매스솔루션 크라우드펀딩 산업의 연간 보고서(Massolution Crowdfunding Industry Report)에 따르면, 2012년 이래 2015년에는 글로벌 차원에서 25억 6000만 달러에 달했다.

(1) 크라우드펀딩 플랫폼

지분과 융자의 임팩트 투자 크라우드펀딩 플랫폼은 무수하다. Kiva, Ours to Own, Start Some Good, Neighborly, Lendahand, DuurzaamInvesteren, Oneplanetcrowd, Triodos Bank 플랫폼 등이 있다. 이 플랫폼의 메카니즘은 도매기관이 사기업에 투자하며 투자의 민주화를 확장한다. 그럼에도 여기에는 잠정적인 규제 장애물로 한계가 있다. 여기에서 유가증권이 비인가 투자자에게 거래되고 있기 때문이다. 미국의 2015년 규제조치는 크라우드펀딩으로 유가증권 거래를 허용하지만 기업이 자본유치 규모를 규제해 개인이 투자할 수 있는 한도까지 규제한다.

(2) 매칭 크라우드펀딩(Matched crowdfunding)

'매칭' 크라우드펀딩은 공공, 기관 또는 기업의 펀딩이 시민들의 온라인 플랫폼에서 모금된 기부금에 연계된 매칭 기금이다. 시민들의 아이디어와 프로젝트 지원을 레버리지하는 새로운 방식으로 수년 전에 시작된 펀딩 방식이다. 이제는 중앙정부나 지방정부, 재단이나 기업의 사회공헌, 대학이나 학교 등 다양한 기관이 참여한다.

크라우드펀딩과 매칭된 크라우드펀딩이 전통적인 온라인 모금과 다른 두 가지 특징이 있다(Esta 2018: 30). 첫째는 프로젝트에 대한 초점이다. 특정 기관보다는 특정 프로젝트를 지원하는 모금이다. 모금기관은 프로젝트를 위한 구체적인 모금액이 얼마이며 어떻게 사용될 것인지를 사전에 밝혀 시민들의 모금을 홍보한다. 둘째는 프로젝트에 소요되는 비용만큼의 모금 타깃을 홍보한다. 대부분의 모금 플랫폼은 특정 모금액이 특정 기간 내에 달성되면 사라지게 되어 있다.

표 3-15 영국의 예술과 전통유산 매칭펀딩

2017년 영국의 중간지원기관 Nesta는 정부(디지털, 문화, 미디어 및 스포츠부)와 영국예술위원회 및 전통유산로터리기금과 공동으로 〈예술과 전통유산 매칭펀딩〉을 개시했다. 시민들의 자발적인 크라우드펀딩에 매칭해 지원하는 '매칭펀딩(matched funding)'이다. 크라우드펀딩(40만 5941파운드)에 대한 매칭펀딩(25만 1500파운드)로 전체 59개 프로젝트 지원금이 증여로 전달되었다. 그 중 예술위원회 35개, 전통로터리펀드 24개이다, 크라우드펀딩에 시민 4970명이 참여해, 여성이 62%로 남성보다 많았고, 20%는 과거 예술분야 기부한 적 없는 새로운 기부자다. 기부처 조직에는 86%가 처음 기부자로 참여했다. 기부자 중 48%가 프로젝트에 대해 소셜 미디어를 통해 접한 것으로 조사되었다. 한편 기부자의 참여 의향에서는 17%가 온라인으로 프로젝트에 접속 기대, 33%가 소셜 미디어를 통한 프로젝트 관심에 기대, 41%는 프로젝트 현장과 10마일 이내에서 생활, 64%는 프로젝트를 직접 방문할 것을 기대하는 등 기부자는 기부 참여뿐 아니라 프로젝트 참여도가 상당하다.

자료 Esta(2018: 33). "Funding innovation: A practice guide."

5) 여성과 청년 세대

다음 수십년은 베이비부머로부터 그들의 자녀들, 주로 X세대(Gen Xers)와 밀레니얼(millennials)에게 부의 이전이 이뤄질 것이다. 약 300조 달러 규모의 금융 및 비금융 자산이 다음 30~40년 기간에 이전될 것이라는 추산이다. 여성 또한 늘어나는 자산, 특히 가계 재량지출(discretionary spending)에 대한 통제권을 갖게 된다. 2028년 세계의 재량지출 75%를 여성이 통제하는 권한을 갖는다는 추산도 있다.

젊은 자산가들과 여성들이 이전 세대들과 다르게 임팩트 투자에 점차 관심을 갖고 있다는 연구는 무수하다. 이들의 자산통제권이 점차 늘면서 임팩트 투자 규모도 더불어 불어날 것이라는 전망이다. 2008년 글로벌 금융위기에 따른 주식시장에 대한 신뢰 쇠퇴, 테크놀러지 플랫폼의 우선화, 또 사회적 책임의 제품과 고용주에 대한 가치 등의 동향이 임팩트 투자에 대한 기대와 관심을 높일 것이다.

한편 이상의 다섯 가지 주요 동향과 유사한 메가 트렌드에 대해 전문가 서베이 결과를 〈표 3-16〉을 통해 살펴볼 만하다.

표 3-16 임팩트 투자의 미래 동향: 결과 중심의 메가 트렌드

전문가(1145명) 설문조사 결과는 다음과 같다. 미래의 메가트렌드에 대해, 투자 리더들 73%는 사회, 환경, 거버넌스(ESG)가 투자에 상당한 영향을 미치게 될 것이며, 향후 10~15년 기간의 메가 트렌드 시나리오를 네 가지로 제시한다.

1. 핀테크(Fintech): 새로운 테크놀러지 및 비즈니스 모델이 전통적 금융서비스 기관들을 압도해 로보 자문가 및 기타 개인화된, 디지털 기반의 금융서비스가 확장할 것이다.

2. 평행 세계(Parallel worlds): 빅데이터 서비스는 주문생산에 기반해 지역과 사회적 집단의 심각한 분리를 야기할 것이다.
3. 장기 저금리(Lower for longer): 이자율이 계속 낮춰지며 글로벌 경제성장도 낮아질 것이며 정치적 불안이 높아질 것이다.
4. 사회목적 지향의 자본주의(Purposeful capitalism): 투자업계는 고객 수요와 고액자산가들의 영향력 증가로 보다 넓은 사회목적과 더 많은 이해관계자 이해를 기반으로 작동해 ESG 원칙들을 전통적 원칙에 접목하는 변화가 있을 것이다.

또 보고서는 향후 금융서비스의 경쟁력은 '신뢰, 윤리, 지속가능성'에 있다고 분석한다. 따라서 투자관리자들은 사회 전체의 이해에 따라 행동할 필요가 있다고 강조한다. "사회적 부와 웰빙에 대한 일관되고 확고한 기여는 투자 산업계의 바람직한 목표일 뿐 아니라 존재의 중요성 문제이기도 하다."

자료 CFA Institute(2017). "Future State of the Investment Profession."

제4장

사회적 금융과 임팩트 투자

1. 사회목적조직에 대한 투자

빈곤퇴치나 일자리 창출 등 사회적 가치를 실현할 목적을 가진 조직들은 다양하다. 사회적경제 조직을 비롯해서 자선 재단이나 법인, 복지기관이나 시설, 시민사회 결사체가 사회목적조직(social purpose organization: SPO)에 해당된다. SPO들이 사회적 목적을 추구하는 활동의 결과로 창출한 임팩트를 '사회적 임팩트'라 한다.

1) 자본의 스펙트럼

시장에는 사회적 임팩트를 생산하는 자본과 사회적 임팩트와 상관 없는 자본이 공존한다. 자본의 스펙트럼에서 전통적인 이윤추구의 상업자본과 전통적인 비영리 자선(philanthropy) 유형의 자본 사이, 중간에 '임팩트 투자' 자본이 위치한다.

자본의 스펙트럼은 전통적 자선부터 임팩트 투자에 이른다. 〈그림 4-1〉에서 좌측의 전통적 자선과 우측의 이윤추구 투자 사이에는 벤처 자선 → 사회적 투자 → 임팩트 투자 → 지속가능한, 책임 투자 등이 있다. 임팩트 투자와 사회적 투자가 '사회적 임팩트' 투자(social impact investing)로 분류된다. 사회적 임팩트 투자의 우측에 있는 지속가능 투자와 사회책임 투자 그리고 좌측의 벤처 자선을 포함하면 일반적인 '임팩트 투자' 범주로 간주한다.

그림 4-1 자본의 스펙트럼: 더 큰 임팩트로 이동

			사회임팩트투자			
	전통적 자선	벤처 자선	사회적 투자	임팩트 투자	지속가능, 책임 투자	이윤추구 투자
	|	|	|	|	|	|
초점	증여로 사회문제 해결	벤처투자로 사회문제 해결	사회, 환경 결과에 투자 (수익기대)	사회, 환경 결과에 투자 (수익기대)	사회, 환경, 거버넌스 관심 수용	사회, 환경, 거버넌스 무관심 제한적
	|	|	|	|	|	|
수익 기대	사회적 수익만	사회적 수익 중심	사회적 수익 및 하위시장 수익	사회적 수입 및 금융시장 수익	금융시장 수익 초점	금융시장 수익만
일차적 목적	사회적 임팩트	**〈-------〉사회 임팩트, 재정 수익〈-------〉**				재정 수익

자료 OECD(2019a: 9). Social Impact Investment 2019.

2) 사회목적조직(SPO)에 대한 임팩트 투자

'사회적' 임팩트 투자는 사회적 목적을 달성하려는 조직들(SPO)에 대한 임팩트 투자를 말한다. SPO에 대한 지원 또는 투자를 하는 영역이 벤처 필랜스로피(venture philanthropy: VP)이며, VP 투자기관(VPO)이 있다. VP는 일부 SII뿐 아니라 전통적인 증여 지원도 포용하는 영역이다. 또 SPO를 왼편의 자선조직(재단, 복지법인 등)부터 수익형 사회적기업 및 수익배분형 사회적 투자기관으로 구분해볼 수 있다. 왼편에서 오른편으로 이동하면 임팩트 우선에서 점차 재정수익을 고려하는 SPO 스펙트럼을 보여준다.

그림 4-2 사회목적조직(SPO)에 대한 임팩트 투자 스펙트럼

사회목적조직(social purpose organizations)								
자선조직 Charities		수익형 사회적 기업 Revenue Generating			사회적 Social	전통적 기업 Traditional Business		
자선만 집중: 사업 없음	사업 수익과 증여	잠재적 지속 가능(75% 이상 사업 수익)	이익도 손해도 없음 모두 사업 수입	사업 수익 흑자 재투자	수익배분형 사회적 투자	CSR 기업	자선 기부형 기업	주류 시장기업
임팩트만 초점 Impact Only		사회적 임팩트 우선 Impact First				재정수익 우선 Finance First		
증여(grant) 지원			사회적투자 (social investment)		임팩트 투자 (impact investment)			
벤처 필랜스로피(venture philanthropy)								

자료 UN(2013a: 42). "Development Financing for Tangible Results:."

임팩트 투자는 사회적, 환경적 임팩트를 목표로 하면서 재정적 수익을 보장하므로 리스크 조정의 수익이 보장된 것으로 볼 수 있다. 투자자들의 투자 동기는 사회적 임팩트와는 상관없이 일정한 재정수익이 보장된다는 점이다. 실제로 임팩트 투자는 자선과 비즈니스 모델의 스펙트럼에서 제한적인 펀딩에 해당된다. 한편 수익형 사회적기업 셋 중에서 오른편의 사업수익 흑자를 유지하는 사회적기업만이 재투자하고, 다른 두 유형은 수익이 비교적 적지만 대신 임팩트를 사회적 목적으로 중시하는 유형이다.

최근 사회적 금융에서 주목되는 영역은 사회목적조직 우측에 위치한 전통적 기업 중 CSR 기업과 자선기부형 기업이다. 기업의 사회공헌 활동이 주류 경제적 활동으로 정착되며 임팩트 경제가 점차 활성화되면서, CSR 기업과 자선기부형 기업들의 임팩트 투자 참여 가능성이 확장되고 있다. 정부 또한 다양한 세제 혜택을 통해 기업의 임팩트 투자 참여를 촉진시키고 있는 추세다. 특히 ESG 투자를 중시하는 투자자들의 관심이 늘면서 기업들의 사회적 책임에 ESG 투자를 통합하는 새로운 변화가 '기업사회임팩트(corporate social Impact: CSI)' 전략으로 부상하고 있다(EVPA 2015; Heitmann et al 2020).

3) 임팩트 투자 자본 시장

전통적인 기부금 기반의 자선적 모델은 이제 사회기업가들의 혁신적인 노력으로 사회적 임팩트 투자 모델로 전환되고 있다. 이런 패러다임 전환을 위해 전통적인 자본시장 기관들이 소셜 섹터에 참여해 거래비용 감소 등 자본의 효율적인 배분을 지원한다.

임팩트 투자 자본시장을 전통적 자본시장과 비교하면 두드러진 차이를 보여준다.

표 4-1 사회적 임팩트 투자 자본시장과 전통적 자본시장

전통적 자본시장		사회적 자본시장	사례
상업적 은행	⟶	가치 은행	CHARITY BANK, Triodos Bank (Make your money make a difference)
투자 은행	⟶	사회적 투자 자문기관	SOCIAL FINANCE, BAMBOO FINANCE
증권거래소	⟶	사회적 증권거래소	IMPACT INVESTMENT EXCHANGE ASIA, NEXT SSE
벤처 캐피털 펀드	⟶	벤처 필랜스로피 펀드	IGNIA, noaber foundation
투자 펀드	⟶	사회적 투자 펀드	responsAbility, SOLAR FOR ALL
연구와 등급기관	⟶	펀딩 컨설팅사	New Philanthropy Capital, PHINEO (act to impact)

자료 SIIT(2011: 6). "Social Investment Manual."

(1) 새로운 '가치은행(value banks)'

가치은행은 전통적인 자본시장의 상업적 은행들과 같은 은행 역할을 수행한다. 저축자로부터 예금을 받아 개인과 기업들에 융자를 제공한다. 가치은행은 특히 소셜 섹터에 초점을 맞춰 비즈니스 모델뿐 아니라 사회적기업의 특수한 욕구와 요건들에 대해서도 충분한 이해를 갖추고 있다. 게다

가 저축자들이 시중 이자보다 낮은 수익을 감수하므로, 이를 사회적기업에게 혜택으로 돌려준다.

영국의 Charity Bank는 사회적 변화에 투자되기를 바라는 예금자와 투자자의 지원으로 사회적기업, 재단, 지역사회 조직들에 사회적 금융을 제공한다. Triodos Bank는 네덜란드에 본부를 두고 개발도상국에 투자하는 은행이다. 기업의 사회적 책임과 지속가능한 사회를 지원하는 예금자와 투자자들의 지원으로 문화적 가치와 사람과 환경에 대한 혜택을 주는 기업, 기관, 프로젝트에 사회적 금융을 제공한다. 은행의 미션은 인간의 삶의 질 증진과 인간의 존엄성을 중시하는 사회의 창출을 지원하는데 있다.

(2) 사회적 투자 자문기관

전통적인 투자은행의 역할은 기업 고객들을 자문해 수요와 공급을 매칭해주는 역할을 한다. 이같은 역할은 사회적 투자 자문기관들이 수행한다. 사회적기업들에 적절한 금융구조를 설정해주고 적합한 투자자를 찾아주는 역할을 한다. 영국의 Social Finance는 사회문제가 성공적으로 해결되기 위해서는 사회문제 해결을 목표로 활동하는 조직들이 지속가능한 수입과 투자로써 혁신과 성장을 하도록 지원하는데 초점을 맞춘다. 이를 위해 Social Finance의 역할은 금융구조를 창안해서 실천이 이뤄질 수 있도록 자본을 모집하는 것이다.

Social Finance는 2011년 미국 뉴욕시를 기반으로 로널드 코헨 등이 설립해, 주로 정부기관의 결과지불제(PFS), 사회임팩트채권(SIB), 개발임팩트채권(DIB)을 지원하는 중간지원조직이다. 스스로를 "사회적 발전으로 위

한 공공, 민간, 사회 섹터의 새로운 방법의 연마" 역할을 한다고 소개한다.[1]

스위스에 본부를 두고 세계적인 개발 프로젝트를 지원하는 Bamboo Finance는 투자자, 파트너 기관, 사회기업가정신 분야 모두를 위한 가치창출을 미션으로 삼는다. 사회에 직접적이고 긍정적인 임팩트를 가지고 있는 기업들의 성장을 위한 사회적 금융을 증대시키는 역할을 한다.

(3) 사회적 증권거래소

증권거래소는 수요와 공급을 매칭하는 효율적인 공공 플랫폼이다. 증권거래소에서 기업들은 주식이나 채권을 발행해 지속적인 거래가 이뤄지게 된다. 사회적 증권거래소에서는 검증된 비즈니스 모델과 상당한 금융 욕구를 가진 사회적기업들에게는 매력적인 금융 옵션이 거래되고 있다. 네 개의 사회적 증권거래소들이 이제는 통합되어 시너지를 창출하고 있다.

싱가포르에 본부를 두고 있는 Impact Investment Exchange Asia는 아시아의 사회적기업들의 자본 접근성을 강화시켜 사회적 임팩트를 확장시키도록 지원하는데 목적이 있다. 독일 베를린에 있는 NExt SSE는 사회적, 윤리적, 생태적 초점을 두고 건전한 비즈니스 모델을 가진 조직들로 사회적 벤처에 대한 자본을 투자하는 프로젝트이다. 독일 연방 금융감독기관(BaFin)과의 공조로 실제 거래소가 개설되었다.

---

1 https://socialfinance.org/

(4) 임팩트 투자 펀드

투자펀드는 투자자에게 펀드들을 일괄 판매하며 수요와 공급 사이의 중간지원조직 역할을 한다. 중간지원조직의 역할로 거래비용을 줄이고 다변화 효과로 리스크를 줄이는 효과가 발생한다. 소액대출(마이크로 파이낸스) 또는 태양열 산업 등에 투자하는 펀드들을 개인이나 재단들로부터 수집한다. 고액 고객과 재단들은 펀딩 전략으로 벤처 캐피털 기술을 활용하고 있다. 소셜 섹터에 새로운 혁신적인 형태로 벤처 필랜스로피(venture philanthropy), 소셜벤처 캐피털(social venture capital) 등이 소개되고 있다. 용어들은 다양하지만, 공통된 특성들이 있다. 높은 수준의 관여, 맞춤형 금융, 다년간 지원, 조직의 역량구축, 성과 측정 등이다. 따라서 사회적 투자자들은 소수의 사회적기업에 집중 투자하고 있다. 또한 관리 컨설팅, 프로보노 서비스 등 비금융적 서비스 지원도 한다.

투자기관들은 이제 기업과의 밀접한 관계 협력으로 자신들의 사회적 임팩트 확장을 하는 방안을 탐구하는 기업 사회임팩트 투자자(CSI)로 발전하고 있다, 유럽의 CSI들은 이제 순수한 자선적 시각에서 기업가적 시각으로 변화하며 벤처 필랜스로피 실행방안들을 활용한다(Heitmann et al 2020: 44). 투자처의 수요에 기반해 증여, 융자, 지분, 그리고 이들의 복합 수단 등 맞춤형 파이낸싱을 활용한다. 또한 사회적기업 설립 지원 등 비금융적 서비스, 임팩트 측정과 관리 등도 지원한다. 이런 방안들은 비즈니스 논리에 내재화되어 있기 때문에 기업과의 상호 이해와 협력 구축에 상당한 도움이 되는 실천방안들이다.

(5) 임팩트 투자 연구와 등급기관

연구와 등급기관은 투자자들의 자본배분 결정을 지원하기 위해 상장 기업들이 등급과 연구 보고를 공표한다. 소셜 섹터에서는 펀딩 컨설팅사가 이같은 역할을 대신한다.

(6) 임팩트 펀딩 플랫폼

펀딩 플랫폼은 사회적 증권거래소와 같이 수요과 공급을 매칭해주는 플랫폼을 제공하는데, 다만 거래는 이뤄지지 않는 것이 증권거래소와 같은 특징이다.

4) 임팩트 투자 도매은행

임팩트 투자는 국가 차원에서 도매은행(wholesaler)의 역할에 결정적으로 의존한다. 영국의 빅소사이어티 캐피털(BSC)이 2012년 개설된 이래 한국에서도 2019년 사회가치연대기금이 개설되어 임팩트 투자 도매은행 역할을 개시하였다.

(1) 임팩트 투자 도매은행이란?

임팩트 투자 도매은행이란 무엇인가? 〈그림 4-3〉과 같이 도매은행은 사회적기업들에 사회적금융을 제공해, 사람과 지구를 위한 임팩트를 창출하도록 지원하는 역할을 한다.

그림 4-3 도매은행(wholesaler)의 개념과 역할

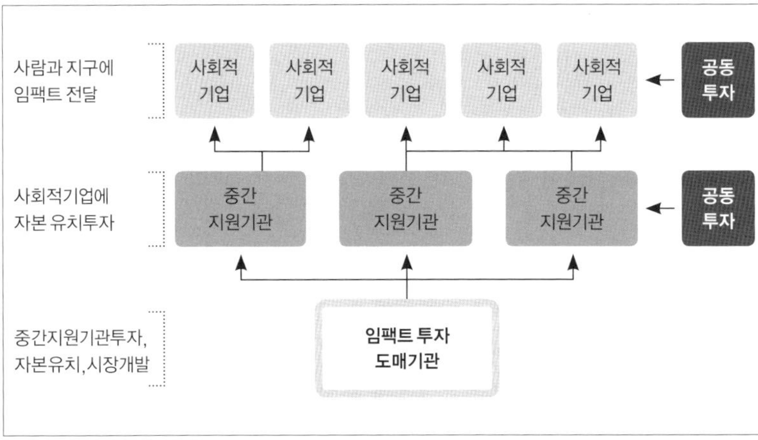

자료 GSG(2018c: 3). "Building Impact Investment Wholesalers."

제1단계로 사회적기업들에 직접 투자하기보다 중개 역할을 하는 중간 금융기관이 되는 '임팩트 투자 중간기관'에 투자하는 역할이 중요하다. 이에 앞서 도매은행은 휴면계좌, 상업은행 등으로부터 자본을 유치하는 중요한 역할을 한다.

제2단계로 민간부문 기관투자자 등과 함께 사회적기업 육성을 위한 임팩트 투자 자본을 증식해 투자를 확대한다.

제3단계로 사회적기업들에 대한 공동투자의 스케일링업을 통한 사람과 지구에 대한 투자와 편익을 확장한다.

임팩트 투자 도매의 개념정의는 아래와 같은 몇 가지 핵심 기능과 역할에 기초할 수 있다(GSG 2018c: 7).

첫째는 투자 역할이다. 도매은행은 펀드와 기타 중간기관들에 대한 '간접' 투자를 한다. '직접' 투자방식으로는 사회적기업들에 대한 투자도 있다. 도매은행은 사회적기업들에 직접 또는 간접 투자방식으로 투자의 다변화 기능을 한다. 자체 자본을 지분, 담보부부채, 비담보부부채, 공적 거래 채권 등의 투자수단으로 투자한다. 또는 이런 투자수단을 제공하는 시장을 진흥하는 역할을 한다. 도매은행은 일반적으로 새로운 또는 소외된 자본시장을 개발하는 투자전략 또는 융통적(양허적) 자본의 공급을 증대시키는 투자전략을 추구한다.

둘째, 도매은행은 다른 투자를 유치하는 역할을 한다. 민간 재단, 개인이나 기관 투자자들의 자본을 촉매하는 역할이 중요하다. 이 자본들이 중간기관과 사회적기업에 투자되도록 유치와 홍보 등의 중개 역할을 한다.

셋째, 도매은행은 임팩트와 금융 자료를 측정, 관리, 리포팅 역할도 한다. 임팩트와 금융자료는 도매은행 자체뿐 아니라 중간기관과 사회적기업에 이르는 가치사슬 전반에 걸쳐 투명하게 스탠다드에 의해 수집, 관리, 분석된다. 임팩트 측정과 관리를 위한 이해관계자들 사이의 공유된 규범을 정착시키는 역할을 한다.

마지막으로, 도매은행은 임팩트 투자 시장을 개발하는 역할을 한다. 기존의 투자 방식과 다른 방식의 시장 구축을 한다. 중간기관과 사회적기업들의 역량을 강화시키며, 정책변화를 주창하고 새로운 중간기관들을 구축하며 통합성을 증진시키는 역할을 한다.

(2) 영국의 빅소사이어티 캐피털(BSC)

영국의 BSC가 대표적인 임팩트 투자 도매은행이다. BSC는 2018년 3월말 현재, 12억 4000만 파운드 자본으로 800개 사회적기업에 8억 파운드 자본을 제공한 성과를 보여준다. BSC는 지난 6년간(2012~18) 리스크 자본의 유용성을 6배 가량 촉진시켜 운영자산(AUM) 5000만 파운드 이상의 중간금융기관을 하나에서 일곱 개로 확대시킨 성과를 냈다(GSG 2018c: 3).

표 4-2 영국의 빅소사이어티 캐피털(Big Society Capital: BSC)

BSC는 사회부문의 조직들이 사회에 긍정적인 임팩트를 증진시키는데 필요한 자본에 대한 접근을 지원하는 도매은행이다. 지속가능한 사회적 임택트 투자 시장을 개발, 조성하기 위해 설립된 독립적인 금융기관이다. BSC는 2012년 4월에 개설된 세계 최초의 사회적 임팩트 투자은행이자, 동시에 사회적 임팩트 투자 도매회사(wholesaler)로 사회적 임팩트 투자 금융중간지원조직에 파이낸스를 제공한다. 중간지원조직들은 현장의 자선단체, 사회적기업, 사회부문의 비영리단체들에 적절한 수준의 파이낸스를 제공해주는 역할을 한다. BSC는 사회적 임팩트 투자 시장에서의 시장실패 문제들을 해결하는데 초점을 맞춘다. 현장의 소셜섹터 조직들이 사회적 임팩트를 증진하도록 지원하는 미션을 갖고 있다. BSC의 5대 활동 영역은 자본화와 대차대조표 성장, 리스크와 운전자본, 지속가능성과 조직 성장, 시장 메카니즘과 인프라, 자문, 기술 및 정보 등이다. BSC의 자본금은 은행계좌에서 4억 파운드, 4대 은행(Barclays, HSBC, Lloyds, Royal Bank of Scotland)에서 2억 파운드의 자본으로 이뤄졌다. 6억 파운드 자본금 대부분은 사회적 금융투자 중간지원조직에 대한 투자금이 된다.

출처 www.bigsocietycapital.com
자료 OECD(2015a: 31). Social Impact Investment.

(3) 유럽임팩트기금(EIF)

EIF는 2007년 소액대출 시장 투자를 개시하며 임팩트 투자로 이동했다. 2013년에는 사회적기업 금융지원을 위한 사회임팩트액설레이터(SIA)를 개시해, 사회적기업의 단계별 금융지원을 위한 다양한 이니셔티브를 추진하였다. 그간 EIF가 사회적기업에 제공하는 금융지원은 8억 유로에 달한다. 주로 중간기관을 통한 투자방식이다. 중간기관에 4억 8000만 유로를 투자해 9만개 이상의 사회적기업들의 금융지원을 해온 것이다.

EIF는 다양한 유형, 다양한 단계의 사회적기업들을 지원하는 시장구축의 목적에서 개설되었다. 사회적기업들에 대한 맞춤형 투자가 핵심이다. 이를 위해 다음 세 가지의 사회적기업 투자수단을 활용한다(GSG 2018c: 13).

첫째는 인큐베이터 또는 액설러레이터 관련 펀드에 대한 투자 또는 펀드들과의 공동투자이다. 최초기 단계의 사회적기업에 대한 투자 확대가 목적이다.

둘째는 비즈니스 엔젤스 또는 비즈니스 엔젤스 펀드 투자다. 초기 또는 성장 단계의 사회적기업에 대한 투자 확대가 목적이다.

셋째는 결과지불제 공급되는 사회적 프로그램에 투자하는 중간기관들에 대해 또는 이들과의 공동투자다. 사회임팩트채권(SIB)과 이와 유사한 결과지불제 투자를 확대하는 것이 목적이다.

또 EIF는 EU의 고용과 사회혁신 프로그램 기금이 지원하는 사회적기업 도구들을 관리하는 역할을 한다(GSG 2018c: 13). 첫째는 역량구축 투자 윈도우이다. 윈도우는 사회적기업에 금융지원을 하는 중간기관에 투자하거나 소액대출 금융상품을 제공한다. 새로운 중간기관에 종자자금을 제공해 이들의 역할을 강화시키는 목적이다. 둘째는 보증수단이다. 보증수단은 사회적기업에 대한 중간기관의 융자금(50만 유로 한도)과 소액대출 신청(2만 5000유로 한도)의 80%까지 보증한다.

2. 사회적 금융의 발전: 벤처 필랜스로피

사회적 금융을 제공하는 벤처 필랜스로피(venture philanthropy: VP)는 공공부문이 해결하지 못하는 민간부문의 사회적 금융의 소스가 되고 있다. VP는 "맞춤형 파이낸싱, 조직 지원, 임팩트 측정과 관리 등 세 가지 실행을 통해 사회적 임팩트를 생산하는 높은 수준의 관여와 장기적 접근"이라 정의되고 있다(EVPA 2018: 81). VP는 〈표 1-2〉에서 볼 수 있듯이 전통적인 증여와 임팩트 투자뿐 아니라 비금융적 자원의 제공으로 사회적 임팩트를 확장시키는 중요한 역할을 맡고 있다.

1) 벤처 필랜스로피의 발전

벤처 필랜스로피(VP)는 1960년대 미국에서 생겨난 용어로, 1990년대에 와서 학계 논의를 거쳐 재단들의 사업 실행으로 옮겨진 실천적인 '벤처 투자' 개념이다(EVPA 2016a: 8). 1997년 Harvard Business Review 학술지에 실린 한편의 원고가 지금까지 글로벌 임팩트를 가진 중요한 연구로 발표되면서, VP는 미국을 넘어 유럽 전역과 세계로 확장되는 사회적 임팩트 투자로 이해되고 있다. 논문을 발표한 레츠 등(Letts et al. 1997)은 심각한 사회문제를 해결하는 사회목적조직(SPO)이 필요로 하는 프로그램 차원을 넘어선 조직 차원의 벤처 캐피털 투자방식을 재단의 새로운 벤처 투자방식으로 제안하였다. 이들은 사회문제 해결의 임팩트를 확장시키기 위해서는 리스크관리, 성과관리, 관계관리, 출구전략 등 벤처 자본가의 도구들을 활용할 것을 권고하였다. 같은 학술지에 게재된 포터와 크래머(Porter and Kramer 1999)의 논문은 자선 재단들이 사회적 가치를 창출하는 더 큰 역할을 할 것으로 주문하였다.

VP에 대한 학계의 논의 또한 활성화되고 있다. 비숍과 그린(Bishop and Green 2008)은 '자선 자본주의(philanthrocapitalism)'라는 용어를 만들어, "재산 증식에 성공한 비밀을 기부 분야에 활용하는 빌 게이츠(Bill Gates)와 워렌 버펫(Warren Buffet) 등 성공한 자선가들의 전략을 활용하는 VP 모델"이라는 의미를 제시하였다. 또 에머슨 등(Emerson et al. 2007)은 VP와 벤처 캐피털을 비교해 전자가 사회적 수익을, 후자는 상업적 수익을 지향하는 것으로 구분한다.

VP는 이제 민간재단들에서 일반화되는 동향을 보여준다. 민간재단을 대표하는 포드 재단, 록펠러 재단, 게이츠 재단 등이 최근까지 VP와 SII 시장에서 핵심적인 역할을 해왔다. 포드 재단은 1968년 최초로 프로그램 관련 투자(Program-Related Investment: PRI)를 개시해, 전통적인 증여 지원방식에서 재단의 목적과 관련되는 프로그램에 투자를 해서 장차 투자 규모를 확장하기 위해 지원한 원금을 회수해 재투자하는 새로운 임팩트 투자 방식을 실험하였다. 이 방식은 재단들 사이에서 일반화된 방식이 되어 게이츠 재단은 주로 PRI 방식의 임팩트 투자를 하고 있다.

또 1970년대에는 국제개발 원조에서도 새로운 변화가 일어났다. 원조의 수요가 증대함에 따라 국가재정과 다른 민간 자금을 개발에 파이낸싱을 하기 위한 목적으로 미국에서는 OPIC(Overseas Private Investment Corporation)가 개설되었다. 영국에서는 1948년에 CDC(Commonwealth Development Corporation)가 창설되어 지금까지 민간자금의 개발협력 투자 활성화 역할을 맡아왔다. 이들은 모두 국가기관으로 기업과 재단 등의 민간자본을 개발도상국 개발협력 투자에 유치해, 오늘날 임팩트 투자의 붐과 함께 큰 주목을 받고 있다. 또 1970년대에는 세계에서 가장 가난한 국가에 속하는 방글라데시에서 그라민뱅크(Grameen Bank)가 소액대출 사업을 개시하면서 UN이 소액대출을 빈곤문제 해결의 혁신적 방식으로 인정해 2005년 '세계 마이크로 파이낸싱의 해'를 시행하였다. 소액대출은 이제 아시아, 아프리카, 남미 등 글로벌 VP 또는 SII의 주요 비즈니스 모델로 통용되고 있다.

1980년대와 1990년대에는 사회적 책임 투자(socially responsible investment: SRI) 가 점차 활성화되었다. 대표적인 사례로, 사회적 책임 투자자들이 남아공에서의 인종학살을 종말을 고하도록 자본을 인출시키는 책임있는 행동이 줄을 이었다(USA Advisory Committee 2014: 12). 동시에 사회적으로 책임있는 투자에 대한 관심이 증대하면서 2013년 G8 '사회적 임팩트 투자' 회담이 개최되며, G7과 호주가 국가적으로 SII 진흥정책을 강화시키고, 점차 G20 수준으로 확장시킬 것을 결의해, 시행에 들어갔다. 사회적 임팩트 투자를 진흥하는 새로운 G20 플랫폼(GSG)가 개설되며 한국의 민간부문과 정부도 회원국으로 참여해 국가보고서를 공시하고 있다.[2]

21세기에 들어서며 PRI와 SII의 성장이 두드러지게 나타났다. 미국의 파운데이션 센터(Foundation Center)는 42개 민간재단들이 4000개에 가

2 https://gsgii.org/reports/country-profile-south-korea/

까운 PRI를 시행해 약 30억 달러를 투자한 것으로 조사하였다(EVPA 2016a: 10). 그럼에도 100대 재단들의 투자는 PRI 방식보다 전통적인 그란트 방식에 의존해 그란트 지원은 약 2000억 달러에 달해, PRI 방식보다 70배 가량 더 높은 비중을 보였다. 2007년 록펠러 재단은 최초로 'SII' 개념을 제시해 SII 시장 등 생태계 조성을 위한 임팩트 투자 중간지원조직인 GIIN을 설립하였다.

유럽 국가들에서는 독일과 이탈리아의 개인 자선가들의 역할이 주도적이었다. 2002년 독일에서는 최초의 VPO인 본벤처(BonVenture)가 스탈(Erwin Stahl)의 투자로 설립되며 일부 부유 가문들의 자본투자를 받았다. 같은 해 이탈리아에서는 발보(Luciano Balbo)가 올트레 벤처(Oltre Venture)를 설립해 최초의 이탈리아 VPO가 등장했다. 유럽의 VP는 2008년 이후에는 SII로 발전하는 새로운 변화가 있었다(EVPA 2016a: 20).

2) 유럽의 벤처 필랜스로피 사례

벤처 필랜스로피는 여러 다양한 사례가 있는데, 독일의 사회목적임팩트투자(MRI Pilot Fund)와 동유럽의 비영리조직 NESsT를 살펴볼 만하다. 독일 기업재단의 임팩트 투자 사례는 EU 여러 국가에서 참고하는 간편한 책임투자 모델이다. 2013년 BMW 재단이 독일재단협회와 공동으로 전문가 임팩트투자위원회를 조직해, 여기에 15개 재단들이 참여했다. 위원회는 재단들의 임팩트 투자 기회를 지원하고 사회공헌 활동기금의 투자방법을 지원한다.

독일의 MRI-Pilotfonds를 참고할 만하다. 이 펀드는 2014년에 독일재단협회와 기업재단 6개가 공동으로 각기 10만 유로를 투자해 4~6년 기간 교육지원 사업에 투자되는 펀드를 운영한다(EVPA 2018a: 2). 6개 재단의 공통의 이해관심사가 되는 교육 분야를 선택한 것이다. 이 펀드는 유럽의 사회기업가기금(European Social Entrepreneurship Fund: EuSEF)으로 EU의 법적 규제를 받아 유럽 전역에 보급되는 모델이라는 특징이 있다.

또 다른 사례로 NESs가 있다. NESsT는 동유럽의 VP를 대표하는데, 1997년에 국제적 비영리조직으로 설립되었다. NESsT는 동유럽 등지의 신흥 시장경제에서의 심각한 사회문제들을 해결하기 위한 지속가능한 사회적기업의 개발 목적으로 15년 기간에 120개 사회적기업 설립을 지원했다. 3900명의 사회적기업과 기업가들의 교육훈련을 맡았으며, 800만 달러 이상의 투자를 했다(EVPA 2016a: 22). 동유럽의 신흥 시장경제의 상황은 다른 유럽의 상황과 달라, 기존의 사회적기업의 성장과 확장을 지원하기보다는 초기 단계의 비영리조직들의 사회적기업의 설립을 중점적으로 지원하는 전략을 추진하였다.

NESsT의 새로운 변화는 2.0 전략으로 소개되고 있다. 2011년 이후에는 높은 임팩트를 생산하는 사회적기업으로 비즈니스 모델이 검증되고 스케일 확장이 가능한 사회적기업에 지원을 초점을 이동시켰다(OECD 2017b: 240). 노동 포용, 지속가능한 소득과 적정 가격의 테크놀러지 분야에 초점을 맞춰, 소수의 혁신적 사회적기업에 장기적인 재정지원으로 사회적 임팩트 확장을 목표로 한다.

3) 벤처 필랜스로피의 과제와 전망

(1) VP의 비즈니스 모델

VP 모델은 급성장하는 조직들에 잘 적용될 수 있는 모델이다. SPO들은 비즈니스 기술과 성장자본 등 내부역량이 부족해 사회적 미션의 규모를 확장시키고 새로운 시장에 접근해 정부용역 수주하는데 경쟁력도 부족하다. 이런 문제들을 개선하면 상당한 성장 잠재력을 갖고 있어, 사회적 투자가 필요하다는 인식이 널리 공유되고 있다. 상업적 기업에 비해 SPO의 사회적 혁신을 위한 '자본시장'은 그만큼 다변화되어 있거나 효율적이지 못하다.

VP는 비영리, 소셜 섹터에서 새롭게 부각되는 영역으로 기업가정신과 혁신의 진흥에 새로운 해법을 제시하는데, 여러 생태계 조성 이슈들에 직면해 있다. 유럽에서 VP의 진흥을 위해 2004년에 설립된 유럽VP협회(EVPA: 2016a: 24)는 다음 몇 가지를 생태계 조성 과제로 제시한다.

a) 비영리섹터에서 활동하는 VP의 활동 현황을 알리고 마켓팅한다. 주요 대상으로는 고객인 SPO, 제도기관, 비영리섹터 재정지원기관 등이다.
b) SPO가 당면한 문제를 해결하고 욕구를 충족시켜주는 금융적 수단과 비즈니스와 자문 서비스를 광범위하게 개발한다.
c) SPO 그리고 VPO의 성과와 사회적 임팩트를 측정한다.
d) 재단, 민간 지분 및 벤처 자본사, 금융기관, 기업 및 공공 재정기관들과 공조하고 그들로부터 학습해 비영리섹터에 필요한 추가적인 자원을 유치한다.

e) 정책당국과 관계 개선을 통해 VPO와 투자처를 위한 호혜적 환경을 조성한다.

한편 VP는 증여 펀딩(grant funding)과 SII를 병행한다. 전자에서는 사회적 수익만이 유일한 임팩트가 되는데, 이는 투자기관인 재단과 사회에 대한 임팩트가 된다. 반면에 SII에서는 펀드가 조성되어 펀드에 대한 금융 수익과 함께 사회적 수익이 함께 펀드 투자자들에게 돌려진다.

VP 모델은 전통적인 증여 메카니즘에서 블렌딩(blending)으로의 변화를 추구하며, 중장기에 걸쳐 투입이나 산출보다는 결과와 임팩트를 성공의 기준으로 제시하는 모델이다(표 4-3).

표 4-3 벤처 필랜스로피(VP)의 전략적 차원

차원	현상태에서	개선 방향
전략적 프레임	광범위한 기부(전통적인 자원 이전)	타깃 투자(새로운 방식의 자원 타겟)
개입의 정도	프로젝트 기반	시스템/섹터 기반
섹터 초점	제3섹터(비영리섹터)	여러 섹터
펀딩 메카니즘	증여	복합 파이낸스(증여, 융자, 지분투자 등)
관여 형태	최소한	기술, 관리지원, 역량개발 등
관여 기간	단기(1~2년)	중장기(5~10년 이상)
문화/스탭 역량	자선적, 행정적, 금융적	혁신적, 다원적, 상업적
성공 기준	투입(inputs)/산출(outputs)	결과(outcomes)/임팩트(impact)

자료 OECD netFWD(2014: 42).

(2) VPO의 다양한 특성

한편 임팩트 투자기관이 되는 VPO의 특성은 아래와 같이 다양하다 (EVPA 2019c: 11).[3]

a) 문제 초점적이며 솔루션 지향적으로, 사회문제 해결의 방법을 혁신한다,

b) 사회적 금융의 수혜자를 솔루션의 중심에 둔다,

c) 장기적, 지속적인 임팩트에 집중한다,

d) 다른 대다수가 수용할 준비가 되지 않은 리스크를 수용한다,

e) 사회적 임팩트를 측정하고 관리한다,

f) 비금융적 서비스를 광범하게 지원한다,

g) 사회목적조직(SPO)의 욕구와 특성에 맞춤형 금융지원을 한다,

h) 타기관과의 콜라보를 적극 추진한다,

I) 사회임팩트 생태계의 자원 동원에 협력한다,

j) 높은 수준의 윤리적 기준을 따른다.

(3) 유럽의 VP와 SII 현황

유럽의 VP/SI(벤처필랜스로피/사회투자자) 섹터는 지속적으로 성장하고 있다. 2017년 1만 1951개의 사회목적조직(SPO)에 7억 6700유로를 투자해, 1개 VPO/SI 평균 780만 유로를 투자하였다. 유럽의 VPO의 62%는 비영리

3 https://evpa.eu.com/about-us/what-is-venture-philanthropy

조직들로 개인 등의 독립적 재단 33%, 기업 관련 재단 10%, 자선단체 11%이며, 영리기업들이 20%, 펀드관리사 13% 등이다(EVPA 2019c: 26). 그밖의 VP와 SII 현황에 대해서는 EVPA의 2018년 조사 결과를 참고해볼 수 있다.

① 사회적 임팩트 우선: 사회적 수익 대 재정적 수익

사회적 투자에 앞장서는 VPO/SI의 투자 목적 또는 동기에서 '사회적' 수익(social return)이 '재정적' 수익(financial return)을 앞서는 동향이 지속되고 있다. 2017년, 사회적 수익 우선+재정적 수익 제외 34.5%, 사회적 수익 우선+제정적 수익 2차 41%, 재정적 수익 우선+사회적 수익 2차 24.5%로 조사되고 있다.

② 사회적 임팩트 측정과 관리

사회적 투자에 대한 성과를 산출(outputs) → 결과(outcomes)로 측정과 관리의 관행이 바뀌고 있다. 또 임팩트(impacts) 측정도 점차 늘고 있다. VPO/SII의 사회적 임팩트 측정의 목적이 산출(86%) 결과(92%), 임팩트(71%)로 나타난다.

③ 증여, 융자, 지분: 투자기간과 실적

지분이 가장 긴 인내 자본(patient capital)으로 가장 많은 비중을 차지한다. 지분 투자 절반 이상이 6년 이상 투자기간이 지속되며, 91%가 4년 이상 투자 기간을 유지하고 있다. 한편 지분투자의 금융수익 실적에서는 2/3 가량이 기대치 이하로 나타났고, 1/3 정도가 이상이 기대치 이상의 성과를 거둔 것으로 조사되었다.

그림 4-4 인내투자 기간: 증여, 융자, 지분 (단위: %)

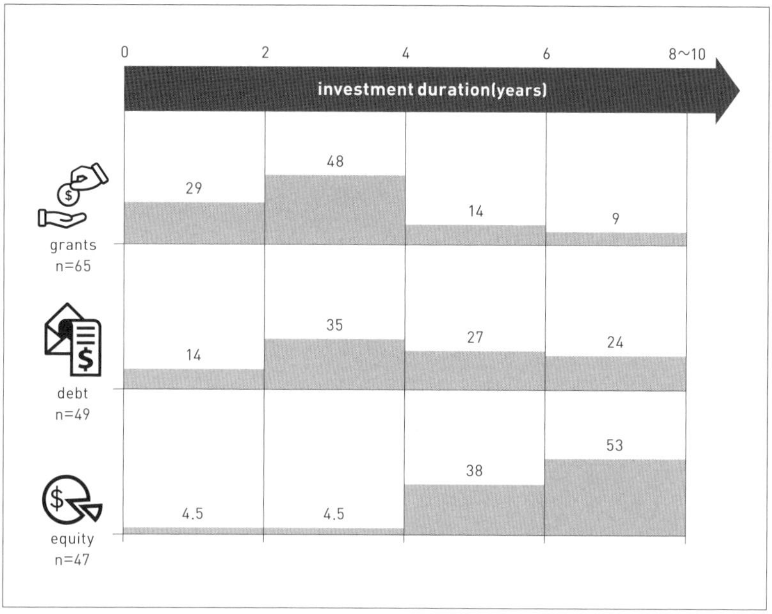

자료 EVPA 2018.
참고 grants(증여), debt(융자), equity(지분); investment duration(투자기간)

그림 4-5 SPO 유형별 증여, 융자, 지분 투자 (단위: %)

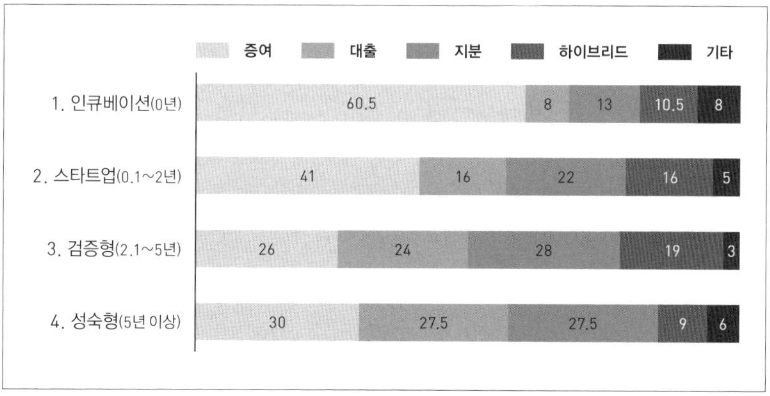

자료 EVPA 2018.
참고 grants(증여) 38, debt(융자) 82, equity(지분) 112, hybrid(하이브리드) 22개 사례.

④ SPO 유형별 증여, 융자, 지분 투자

증여(grants)는 인큐베이션 단계의 SPO에 절대 필요한 지원금이며 스타트업에게도 41%로 가장 높은 비중을 차지한다. 반면에 지분투자는 앞의 두 유형보다는 검증된 SPO와 성숙기의 SPO에서 많이 발견되고 있다.

(4) SPO에 대한 비금융 지원

사회목적조직(SPO)은 다양한 유형의 투자를 필요로 한다. 금융적 투자뿐 아니라 비금융적 지원들이 필요하며, 이들은 정부나 기업 등 제도적 기관들의 지원과 투자뿐 아니라 최근에는 VPO 또는 SII 기관 등의 지원이 늘고 있다. VPO는 중간지원조직으로서 투자자와 공동투자자들의 펀딩을 연계시키는 기능뿐 아니라 투자처가 되는 SPO에 대한 다양한 비금융적 서비스를 지원한다.

비금융 서비스는 VPO가 직접 제공하는 경우와 다른 제3 기관들이나 전문가들이 제공하는 경우 등 다양하다. SPO는 비금융적 지원으로 역량을 구축하고 프로젝트 수행에 필요한 전문기술과 역량을 갖춰 계획된 임팩트를 창출하도록 디자인된다. 사회적 투자의 임팩트는 프로젝트 수혜층에게 제공된 서비스와 임팩트뿐 아니라 서비스제공기관인 SPO의 역량강화 등의 사회적 임팩트도 중요한 부분이다.

VPO는 SPO에 다양한 '비금융' 지원을 한다. VPO들이 제공하는 비금융 서비스 유형으로는 전략지원 컨설팅이 가장 많은 81%, 변화이론 72%, 수입 전략 70%, 인적자본 지원 70%, 거버넌스 69% 등이다(EVPA 2019c).

비용 측면에서는 금융적 서비스 투자비가 비금융적 지원비를 훨씬 능가하지만(93.5% 대 6.5%), SPO의 입장에서는 비금융적 지원이 금융서비스 만큼 중요한 비중을 차지한다. 실제로 VPO의 지원을 받은 SPO들은 비금융적 서비스가 금융적 서비스와 같은 중요한 비중을 차지한다는 의견이 74%, 또 비금융적 서비스가 금융 서비스보다 더 중요하다는 의견(16%)이 그렇지 않다는 의견(11%)보다 더 많다.

3. 사회적 금융의 생태계

1) 사회적 금융의 특성

사회적 임팩트를 생산하는 사회목적기관(SPO)에 대한 투자를 사회적 금융(social financing) 또는 사회적 투자(social investment)라 칭한다. 사회적 금융에는 벤처 필랜스로피(VP)와 사회적 임팩트 투자(SII)가 포함되어 있다.

(1) 사회적 금융의 의미

사회적 금융은 유럽과 미국에서 역동적으로 성장하며, 사회적 혁신과 실험을 추진해가고 있다. 사회적 금융은 "주류 금융기관들이 이미 상당 부분을 제공하고 있는 사회적, 문화적 또는 환경적 이니셔티브에 대한 금융뿐 아니라 보다 '사회적 임팩트'가 있는 방식으로 자금을 제공하는 일이다. 또한 투자 결정이 가치에 기초하고, 수익(profit)뿐 아니라 지구(planet)와 인간(people)을 고려하는 총체적인 방식으로 평가되는 새로운 금융 패러다임을 개발하는 일이다"(EU 2016).

사회적 금융 또한 사회적 가치를 추구하는 금융으로 주요국과 글로벌 차원에서 널리 사용되는 개념이다. 한편 정부의 〈사회적 금융 활성화 방안〉 보고서에는 사회적 금융을 "사회적 가치 실현을 재무적 수익과 함께 추구하는 금융"이라 정의한다(관계부처 합동 2018: 3). 협의의 의미로는 "사회적 가치 창출을 목적으로 사회적경제기업 등에 투자·융자·보증을 통해 자금을 지원하는 금융활동을 의미"한다[4]. 또 광의의 의미로는 "추후 회수를 전제로 하는 투자·융자·보증뿐 아니라 증여와 자선도 포함하거나 사회적 가치를 넓게 적용하여 환경·사회·지배구조(ESG) 우수기업에 투자하는 사회책임투자(SRI)까지 포괄"한다고 설명한다.

(2) 사회적 금융의 특성

사회적 금융 또는 사회적 투자는 다음 몇 가지 특성들을 갖고 있다(EU 2016: 11).

a) 최소한 명목상으로나마 회수 가능한 투자이어야 하며,

b) 책무적(accountable)이며, 사회적, 문화적, 또는 환경적 목적을 추구하고,

c) 국가(정부)로부터 독립적인 자율성을 갖추며,

4 사회적경제기업 "사회적기업, 협동조합, 자활기업, 마을기업 등)"으로 사회적 가치를 우선적으로 추구하는 사회적경제활동(공공성이 큰 재화·서비스의 생산·판매활동)"을 하는 기업이라 정의한다(앞글: 3).

d) 투자의 일차적인 수혜층인 투자처에 대한 미션(mission)을 갖고 있고,

e) 투자로 창출하려고 하는 사회적 임팩트(social impact)를 사정, 측정, 보고하는데 투명하며,

f) 투자처가 자기 성장에 투자하고 자산을 확보하고, 관리를 강화해 소득과 저축을 창출하도록 지원하며 광범위한 비금융적 지원을 제공하는 등, 장기간에 걸쳐 금융적 가치 또는 조직역량이나 지역사회 역량을 창출하도록 구조화되어야 하고,

g) 취약층을 위한 포용적(inclusive) 투자가 되어야 한다.

2) 사회적 금융의 생태계

사회적 금융 생태계(social financing ecosystem)에는 많은 이해관계자들이 있다. 사회적 금융의 제공자, 투자처가 되는 사회적기업 등 조직, 그리고 사회적 투자 활동에 참여하거나 영향력을 갖고 있는 또는 임팩트 대상이 되는 모든 이해관계자들이 포함된다. 사회적 금융 생태계는 사회적 투자의 수요와 공급이 만나는 사회적 금융 또는 투자 시장이다.

사회적 금융의 생태계를 크게 자본의 공급과 자본의 수요로 양분해, 수요와 공급을 중개하는 중간지원조직과 자본의 채널이 되는 금융수단과 자본흐름을 차례로 정리해볼 수 있다(그림 4-4).

그림 4-4 사회적 금융의 생태계

자료 Brazilian Social Finance Task Force(2015). "Social Finance in Brazil."

(1) 자본 공급

자본 공급자는 주로 기업과 고액자산가 개인들이지만, 다른 행위자들도 공급자 역할을 한다. 정부와 국가지원기관을 비롯해 지역사회 금융기관과 비영리조직, 다자대출기관 등이 공급자가 될 수 있다.

(2) 자본 수요

자본 수요는 대부분 사회적기업 등의 사회적경제 조직들이다. 더 넓게는 사회목적조직(SPO)들이 주요 투자처가 된다. 이들 중에는 협동조합, 소셜벤처, 사회목적 비즈니스, 시민사회조직 등이 있다.

(3) 중간지원기관

중간지원조직의 역할은 자본의 수요와 공급의 연계 역할 이외에도 촉진과 인증 등의 주요 역할들이 있다. 사회적 금융의 생태계에서 중간지원기관이 수행하는 핵심 기능으로는 금융 서비스를 비롯해, 지원 서비스와 인프라, 평가, 교육, 인증, 지식 생산과 전파 등이 있다.

(4) 금융수단과 자본흐름

다양한 금융수단과 자본 흐름이 있다는 것을 알 수 있다. 전통적인 자선, 가족기금, 기부를 비롯해서 모바일 기부, 크라우드펀딩, 임팩트 투자, 사회기금과 융자, 성과계약 등이 있다.

3) 한국의 사회적 금융

(1) 한국 정부의 '사회적 금융' 현황

한국의 사회적 금융은 이제 시작 단계에 있다. 2018년 2월 정부의 〈사회적 금융 활성화 방안〉 보고서는, 한국의 사회적 금융이 "① 태동단계로서 ② 절대적인 자금 공급량이 부족할 뿐만 아니라 ③ 관련 생태계도 미형성된 상황"라 평가한다.

① 사회적 금융시장이 구축된 영국이나 미국에 비해 시장이 형성되지 않은 태동단계(표에서 "조화되지 않은 혁신" 단계)에 해당된다.

② 성장기에 들어선 사회적경제의 발전 정도(자금수요)에 비해 금융 공급이 부족한 사회적 금융의 과소공급 상태가 지속되고 있다. 사회적기업 자금조달(2015년, 고용부)은 정부보조금(51.4%), 특수관계인 차입(43.6%)으로 구성된다. 공공부문 주도로 자금공급을 확대하고 있으나 지속적으로 증대되는 사회적경제의 자금 수요에는 미치지 못하고 있다. 사회적경제의 특수성에 대한 고려가 미흡하여, 만기(인내자본 희망), 지원수단(융자·보증에 편중) 등에서 수급간 미스매치도 발생하고 있다.

③ 사회적 금융 중개기관 등 생태계 구축이 미흡하고, 사회적 성과 평가 등 관련 시장 인프라도 미비해서 거래·정보비용이 크다. 사회적 금융을 복지제도로 혼동하거나 또는 기대수익이 낮고 리스크는 높다는 인식 등으로 민간의 자율적 참여가 저조하다.

표 4-4 사회적 금융 시장의 발전단계

조화되지 않은 혁신 (한국) ▶	시장 구축 현재(영·미) ▶	시장가치의 포착 5~10년후? (영·미) ▶	시장 성숙
– 시장 요구와 정책 인센티브에 반응해 산발적인 기업가 활동 발생 – 외견상 성숙된 시장에서 분열적인 혁신가들이 새로운 사업모델을 추구 – 시장의 상단을 제외하면 시장경쟁이 부재	– 활동의 중심이 발전하기 시작 – 거래비용을 낮추고 많은 활동을 지원하는 시장 인프라 구축	– 주류시장 참가자들의 사회투자시장 참여로 성장이 일어남 – 시장활동이 증가함에 따라 기관들이 이전 인프라에 투자한 고정비용을 회수할 수 있음 – 조직들이 보다 전문화되는 조짐	– 활동이 정상화 상태에 도달, 성장이 둔화 – 일부에서는 정리통합(consolidation)의 조짐이 일어남

자료 Monitor Institute(2009: 11), "Investing for Social & Environmental Impact."; 관계부처(2018), "사회적 금융 활성화 방안."

(2) 사회적 금융 활성화 방안

정부는 2018년 2월 〈사회적 금융 활성화 방안〉에서, 향후 5년간 3000억 원 수준의 '사회가치기금'을 조성하겠다고 발표하였다. 실제로 '한국사회가치연대기금'이 2019년 설립되어 한국형 사회적 금융 활성화를 개시하였다.

투자자를 선순위, 후순위로 구분해, (1) 선순위(우선참여권)에 상회신용기관과 시중은행, (2) 제2 선순위에 기관투자자, 연기금, 민간투자자, (3) 중순위에 지자체기금, 그리고 (4) 후순위에 기부금 출연자를 구분한다.

투융자 대상에는 사회적경제조직에 인내자본 제공이 일차적인 목적이며, 사회적 목적 프로젝트 테마로는 사회적부동산, 사회혁신을 위한 기술혁신, 환경과 에너지, 불평등과 양극화 완화, 고령화 케어를 제시한다. 투융자는 투자원금과 재무적 수익뿐 아니라 사회적 가치를 고려한 투자결정이 이뤄지는 구조이다. 수익과 리스크에 사회적 임팩트, 3차원 투자결정이다.

한국형 사회가치연대기금은 영국에서 2012년 설립된 빅소사이어티 캐피털(BSC)을 모델로 하고 있다. BSC는 휴면 예금(4억 파운드)과 4대 은행의 출자(2억 파운드)를 기반으로 6억 파운드(약 1조 원) 정도의 자금을 조성해 사회적 기업들을 지원하고 있다. BSC는 사회임팩트 투자도매은행으로, 중간 지원기관들에 자금을 공급하면 이들이 투자금을 사회적기업이나 프로젝트에 지원하는 방식이다.

한국형 사회가치연대기금 역시 민간의 자발적 기부와 출연을 중심으로 재원을 마련하고 기금 운용 또한 정부로부터 독립적이다. 기금의 독립성 확보를 위해 정부의 출연·출자는 민간재원 이내의 범위로 한정했다. 민간의 투자를 독려하기 위해 세제혜택 등 인센티브를 제공한다.

이와 함께 임팩트 금융을 확산시키기 위한 정부와 공공 재원도 대폭 확대했다. 신용보증기금과 지역신용보증재단의 사회적경제기업 특례 보증을 550억 원으로 확대하고 신보에 2022년까지 5000억 원의 보증 공급이 가능한 별도의 사회적경제기업 계정을 신설한다.

'모태펀드'를 운용 중인 중소벤처기업부 산하 한국벤처투자는 연내 1000억 원 규모의 임팩트투자펀드를 조성한다. 모태펀드는 정부 기금을 벤처기업에 직접 투자하는 것이 아니라 벤처캐피털에 출자하는 펀드다. 임팩트투자펀드는 벤처기업 중에서도 사회적 목적을 가진 소셜벤처 등에 집중 투자된다.

'성장사다리펀드'를 운용 중인 한국성장투자금융운용은 300억 원 규모의 사회투자펀드(사회적 기업 투자 분야 100억 원, 임팩트 투자분야 200억 원)를 조성할 계획이다. 금융위원회 소관의 성장사다리펀드는 KDB산업은행·IBK기업은행 등 은행권이 주요 출자 기관이고 삼성전자·SK하이닉스 등 민간도 돈을 낸다. 모태펀드가 창업 단계의 기업에 투자를 많이 하는 반면 성장사다리펀드는 성장·회수 단계의 기업에 주로 투자한다는 점에서 차이가 있다.

4) 사회적 금융의 과제와 전망

(1) 사회적 금융의 투자자와 정부

사회적 투자 생태계는 일차적으로 경제적, 사회적, 문화적, 또는 환경적 목표를 달성하기 위해 자본을 활용하는 다양한 투자자들로 구성되어 있다. 투자자들의 투자 동기는 특이하며 다양하다. 정부는 시장구축자 역할도 하고, 또 촉진자, 자금제공자, 정책 프레임워크 개발자, 세제를 통한 인센티브 제공자 등 다양한 역할을 한다. 그럼에도 사회적 투자 시장에서 주역은 정부가 아니라 민간재단 등 VPO이다.

또 다양한 유형의 중간지원조직(intermediaries)은 투자자와 투자처를 연계시켜 SPO와 지역사회에 투자하도록 조정하는 역할을 한다. 이들은 금융, 자원, 기술, 공간, 시스템뿐 아니라 시장개발, 사업 추진과 서비스 제공 관여 등 팔방미인의 역할을 한다. 제3섹터 조직들은 한편으로는 협동조합이나 공제회와 같은 상조적 사익(mutual self-interest) 추구적인 조직들과 다른 한편으로는 사회적 욕구에 직접적으로 호응해 활동하는 자선 조직들로 양분된다. 여기에 1990년대부터 활성화된 사회적기업을 포함하면, 전체가 '사회적경제' 영역이라는 생태계를 형성한다.

끝으로, 사회적 투자 생태계는 시장 인프라를 갖춰야 한다. 인프라에는 전문 리스크 관리 기술, 상업 집단과 네트워크, 교육, 메트릭스 등이 있다. 사회적 투자 생태계는 다른 생태계와 마찬가지로 정태적이지 않고 동태적(dynamic) 특성을 갖고 있어 끊임없이 변화에 순응한다. 그 변화의 속도는 금융 테크놀러지의 영향으로 가속화되는 경향이 있다.

(2) 사회적 금융의 과제와 전망

사회적 금융은 유럽의 경우 비교적 낙관적인 전망을 보여준다. 영국의 브리티시 카운슬(British Council 2014: 4-5)은 사회적 금융과 임팩트 투자를 다음과 같이 전망한다. '사회적 임팩트 측정'이 주류화로 정착되면서 사회적 금융, 사회적 투자의 성장이 가속화될 것으로 전망한다. 더 장기적인 투자기간과 더 장기적인 성과 측정방법이 이뤄지면서 단순한 산출(outputs) 차원이 아닌 장기적인 임팩트(impacts) 차원에 초점이 맞춰질 것이다. 최대한의 금융적 수익을 위한 투자로 모은 수익으로 증여 기부를 하는 방식의 전통적인 재단 모델은 시대착오적인 것으로 추락할 것이다. 대신 재단들은 모든 투자와 증여에서 사회적 임팩트를 모니터링해서 종합적인 사회적 임팩트를 최대화시키는 모델을 대안으로 선택할 것이다. 사회임팩트채권(Social Impact Bonds: SIB)과 사회투자채권(Social Investment Bonds)과 같은 선도적인 모델들이 투자자, 자선기부자, 정부, 사회적기업들을 모아 서로 긴밀한 공조 관계를 갖도록 만들 것이다. 이 정도는 사회적 대의를 위한 민간부문의 자금 유용성을 증대시키고 정부재정과 사회적기업에 리스크를 감소시키는 초기의 임팩트가 될 것이다.

또 사회적기업들도 금융 수익을 높이면서 사회적 임팩트를 최대화시키는 성장 분야들이 등장할 것이라는 전망이 이어진다(앞글: 5). 투자 준비성과 임팩트 리포팅이 점차 중시되면서 사회적기업들은 전문화로 급성장할 것이다. 투자가능한 사회적기업들이 점차 늘면서 주류 금융기관들도 사회적 투자 상품을 평판을 재구축하기 위한 수단으로 삼게 될 것이다. 상업적 금융과 사회적 금융 사이의 갭이 점차 줄면서 투자자들은 자신들의 모든 투자에서 사회적, 환경적 임팩트를 고려하게 될 것이다. 동시에 사회적기업들이 자신들의 금융서비스 공급에 관여하게 되고, 취약 공동체에 뿌리를 두고 있는 신뢰받는 사회적기업들이 주류 금융기관에서 배제된 주민들에게 은행계좌와 융자를 제공하게 될 것이다. 한편 정부는 정부지출을 절약하기 위해 검증될 수 있는 결과에 대해서만 지불하는 방식을 고수해 결과적으로 사회적 프로그램에 대한 지출을 줄이게 될 것이다.

한편 거대한 새로운 사회적 금융 기관들은 전통적인 사회적기업 분야보다 훨씬 더 많은 자원을 갖고 임팩트 측정과 리포팅에 투자해, 기업 섹터들로부터 상당한 도전을 받게 될 것이다(앞글: 5). 사회적 금융의 성장으로 재단, 유럽 펀드, 정부 프로그램들도 모두가 금융적 수익뿐 아니라 사회적 혜택을 주목하게 될 것이다. 펀딩의 추 이동이 증여에서 융자와 벤처 캐피털로 기울게 된다. 그럼으로써 우선순위의 평가 기준은 사회적 결과가 수익을 갖다줄 수 있는지, 금전화되거나 시장화될 수 있는지로 이동할 것이다. 사회적 결과에 금융적 가치를 적용시키기 어려운 사회적 이슈들은 펀딩을 받기 더 어렵게 될 것으로, 결국 사회적 대의들의 새로운 하층화(underclass) 문제를 야기할 것이다. 반면에 과거 모금이 어려웠던 사회적 이슈 중 일부는 사회적 투자를 받을 수 있는 확률이 높아질 것이다.

또 펀딩 우선순위가 증여에서 투자로 이동하는 변화에 따른 또 다른 변화가 주목받고 있다. 그 변화는 새로운 혁신적인 아이디어에 대한 단기 펀딩으로부터 검증된 아이디어와 개념들에 대한 투자로의 변화이다(앞글: 5). 이에 따라 혁신의 엔진 역할을 하는 사회적기업들이 자금 고갈로 고사될 위험도 뒤따른다. 투자 준비성을 갖춘 사회적기업들을 위한 변화는 비즈니스 기술 등의 기술개발에 대한 수요가 증대할 것이다. 경험이 풍부한 비즈니스 리더들이 기업 섹터에서 충원될 것이고 사회적 지도자들의 기술개발을 위한 많은 자원들도 활용될 것이다.

4. 개발의 혁신적 금융

개발협력에도 사회적 금융이 본격화되고 있다. 미국, 영국 등의 선도적인 원조기관들이 새로운 '혁신적 금융' 중심의 개발협력에 임팩트 투자를 확대해가고 있다.

1) 혁신적 금융이란

혁신적 금융(innovative financing)은 "공공 또는 민간 부문에 의한 기존의 전통적인 지출 접근법과는 다른 국제개발을 지원하기 위해 기금을 조성하거나 행동을 조장하는 메카니즘을 결합시키는 것"으로 정의된다(UNDP 2012: 7). 혁신적 금융은 다음과 같은 특징이 있다(앞글 12).

첫째, 파트너 국가를 지원하는 활동을 확장 또는 개발하기 위해 민간과 공적 수입원을 조성하기 위한 새로운 접근방식이다.

둘째, 새로운 수익원으로 다년간 개발활동에 지정된(새로운 조세, 부담금, 이용료, 채권 발행, 판매수입, 자발적 기여금 등) 새로운 수입원을 개발하는 접근법이다.

셋째, 시장실패를 해결하거나 진행중인 개발활동을 확장하기 위해(금융 보증, 기업 사회적 책임 또는 기타 보상이나 인정 등의) 새로운 인센티브를 의미한다.

혁신적 금융 수단들로는 녹색 채권을 비롯한 재해, 복원 채권들이 있다. 대부분이 지구 환경을 위한 임팩트 투자 수단이다. 마이크로 파이낸스

표 4-5 혁신적 금융의 유형

유형	주요 내용과 사례
1. 글로벌 활동에 대한 세금, 부담금	국가 차원의 징수로 국제적 공조로 추진되는 항공권 이니셔티브. 부담금 수입은 국제개발에 배분, 금융거래세, 탄소세 등도 유사한 이니셔티브로 민간부문에서 개발을 지원하는 재정수입을 창출.
2. 자발적 연대 기부금	소비자가 물품 구매로 소액을 개발 지원금으로 기부(온라인 호텔예약 등), 민간기부이지만 공공기관이 면세로 지원하고 자원배분의 기술 지원.
3. 선불의 채무 기반의 도구	자원의 선불 투자로 공적 자원이 개발의 초기에 활용되도록 하는 이니셔티브, 국제 자본시장에 채권 발행으로 추진. 국제백신금융기금(IFFIm), 녹색채권이 대표적.
4. 국가 보증, 민관 인센티브, 보험, 기타 시장기반 메카니즘	민간부문의 투자 인센티브를 창출하기 위한 공적 기금의 레버리지 이니셔티브, 국가 보조금이나(백신 등) 고정가의 특정 제품 구매. 시장 실패를 해결하고, 국가 리스크나 거시경제 취약성을 감소시키는 다른 메카니즘으로 시장기반의 보험이나 경기역행적 융자(counter-cyclical loans)는 새로운 개발수입원 창출보다 금융 효과성 개선을 위함.

자료 UNDP(2012: 8). "Innovative Financing For Development."

와 마이크로 보험 등 새로운 금융수단들도 개발되어 시행되고 있다. 혁신적 금융은 2001~13년 기간에 연간 11%씩 증가하며 활성화되고 있다. 연구에 따르면 348개의 혁신적 금융 사례 중 교육 4개와 보건 24개 이니셔티브들이 시행되어 다소 저조한 실적을 보여준다.

혁신적 금융은 다양한 유형으로 제시되는데, UNDP(2012)의 네 가지 분류유형을 참고해보고, 주요 금융수단에 대해 UNDP(2016)의 설명을 참고해볼 수 있다.

(1) 녹색, 재해, 복원 채권

① 녹색채권(green bonds)

2007년 세계은행이 환경을 보호하고 기후변화에 대응하는 프로젝트를 지원하는 채권으로 개시되었다. 이후 녹색채권은 2015년 430억 달러를 넘어섰지만, 여러 문제들도 있다. 환경 관련 프로젝트 전반에 지원되며, 일반 채권에 비해 수익이 적고 리스크 또한 적은 것으로 드러나고 있다. 도요타 자동차가 하이브리드 프리우스 구매를 지원하는 기금으로 사용한 것 등 여러 문제가 될 만한 사례들이 있다. 그럼에도 2017년 1600억 달러로 성장해 6년 연속 지속적인 채권 발행 증가를 기록하며, 고정 수입(fixed income) 부문에서 가장 빠르게 성장하고 있다(GSG 2018a: 7).

② 재해채권(catastrophe bonds)

채권과 보험의 하이브리드다. 정부 또는 보험사가 채권을 발행해 재해 발생시 투자자들이 채권의 원금을 상실하며 대신 재해복구에 사용되는 채권이다. 반대로 채권의 유효기간 내에 재해가 발생하지 않으면 투자자들이 원금과 함께 수익금을 가져간다. 수익이 비교적 많기 때문에 투자자에게는 투자 매력이 있는 채권이다. 2004년 최초로 40억 달러 채권이 발행된 이래 십여년 기간에 약 400억 달러의 재해채권이 발행되었다.

재해채권은 선진사회에서 유행한 다음 개발도상국으로 점차 확대되고 있다. 아프리카리스크역량(African Risk Capacity)은 참여하는 아프리카 국가들이 가뭄에 대비해 국가차원의 리스크 풀 역할을 하면서, 민간투자자들이 참여국가의 가뭄, 홍수 등 자연재해에 대비하는 재원마련에 필요한 재해채권을 구매해 마련되는 극심기후퍼실리티(Extreme Climate Facility)를 개발 중에 있다. 세계은행과 ARC 공동으로 재해채권의 용도를 전염병의 예방과 관리에 필요한 기금 마련으로 활용할 방안을 검토하고 있다.

③ 복원채권(resilience bond)

재해채권에서 변형된 혁신적 채권이다. 미국의 록펠러재단 등의 재정지원으로 도시복원인프라 프로젝트의 일부로 검토 중이다. 복원채권은 재해채권과 다른 점은 재해예방의 목적으로 하는 기관이지만 공동체의 재해이후 복원력을 증대시키는 프로젝트의 파이낸스 제공에 있다는 점이다. 복원력 증진 프로젝트로 얻어지는 낮은 리스크가 재해채권의 수익을 높이는 프리미엄에서 리베이트를 받는 방식이다. 뉴욕시의 운송국은 폭우 재해채권의 프리미움 저축금으로 폭우 리스크를 낮추는 해수방벽 건설비로 활용한다.

(2) 마이크로 파이낸스와 마이크로 보험

마이크로 파이낸스는 수십년 전에 보급되어 이제는 글로벌 보편적 현상으로 발전하고 있다. 소액대출은 농민과 도시 자영업자 등 다양한 계층에게 제공되며, 생계수단을 갖추기 위한 주요 금융수단이 되고 있다. 세계적으로 연간 1억 명 이상이 800억 달러 이상의 융자에 의존해 생계를 유지하는 것으로 추산되고 있다.

사례로 농업 가치사슬 파이낸싱(value chain financing)은 크레딧의 접근 기회가 취약한 소농민에게 크레딧을 제공하는 마이크로 파이낸스와 관련된 전략이다. 가치사슬 파이낸싱의 개념은 오래전에 등장했지만 실제로 최초로 적용된 것은 나이지리아의 소농민을 위한 마이크로 파이낸스이다. 소농민에게 농업 생산에 필요한 파이낸싱을 제공하고, 보관부터 수송, 배분, 마켓팅 등에 이르는 가치사슬 전반에 대한 접근의 기회를 제공하는 전략이다. 소농민에게 자신의 생산물이 판매된다는 것은 그들이 빌려온 대출금을 갚으며 지속가능한 농업 비즈니스를 할 수 있다는 것을 의미한다. 이런 확신은 가치사슬의 리스크를 공유함으로써 가능해진다. 파이낸싱 디자인은 셀폰의 급진적 활용 덕분에 간편하게 마이크로 파이낸싱이 이뤄지도록 만들어준다.

마이크로 보험은 취약층의 보험을 위한 마이크로 파이낸싱의 블렌딩 상품이다. R4 농촌복원이니셔티브(R4 Rural Resilience Initiative)는 저소득 농민의 보험료 부담을 감소시켜 생명, 재산, 건강, 작물 보험의 혜택을 제공하기 위해 개발되었다. 세네갈, 에티오피아, 말라위, 잠비아의 소작농민들은 기후 리스크 보험인 작물보험을 갖게 되면서 보험료 지불뿐 아니라 소득증대의 혜택도 누리게 된다.

미국에서는 홍수피해 등 재난보험의 설계에는 취약층에 대한 바우처 지원이 효과적인 것으로 분석된 바 있다. 제안자(Howard Kunreuther)는 홍수피해 대응을 위한 융자금 비용보다도 저소득층 바우처 지원으로 홍수 보험료 부담을 줄여주는 방안이 더 효율적인 것으로 제시한다.

(3) 보증(guarantees)

① 선도시장실행(AMC)

게이츠 재단이 설립한 비영리기관 GAVI가 백신 선도시장실행(AMC: Advanced Market Commitment)을 개시하면서 주목을 받았다.[5] 게이츠 재단과 5개국이 백신 시장의 창출에 기반을 구축하는데 보증의 금융수단을 활용하였다.

아프리카 등지에서 일반적인 폐렴 치료를 위해 20억 정의 백신 개발에 소요되는 15억 달러의 보증지불이 2009년 AMC로 이뤄졌다. 지불보증을 받은 두 개의 백신 개발사들은 백신 개발을 해서 2013년까지 아프리카, 아시아, 남미의 1300만 이상의 아동에게 폐렴 백신정을 공급할 수 있었다. AMC 계약에 따라 제약사들은 20억 정의 약품이 모두 배포된 이후에도 약의 가격 적정성 유지를 위해 특정가격 이하를 유지해야 한다. 백신 개발과 보급 이외의 사회적 목적을 위한 AMC는 지속적인 논의가 있었지만 아직 실행되지 않고 있다.

---

5 https://www.gavi.org/ GAVI의 AMC 평가에 대해서는 https://www.gavi.org/results/evaluations/pneumococcal-amc-outcomes-and-impact-evaluation/

② 보건서약보증(Pledge Guarantee for Health: PGH)

정부기관의 보증으로 은행융자를 통해 서비스 제공기관에게 원조금의 이용을 가속화하는 방안이다.[6] 정부기관의 보증으로 상업적 서비스 제공기관은 단기, 저금리의 융자를 제공받아 서비스 제공을 원활하게 할 수 있는 금융 지원을 받는다. 2011년 잠비아에서 말라리아 퇴치를 위한 160만 개의 침대모기장 구입에 필요한 자금을 공급이 신속하게 이뤄지도록 보증이 이뤄지면서 수천 명 아동의 생명을 구제한 것으로 알려졌다. 이같은 정부 보증은 약품비용을 감소시켜 필요한 약품의 공급을 신속하게 만드는 성과가 있는 것으로 알려지고 있다. PGH는 연간 10억 달러의 대출보증 역량으로 26개국에서 활용되어 왔다.

(4) 숲재단기금

숲재단기금((Forest Foundation Fund: 3F)는 현재 개발 중인데, 숲제거를 차단해 탄소배출을 획기적으로 감소시키는 완화(mitigation) 전략이다. 기존의 탄소시장의 이점을 활용해 기업이나 국가 등의 투자기관들이 열대우림 국가의 숲제거 방지에 필요한 새로운 기금 조성에 목표를 두고 있다. 특히 기관투자자들이 3F에 투자할 것을 촉진하는 전략이다. 기관투자자들의 3F 투자는 각국 정부가 보증을 하면, 3F는 자본시장에서 보증금액의 융자를 받아 다소 리스크가 있는 사업에 투자해, 융자보증의 이자보다 높은 수익금으로 숲제거방지 사업비로 투자된다는 전략이다. 만약 10~15개국이

6 https://www.usaid.gov/sites/default/files/documents/1864/PGH-Infographic.pdf

50억 달러의 융자보증을 하면 약 1천억 달러의 기금이 숲제거방지기금으로 조성될 수 있다.

(5) 부과금, 부채스왑, 임팩트 투자

① 혁신적 부과금(levies)

혁신적 부과금으로는 UNITAID, UNITLIFE, REDD 등이 있다. UNITAID는 2006년 UN 특별자문관(Philippe Douste-Blazy)의 제안으로 항공료에 부과한 징세이다.[7] 사회적 목적을 위한 공익기금 조성을 위한 징세의 방안을 대표하는 첫 징세 사례다. 항공료에 부과세는 10개국에서 시행되어 250억 달러가 기금의 조성되어 HIV/AIDS, 결핵, 말라리아 예방과 치료에 필요한 적정가의 약품의 구입에 소요되고 있다.

UNITLIFE는 2015년 아프리카 4개국이 채취산업에 부과한 징세다.[8] 콩코 공화국은 석유 바렐당 10%의 세금을 부과할 예정이며, 말리는 2017년부터 판매하는 금의 그램당 10% 세금을 부과한다. 기니아와 니제르는 채취산업에 대한 징세를 부과할 예정이지만 어떤 분야에 얼마나 세금을 부과할 지는 아직 알려지지 않고 있다. 징세로 수집된 기금은 UNICEF가 관리해 아동의 급식에 사용된다. 아동의 영양실조를 해소하는데 연간 3억 달러의 기금이 조성될 것으로 기대되며, 글로벌 차원으로 확대되면 16억 달러의 기금도 마련될 수 있다.

REDD는 기부금이지만 결과지불의 기부금으로 특정 목표가 달성되면

---

7 https://unitaid.org/#en

8 https://www.if.foundation/unitlife

지불되기 때문에 혁신적이다. REDD는 UN 프로그램으로 열대우림국이 숲 제거를 방지하는 노력을 하면 지원기관이 약속된 성과에 대해 비용을 지불한다.[9] 위성 모니터링 검증 방식으로 숲보존율을 정확하게 측정해 성과에 따라 지불된다. REDD 메카니즘이 숲제거방지 목표를 어느정도 달성할지는 얼마나 많은 원조국이 어느정도 기금을 제공할지, 공급측의 의지에 달려 있다.

② 부채스왑(Debt swaps)

개발자문사 달버그(Dalberg)에 따르면, 2010~13년 기간에 새로운 개발금융방식으로 14억 달러를 조성했고, 2024년까지 연간 6억 달러를 생산할 것으로 기대된다. 보건부채탕감(Under Debt2Health)에서 채권국은 채무국의 부채를 탕감해주는데, 탕감의 조건은 채권국이 글로벌 AIDS/결핵/말라리아 퇴치기금에 제공한 증여로 탕감받은 금액을 채무국이 자국의 국가의료프로그램에 지속적으로 분할 투자하는 것이다. 2007년에 첫 시행되었을 당시의 목표는 2조 6000억 달러의 부채탕감으로 추가적인 글로벌 기금을 마련하는데 있었다.

③ 네이처베스트(NatureVest) 임팩트 투자

다른 변형된 부채탕감 지원방식은 비영리재단 네이처 콘서밴시(Nature Conservancy)의 네이처베스트(NatureVest) 임팩트 투자 방식이다.[10] 네이처베스트의 2300억 달러와 다른 자선가의 7000억 달러의 임팩트 투자로 세이쉘의 3000억 달러 부채탕감을 하는 방식이다. 3000억 달러의 부채탕감을

---

9 http://www.un-redd.org/ 및 https://redd.unfccc.int/

10 http://www.naturevesttnc.org/

받은 세이쉘 정부는 해양보전과 기후변화 대응 조치에 사용될 신탁기금(trust fund)에 저축하는 방식이다.

2) 혁신적 금융 사례: USAID

혁신적 금융으로 새로운 개발협력의 임팩트 투자 전략을 추진하는 USAID의 사례를 살펴보면 다음 8가지의 혁신적 금융수단이 제시되고 있다(USAID 2017: 24-31). 가장 일반적인 보증부터, 부채스왑 등을 참고해볼 만하다.

① 보증(guarantee)

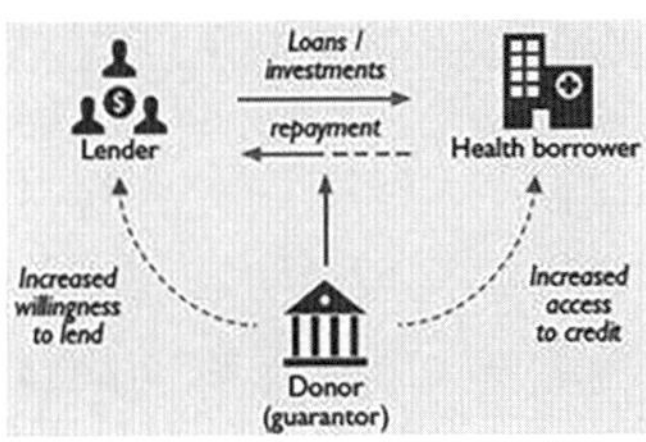

민간지원기관의 투자 리스크가 큰 경우 투자 손실을 감소시키는 보증이 활용.

(정부가 원조기관이자 보증기관 역할)

- 보증: 대출 지불(loan repayment)부터 첫손실 투자 적용(first-loss investment coverage).
- 보증기관은 투자 실패에 대비한 투자금에 대한 증여 펀딩(grant funding) 활용.
- 투자자에 대한 투자손실 보증으로 프로그램 시행에 필요한 투자 가능.

1) 임팩트: 보증은 새로운 자원의 유입을 촉진시켜 보건 프로그램에 대한 펀딩을 연결시키는 채널.
2) 효과성: 보건시행기관의 자본 접근 기회를 확대하는 민간자본을 동원, 보건서비스 지원 확대, 서비스 질 개선 등 효과 증대.
3) 사례: 미국 DCA(개발보증처)는 USAID 우간다 미션(Uganda Mission)과 스웨덴 개발원조기관(Sida)의 7년간 300만 달러의 융자 포트폴리오 보증(loan portfolio guarantee: LPG)를 제공, 우간다 민간 보건부문의 대출 기회 확대. 대출 대상자는 우간다 보건근로자, 민간 의료시장의 중소기업 등, USAID와 Sida는 전체 LPG의 30%씩 보증.

② 부채 스왑(debt swap)

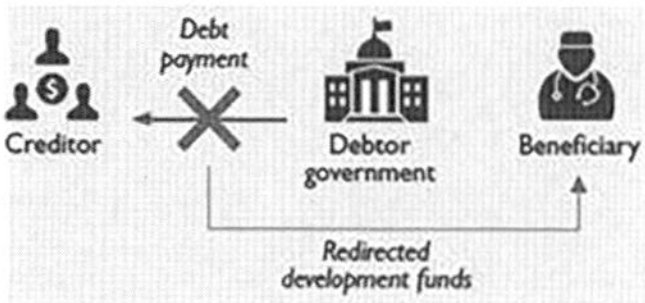

부채 스왑은 국가의 부채를 개발사업의 자원으로 전환시키는 혁신적 금융접근법.

- 채권기관(민간 투자자, 채권국)이 최빈국 부채 일부를 탕감.
- 최빈국은 탕감된 부채를 빈곤과 질병 퇴치 등 사회 프로젝트 지출비로 전환.

1) 임팩트: 부채 스왑으로 개발도상국의 부채 부담을 덜어 보건 등 개발에 필요한 자원으로 활용하도록 지원.
2) 효과성: 부채 스왑은 재정 적자 등의 문제를 안고 있는 많은 개발도상국 정부가 부채 원금과 이자를 갚는 대신, 보건 등 사회 프로그램에 필요한 재원으로 대신 활용해, 개발 증진의 효과.
3) 사례: 1998년에 시행된 열대우림 보존법은 "자연을 위한 부채(Debt for Nature)"의 스왑을 시행. 미국 정부는 개발도상국이 부채를 열대우림 보존에 투입하도록 지원. 2013년까지, 14개국에 2억 2300만 달러의 부채스왑 지원. 또 3억 2600만 달러의 열대우림보존 지원금이 조성되었다.

③ 복합 투자기금(pooled investment funds)

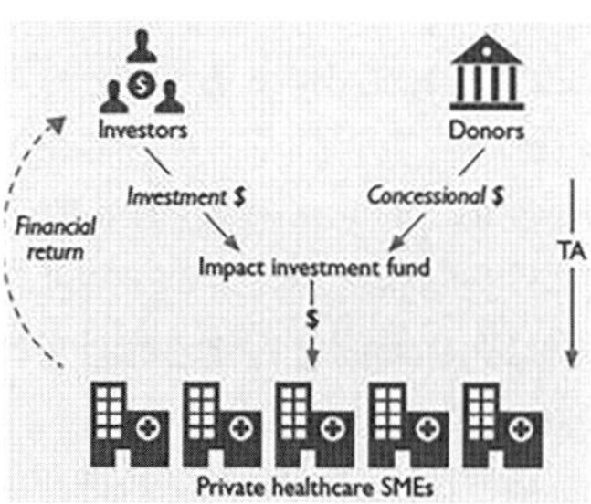

민간 투자자가(공공 또는 자선기관) 원조기관과 공조해, 사회적 수익과 재정 수익을 같이 생산하는 사업이나 기금에 자금을 투자하는 방식.

1) 임팩트: 투자기금은 저소득층의 보건 접근기회를 개선하는 혁신적 비즈니스 모델(클리닉, 보험체계)을 지원해 민간보건 부문의 성장을 지원한다.
2) 효과성: 원조기관은 투자 기회를 조성하는 투자기금을 활용해 민간 펀딩을 촉진해 효과성 증진에 기여한다.
3) 사례: USAID는 개발문제 해결에 파이롯트, 테스팅, 스케일업 단계에서 혁신적 처방을 지원하는 투자자 자원을 활용하는 글로벌 혁신기금(Global Innovation Fund)을 지원한다.

민간 자본금은 원조기관 지원금과 블렌딩해서 리스크 완화, 수익 개선 또는 투자자나 투자처에 기술 지원.
복합 투자기금은 개발 문제 해결에 시장 기반의 해결방안을 지원해 스케일링을 지원한다.

GIF는 5만~500만 달러의 증여, 융자, 전환융자, 지분/부채 투자 방식으로 재정적 욕구에 맞춤형 지원을 하며, 투자에 대한 수익도 제공한다.

④ 사회적 보험(social insurance)

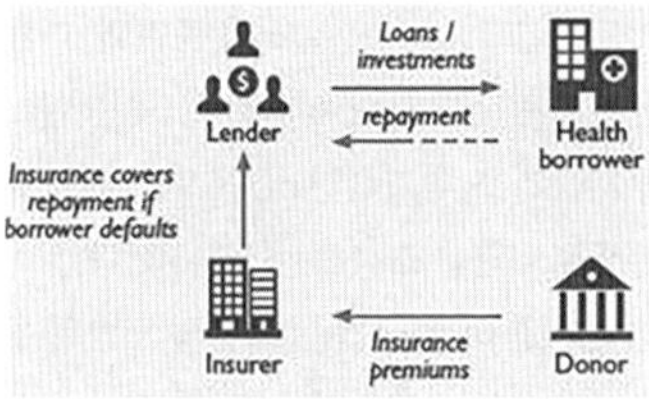

민간 투자자에게 투자 리스크가 높은 경우, 사회적 보험이 투자 손실 또는 상환 불이행에 대한 보호장치로 활용될 수 있다. 사회보험으로 사회임팩트 프로젝트에 제공되기 어려운 자본 투자가 가능해진다. DCA 보증과 달리, 리스크는 제3자 보험기관이 떠맡는다.

1) 임팩트: 개발에 새로운 자원의 유입을 촉진하기 위한 사회적 보험은 보건개선에 광범하게 활용될 수 있다.
2) 효과성: 사회보험은 투자자의 투자 리스크 감소에 기여해, 개발기관의 동참을 독려한다.
3) 사례: USAID는 남아공의 취약지역에 의약품을 지원하는 혁신적 금융모델(Lulama)을 민간기관 Absa Bank, Aspen Pharmacare, GSK, Imperial Health Sciences, Pfizer와 개발해 운영.
USAID는 650만 달러의 사회적 보험 크레딧 상품을 구매해, 지원했다. 이로써 의약품 보급의 확대로 20만 명의 사망을 방지하는 성과가 있었다.

⑤ 씨앗 펀딩 / 융통적 증여자본(Seed funding / flexible grant capital)

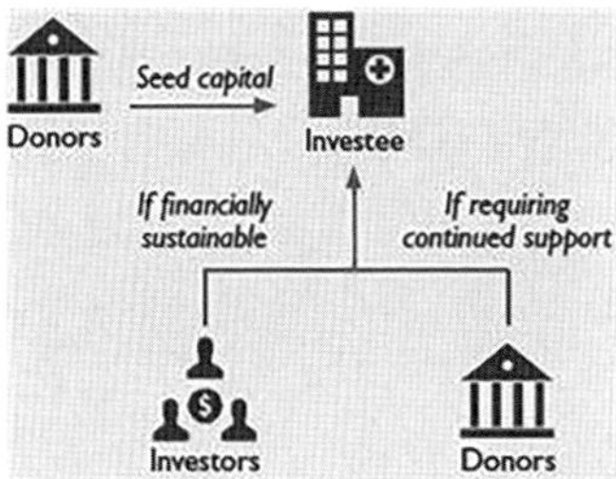

씨앗펀딩(Seed funding) 또는 융통적 증여 자본은 원조기관이 초기단계의 사회적 기업이나 고임팩트 혁신사업에 투자해 다른 원조기관들에 스케일링을 하는 기회를 제공하거나 이후 단계에서 상업화되어 수익을 창출할 것을 기대한다. 원조기관은 벤처캐피털 접근법으로, 상환에 대한 기대를 하지 않을 수 있다.

1) 임팩트: 씨앗 펀딩은 취약층을 대상으로 하는 사회적기업이나 혁신가의 임팩트 창출을 지원한다.
2) 효과성: 공공자금을 활용해 추가적 공공 또는 민간 자본의 투자가 이뤄지기에 앞서 사회적기업이나 혁신사업의 임팩트를 지원하는 목표를 가진다.
3) 사례: USAID는 글로벌 개발챌런지가 되는 출생아생명구제(Saving Lives at Birth) 파트너십에 2000만 달러를 증여해, 다른 원조기관과 투자자로부터 8000만 달러 투자금과 또 추가적인 6000만 달러의 프로젝트 기금을 조성하는데 기여했다. 이같은 증여 접근법은 혁신적 처방의 초기 지원으로 스케일업을 촉진한다, 출생아생명구제 파트너십은 100개 이상의 보건 지원사업으로 150만 명의 출생아와 엄마 보건지원을 했다.

⑥ 결과지불제(Milestone-based payments)

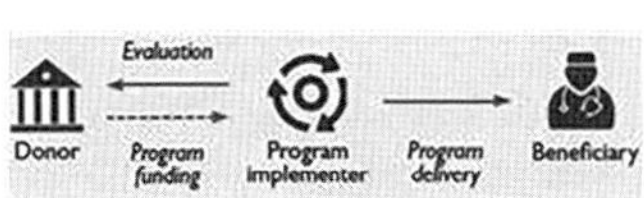

결과지불제 또는 결과지불제는 원조기관이 전통적인 증여로 지원하면서 프로젝트의 책무성을 제고하는 방식이다.
프로그램은 전통적인 방식으로 디자인되지만 재정지원은 결과달성이 되면 이뤄지는 혁신적 방식이다.

1) 임팩트: 결과지불제는 프로젝트 시행의 초점을 투입(inputs)에서 결과(outcomes)로 전환시켜, 임팩트를 중시한다.
2) 효과성: 재정지원의 방식을 투입보다 결과에 연계시켜 프로그램의 효과성을 객관적으로 검증받는다.
3) 사례: USAID의 DIV(Development Innovation Ventures) 사업은 다양한 개발 아이디어 공모를 연중 제안받는다.

프로그램 시행기관은 측정가능한 프로그램 결과 지표를 제시해, 시행결과를 제시해 재원지원을 후불로 받게 된다.	DIV는 단계별 재정지원 방식으로 초기 검증되지 않은 프로젝트에 대해서는 소액 증여로, 이후 검증된 프로젝트에 대해서는 더 많은 지원금을 제공한다.

⑦ 개발임팩트채권(Development Impact Bond: DIB)

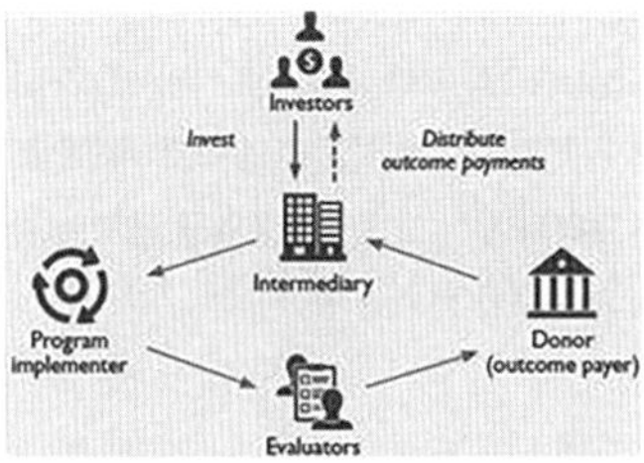

제1단계: 결과지불자와 투자자 및 시행기관은 결과지불제 계약을 맺는다.
제2단계: 투자자는 시행기관에 초기 프로그램 운영금을 투자한다.
제3단계: 시행기관은 사회적 임팩트의 결과를 창출하는 기획으로 대상층에 서비스를 제공한다.
제4단계: 서비스 제공의 결과에 대한 성패 여부를 전문기관이 모니터링과 평가를 통해 검증한다.
제5단계: 약정된 사회적 결과가 생산된 경우, 결과지불자는 투자자에게 자금(원금과 수익금)을 지불한다.

1) 원조기관과 투자자는 개발 결과에 대해 확고한 역량을 가져야 한다. 개발 결과가 의미있고(meaningful), 측정가능한(measurable), 투자로 개발 결과가 생산된 인과적 관계가 있으며(attributable), 비용과 혜택의 객관화(quantifiable) 확인.
2) 시행기관과 전문기관은 SIB의 성과를 측정하는 확고한 M&E 방법으로 사회적 임팩트를 측정해 보고한다.
3) 사례: USAID는 인도에서 임신과 출산 관련 사망 감소를 목표로 DIB를 검토중.

⑧ 공동펀딩 / 글로벌개발연대(Co-funding and GDA)

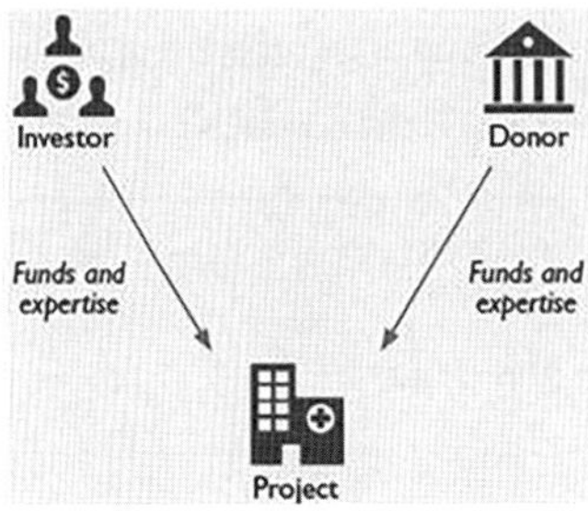

공동 펀딩과 글로벌 개발연대(GDA) 계약으로 민간의 자본과 고임팩트 생산의 보건투자 레버리지를 기대한다. 이 계약은 공동창출, 공동개발, 공동시행 계약으로, USAID와 민간기관과의 광범한 공조가 핵심이다.

1) 임팩트: 공동 펀딩은 개발에 필요한 새로운 자원과 보충적 전문역량의 유입으로, 광범한 보건 프로그램 사업의 시행을 가능하게 한다.
2) 효과성: 공동 펀딩은 민간자본의 유입에 '데모 효과(demonstration effect)'를 발휘해, 공공자금의 장기간 투입 필요성을 줄여준다.
3) 사례: GDA 메카니즘으로 USAID와 다른 원조기관은 코카콜라와 파트너십으로 아프리카에서 기초의약품의 공급사슬 관리 개선을 추진하고 있다.

3) 사회성공노트(SSN)

'결과지불(pay by result 또는 pay for success)'의 메카니즘은 그간 여러 형태로 개발되었다. 2010년 세계 최초의 사회임팩트채권(SIB)이 개발되었고, 뒤이어 개발협력에서도 개발임팩트채권(DIB)이 시행되었다. 또 사회성공노트(Social Success Note)와 사회임팩트인센티브(Social Impact Incentives: SIINC)가 최근 선보였다.

(1) 유누스 소셜 비즈니스의 SSN

중간지원기관 유누스 소셜 비즈니스(Yunus Social Business)가 운영하는 사회성과노트(Social Success Note: SSN)는 융자에 의한 임팩트 투자가 결과지불금과 복합된 '깨끗한 식수' 프로그램이다.

우간다 인구 1/3 가량이 안전 식수를 누리지 못하고 있고, 매주 44명에 달하는 아동이 수인성 질병으로 사망한다. 학교도 안전한 식수를 공급하지 못해, 수인성 질병 40%가 가정보다 학교에서 오염된 식수 때문인 것으로 조사되고 있다.

(2) SSN의 임팩트 투자: Impact Water

투자자(UBS Optimus Foundation Network)는 50만 달러의 운영자본을 사회적기업 Impact Water에 융자로 제공한다. Impact Water는 융자금으로 5년 기간 3600개 학교의 150만 명의 학생이 안전하게 마실 수 있는 깨끗한 식수를 공급한다. 성과가 달성되면 투자자는 원금은 물론 수익도 지급받는다. 자선기부자 록펠로 재단은 결과지불자로 성과금으로 20만 달러를 투자자와 시행기관 Impact Water에 배분한다. 성과금이 투자자 유치는 물론 시행기관의 임팩트 성과 달성에 레버리지 효과를 가진다. 투자자의 융자금 이율은 연 5%이지만 성과가 달성되면 10%까지 수익을 갖게 되므로 투자 유인 효과가 상당하다.

그림 4-5 Impact Water 사회성과노트(SSN) 임팩트 투자

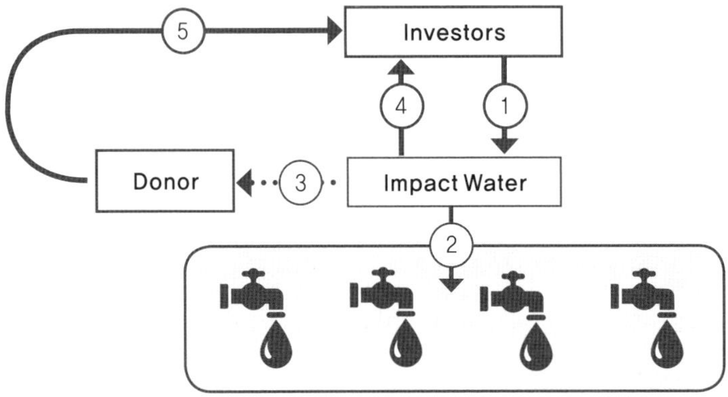

① 투자자(investors)가 사회적기업(Impact Water)에 융자(loan) 제공
② Impact Water는 융자금으로 깨끗한 식수 프로그램 스케일링
③ Impact Water는 자선기부자(donor)에게 임팩트 보고서 제출
④ Impact Water는 투자자에게 융자금 상환
⑤ 자선기부자는 투자자에게 시장수익 이자 지급

자료 Rockefeller Foundation, (2017). "Social Success Note." https://assets.rockefellerfoundation.org/app/uploads/20170706180703/Social-Success-Note.pdf

Impact Water는 학교에 정수시설을 설치해, 물을 끓여 먹지 않고 CO2 배출이 없이 깨끗한 식수를 공급하게 되면서, '지속가능성'이 추가적인 사회적 임팩트로 생산된다. 2018년 11월에 이미 100만 명 이상의 학생이 깨끗한 식수 공급을 받은 것으로 중간 성과가 발표되었다. Impact Water는 사업 시행 첫 해에 540개 학교(21만 명 학생)에서 이듬 해 630개(24만 5000명) → 810개(31만 5000명) → 900개(35만 명)로 스케일링을 해서 5년 기간 전체 3600 학교, 140만 명 학생이 혜택을 누리는 프로그램이다.

4) 사회임팩트인센티브(SIINC)

SIINC는 사회적 임팩트를 달성한 고임팩트 기업에 프리미엄 지불로 성과금을 주는 펀딩 수단이다. 추가적인 수입을 얻은 기업들은 수익성을 개선하고 스케일링에 필요한 투자를 유치할 역량을 갖게 된다. SIINC는 긍정적 임팩트의 높은 잠재력을 갖고 있지만 시장에서 소외된 기업에 민간자본을 촉매시키기 위해 공공 또는 자선적 펀드를 효과적으로 레버리지 한다.

SIINC가 바람직한 이유는 다음 세 가지로 제시된다.[11]

첫째, 임팩트 기업과 포용적 비즈니스를 위해. SIINC는 기업의 수입을 직접 개선하는 추가 수입원이 될 수 있다. SIINC 관련 프리미음 지불로 기업은 필요로 하는 투자의 유형과 소스 선택에서 완전한 융통성을 갖게 된다.

둘째, 투자자를 위해. SIINC는 고임팩트 기업에게는 임팩트에 대한 성과금으로 기업의 리스크/수익 프로필을 개선한다. 기업은 지속해서 또는 더 깊은 임팩트 생산을 가속화 하는 역량을 갖추면서 투자자에게는 충분한 수익을 준다.

셋째, 공공 위탁자와 기부자를 위해. 결과지불자는 특정한 기간에 실제 생산된 임팩트에 대해서만 성과금을 지불하므로 SIINC는 상당한 가치를 제공한다. 결과지불자는 기업과 협의해 바람직한 결과에 대해 그리고 결과에 대한 성과금의 조건을 협의해 결정한다. SIINC가 잘 활용되면 기업은 계약이 완료된 이후에도 장기적으로 긍정적 임팩트를 생산한다.

---

11 Roots for Impact. https://www.roots-of-impact.org/siinc/

(1) 당뇨병 치료 SIINC

SIINC는 스위스 원조기관(SDC)과 Roots of Impact가 공동으로 개발한 것이다. 대표적인 사례로 아주카 클리니카스(Clinicas Del Azucar)의 SIINC를 참고해볼 만하다.

표 4-6 당뇨병 치료 SIINC: 아주카 클리닉

사회적기업 클리니카스는 멕시코 저소득층의 당뇨병 치료에서 혁신을 주도한다. 멕시코에는 1200만 명이 당뇨 질병을 갖고, 사망 제1의 원인이다. 당뇨병 치료에 많은 재정 부담을 가진 환자들의 비용 절감과 전문화된 치료의 혁신을 사회임팩트인센티브(SIINC)의 지원으로 가능했다. 저비용 클리닉이 치료비용을 70% 가량 절감시킨 것이다.

2017년 도입된 SIINC는 스위스 원조기관(SDC), 인터어메리카개발은행, 아소카(Ashoka)의 임팩트 투자 지원으로 Roots of Impact가 개발해 당뇨치료 대상인구를 확대시키는 스케일업에 초점을 맞췄다. SIINC의 인센티브 구조는 저소득층 BOP 클리언트의 치료 비중에 달려 있다. BOP 인구 30% 이상을 타깃으로 한 것이 62%까지 목표 달성을 해서 상당한 인센티브를 제공받았다.

클리니카스 SIINC는 2018년에 종료되었지만, 세 개의 다른 SIINC로 확대되고 있다.

1) Root Capital이 개발한 새로운 SIINC 모델은 초기단계 사회적기업에 제공되는 융자의 높은 운영비와 리스크에 대한 보상이 되는 시장교정(market correcting) 인센티브 모델이다.
2) 잉카 모스(Inka Moss)는 페루에서 안데스의 전통적 특성을 유지하면서 지역사회의 고용기회를 강화하는 SIINC를 개시하였다. 잉카 모스는 백색 모스를 수집, 프로세스, 수출하는 기업이다.
3) 빌리지 인프라 엔젤스(Village Infrastructure Angels)는 온두라스의 오지에서 여성 기업가들이 운영하는 태양광 농기업 지역사회와 가정 태양광 시스템을 공급하는 기업이다.

자료 OECD(2019a: 89~90). Social Impact Investment 2019.

(2) 중소농기업 SIINC

다른 혁신적 SIINC 사례로 Root Capital이 개발해 운영하는 중소농기업 SIINC를 살펴볼 수 있다. 〈그림 4-6〉과 같이 여러 중소 농기업들에게 융자를 제공해 이들이 BOP 소농들의 소득증대와 빈곤해소의 임팩트에 초점을 맞춘다. 그림의 우측 상단의 Root Capital부터 설명하면 다음과 같다.

- Root Capital은 투자자로부터 임팩트 투자금을 받는다.
- 투자금을 중소농기업들에게 융자금으로 제공한다.
- 중소농기업에서 소농들이 생산활동으로 한다.
- 임팩트 검증기관은 소농들의 생계 수준과 빈곤 상태 등 임팩트를 측정

그림 4-6 Root Capital의 중소농기업 SIINC

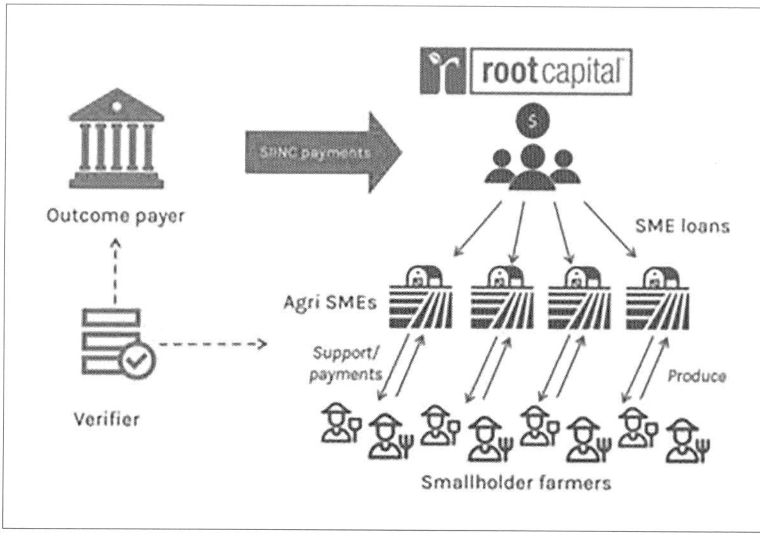

자료 Root Capital https://www.roots-of-impact.org/siinc-programs/

한다.

- 결과지불기관은 검증 결과에 따라 투자자에게 원금과 수익을 지급한다.

인터어메리칸개발은행(IDB) 연구소(Lab)과 스위스 원조기관 공동으로 Root Capital에 100만 달러의 인센티브를 개발 임팩트의 결과로 지불하는 제도다. 남미의 콜롬비아, 코스타리카, 과테말라, 온두라스, 멕시코, 나카라과, 페루의 40개 스타트업 중소농기업에 융자를 제공해 이 농기업들이 계획된 결과와 임팩트를 생산하면 지불하는 '결과지불'제도다. 융자는 다른 사회적 또는 상업적 금융기관이 제공하기 어려운 중간 또는 높은 수준의 추가성(additionality)이 있는, 그래서 높은 리스크와 높은 운영비가 있지만, 높은 임팩트가 예측되기 때문에 제공된다. 주로 BOP의 소농들의 생계와 빈곤해소를 목표로 하는 인센티브가 있다. 농기업들과 투자자 모두가 높은 사회적 임팩트에 초점을 맞추기 때문에 가능한 금융모델이다. 중소농기업들과 소농들에게 직접 돌아가는 혜택을 최대화시키기 위해 IDB는 추가로 30개 농기업들에게 55만 달러를 제공할 계획이다.

제5장

사회적 가치의 임팩트 투자

1. 사회적 임팩트와 임팩트 투자

사회적 가치는 사회에 긍정적인 임팩트를 창출함으로써 실현된다. 사회적 임팩트는 사회적 가치의 결과를 창출하는 것으로, 사회적 임팩트를 생산하는 투자를 사회적 임팩트 투자라 말할 수 있다.

1) 사회적 임팩트 투자의 의미

(1) 사회적 임팩트 투자의 의미

'사회적 임팩트 투자(social impact investment: SII)'는 "사회적 영역에서 도움이 필요한 수혜층을 대상으로 하는 투자자와 투자처 사이의 거래"로 정의된다(OECD 2015a: 55). 대상이 되는 수혜층은 취약인구이며 제공되는 재화는 공적, 사적 재화의 특성이 혼합된 것이어야 하며, 이 거래는 일반적으로 중간지원조직을 활용해 이뤄진다. 거래의 투자처는 최소한 정관에 사회적 활동의 의무적 리포팅 규정을 두고, 공식적인 사회적 임팩트 평가를 제공해야 한다. 마찬가지로 투자자는 최소한 SII에 관한 의무적인 리포팅 규정을 두고, 마이너스가 되지 않는 수준의 수익을 기대한다(실제로 수익이 시장가 이상이 될 수 있다).

'임팩트 투자' 개념은 록펠러 재단이 설립한 글로벌 임팩트 투자 네트워크(GIIN: Global Impact Investing Network)가 최초로 소개했다. GIIN에 따르면, 임팩트 투자는 "기업, 조직, 펀드가 재정적 수익 이외에 측정가능한 사회적, 환경적 임팩트를 생산하기 위한 의도를 가진 투자"다. '의도'란 일반적으로 '사회적 책임 투자(socially responsible investment: SRI)'와 구분되는 특징이다. SRI는 '단일 바텀라인(single bottom line)'이 되는 수익(profit)을 추구하면서 사회적 또는 환경적 피해를 회피하는 것으로, 임팩트 투자와는 근본적으로 다른 투자다.

개인 투자자와 서비스 공급자는 단독으로 인프라와 시장 차원의 문제들을 단독으로 해결할 역량을 갖추지 못한 한계에 직면한다. GIIN은 비영리기관으로 임팩트 투자의 규모와 효과성 증진을 위해 2009년 록펠러 재단이 설치하였다. GIIN의 프로그램 어젠다는 투자자들이 당면하는 문제들에 기반해서 임팩트 투자 시장에 장애가 되는 시스템 차원의 장애요인들을 규명해 문제해결을 위한 포럼을 제공해준다.[1]

이상과 같이 임팩트 투자의 의미는 의도성, 수익보장형 투자, 수익기대

1 http://www.thegiin.org/cgi-bin/iowa/investing/index.html

치와 자산 유형의 범위, 세 가지 특성으로 정리해볼 수 있다. 첫째는 의도성(intentionality)이다. 투자를 통해 투자자들이 사회적, 환경적 임팩트를 생산하려는 의도가 임팩트 투자의 핵심 요소가 된다. 필수적인 재화와 서비스에 대한 이용 접근을 확대시키고 사업 운영을 통해 긍정적인 임팩트를 생산하는 기업과 펀드에 임팩트 투자가 이뤄지는 것이다. 취약층의 금융서비스, 교육, 보건, 주택, 양질의 일자리에 대한 이용 접근을 확대시키는 임팩트 투자에 투자자본이 활용될 수 있다. 또 기후변화와 환경적 재난의 피해를 완화시키는 사업에도 임팩트 투자가 이뤄질 수 있다. 임팩트 투자는 개도국이나 선진경제국 어디서나 가능한 사업이다.

둘째는 수익보장형 투자다. 임팩트 투자는 최소한 자본금 회수가 이뤄지는 자본에 대한 금융수익을 보장한다. 증여는 일반적으로 임팩트 투자는 아니지만 임팩트 투자에 중요한 역할을 한다. 초기 비즈니스 모델을 인큐베이팅 하는 역할을 해서 크레딧 개선 지원, 기술지원 또는 필요한 연구와 개발(R&D)에 대한 펀딩이 가능하다.

셋째는 수익기대치와 자산 유형의 범위이다. 임팩트 투자는 시장가격 이하(양여적이라 함) 수익으로부터 리스크 조정의 시장가격에 이르는 범위의 수익을 생산한다. 임팩트 투자는 현금, 고정 소득, 벤처 자본, 개인 주식 등 다양한 자산유형으로 이뤄질 수 있다. 임팩트 투자자는 보증금 등의 촉진수단을 통해 수수료를 얻을 수도 있다. 임팩트 투자자들의 수익 기대치와 도구들이 그들의 의도를 반영하며 투자의 경제학 원리로 작용된다. 일부 투자자들은 고위험의 초기단계 사회적기업을 지원하는 투자를 할 수 있다. 다른 일부는 시장가격에 근접하는 수익을 기대하고 검증된 비즈니스 모델의 확대에 파이낸싱을 하는 투자를 선택할 수 있다.

'사회적 임팩트'의 성장은 '사회적 임팩트 투자(SII)'의 성장으로 진전되고 있다. OECD의 2015년 〈사회적 임팩트 투자〉 보고서는 SII가 경제위기를 극복하고 사회혁신을 갖다줄 수 있는 대안으로 제시한다. 사회적 문제들이 다양하게 제기되며 심화되는 상황에서 정부의 긴축재정 압력이 심하게 가해지면서 SII의 필요성이 더욱 높다는 것이다. SII에 대해 OECD는 "측정가능한 사회적, 재정적 수익에 대한 확고한 기대로 사회적 욕구 충족에 활동하는 조직들에 대한 금융의 제공"이라 정의하며, "혁신적 해결방안에 재정, 공급, 규모 확장을 할 수 있는 새로운 형태의 민관 파트너십(public and private partnership: PPP)"을 비롯해, 사회적, 경제적 도전들을 해결하기 위한 공공 및 민간 자본을 효과적이고 효율적으로 배분하는 새로운 방법들을 제공할 수 있는 잠재력을 갖고 있다고 평가한다(OECD 2015a: 12).

(2) 사회적 임팩트 측정

사회적 임팩트가 결과로 창출되었는지, 임팩트를 측정하는 것이 사회적 임팩트 투자에서 핵심이 된다. 핵심은 투자자의 투자를 측정해 사회적, 환경적 성과와 목표 달성도를 보고하는 일이다. 사람과 지구에 대한 부정적 임팩트를 줄이거나 긍정적 임팩트를 얼마나 늘렸는지를 정확히 측정해야 한다. 임팩트 측정은 투자의 투명성과 책무성을 보장해, 임팩트 투자의 실행 상태를 알리며 임팩트 투자의 생태계를 구축하는 역할을 한다.

투자자의 임팩트 측정 접근법은 목표와 역량에 따라 다양하게 나타난다. 어떤 목표를 측정할 것인지를 선택하는 일은 투자자의 목표와 의도에 달려 있다. 임팩트 투자를 위한 모범적인 임팩트 측정 요소들은 다음과 같

다(GIIN 홈페이지).[2]

- 이해관계자들에게 사회적, 환경적 목표들을 설정해 알린다.
- 표준화된 메트릭스를 활용해 목표와 관련된 성과 메트릭스/타깃을 설정한다.
- 이같은 타깃을 기준으로 투자처의 성과를 모니터링하고 관리한다.
- 사회적, 환경적 성과를 이해관계자들에게 보고한다.

사회적 임팩트 측정은 주류화로 진입하는 동향을 보여준다. OECD, EU, World Bank 등 주요 국제기관들은 일제히 임팩트 측정의 방법과 프레임워크를 제시한다. 주요국 정부도 동참해 정책 임팩트에 초점을 맞춰가고 있다. 브리티시 카운슬(British Council 2014)의 〈2020년의 사회적기업 전망〉 보고서에 따르면, "사회적 임팩트 측정은 사회적경제, 사회적기업, 자선기관, 결사체 등 사회목적기관(SPO)에서 주류가 될 것"이다. 이어서 "사회적 임팩트 측정과 리포팅은 보다 정교해지면서 모든 조직들의 구매와 기부와 투자 결정방식에 상당한 영향을 미치며, '사회적 임팩트 스펙트럼(Social Impact Spectrum)' 기준에서 판단되는 결과를 낳게 될 것이다."이라는 전망을 제시한다.

2 https://thegiin.org/impact-investing/need-to-know/#what-is-impact-investing

2) 사회적 임팩트 투자의 발전

(1) 임팩트 투자자와 수요기관

사회적 임팩트 투자(SII)는 재정적 수익을 내는 투자라는 점에서 증여(grant)와는 다른 특성을 갖고 있다. 증여는 재정적 수익을 기대하지 않는 단순한 기금의 제공으로 이뤄진다. 기업재단 등에서 시행하는 프로그램 관련 투자(program-related investment: PRI) 또는 미션 관련 투자(mission-related investment: MRI)는 SII 유형으로 분류될 수 있다.

민간재단들이 SII 시장의 성장을 이끌어온 주역들이다. 민간재단들은 증여, PRI, MRI 등을 통해 결정적으로 중요한 역할을 했고, 또 개인과 가족 투자자들도 크게 기여하였다(Martin 2013: 6). 은행과 연금기금 등 대형 금융 투자기관들은 점차 시장에 진입하는 단계에 있다.

SII는 특히 투자의 세계를 거대한 공공재화의 세계와 조율하는 강력한 아이디어가 되고 있다. 전문 투자자, 특화된 기금, 정부들이 SII의 주요 자본제공자 역할을 하고 있다. 이들의 동기들은 다양해서, 주류 글로벌 영역인 교육, 보건의료, 주택, 식수 등과 관련되지 않는 일부 시장에 대한 관심으로부터 증여가 아닌 투자로 사회적 또는 환경적 목표를 효율적으로 달성하려는 동기가 있다. 재정적 수익 우선인가, 아니면 사회적 임팩트 우선인가에 따라 투자자들도 재정 우선, 임팩트 우선 투자자로 양분된다. 또 SII 시장에는 자본 제공자와 자본 수혜자뿐 아니라 중간지원조직, 정부와 전문 서비스 제공자 등 이해관계자들이 관여한다.

SII 시장의 마지막 요소는 SII에 대한 수요를 창출하는 조직들이다. 이들은 중소기업뿐 아니라 기업가적 비영리단체, 협동조합 등 사회적경제 조직들이 대부분이다. 이들 대부분은 사회적기업 형태를 갖추고 있다. 이들은 법적 형태는 다르지만 공통적으로 재정적 수익과 사회적 임팩트를 동시에 추구하는 원칙에 기초한다. 한국 등 주요국 정부들은 사회적기업 등의 법적 지위를 부여하고 있다. 이같은 SII 시장의 수요 측면 또한 성장중에 있다. 영국의 사회적기업100(SE100) 지수는 평균 이상의 성장률을 보여주며, 수익증가율 또한 FTSE100와 SME 섹터에 비교해도 높은 수준이다.

SII 시장의 성장은 대단하지만, 여전히 적지 않은 문제들에 직면해 있다. 성공적인 투자사례 기록이 미흡하다는 점이 시장 관계자들의 공통된 지적이다. 또 SII에 활동중인 기관 시장관계자들이 거의 없다는 점, SII의 보편적으로 인증된 등급(rating)이 없다는 점, SII 기회부족 등도 문제점들로 꼽히고 있다.

(2) 사회적 임팩트 투자와 민간 자본

SII는 민간자본이 재정적 수익뿐 아니라 긍정적인 환경적, 사회적 성과를 의도적으로 창출할 수 있다는 원칙에 기초한다. 오늘날 SII는 여전히 발전 초기의 시장이라 볼 수 있다. 그런데 전문기관의 추산으로는 2020년까지 4천억-1조 달러 규모로 성장할 것으로 내다보지만, 이 정도라면 전체 금융자산의 0.1% 밖에 안되는 소규모이다(Martin 2013: 5). 사회의 빈곤층의 경제적 수요의 증대, 기후변화, 인구증가 등이 복지국가의 성장부진과 맞물려 SII 시장의 확대를 요청할 것이다. SII는 교육, 보건의료, 실업과 환경 등 무수한 도전들에 직면해 혁신적인 기업가들, 공공 및 사부문의 수조 달러에 달하는 자본금이 투자하도록 하며 사회 전반에 혜택을 주는 금융적 혁신도 일으키는 촉매 역할을 할 수 있는 가능성을 갖고 있다.

연구(Accenture와 Oxford Economics)에 따르면, 2025년까지 서비스 요구의 기대치와 공공지불 능력 사이에서 발생하는 공공서비스 지출 갭은 더욱 확대될 것이다. 그 갭은 캐나다 990억 달러, 프랑스 1000억 달러, 독일 800억 달러, 이탈리아 300억 달러, 영국 1700억 달러, 미국 9400억 달러 등이다(앞글: 6). 이 갭의 증대 문제에 대한 해결에 민간자본이 결정적인 역할을 할 수 있다.

SII 시장은 지금은 규모가 작지만 빠르게 성장하는 중이다. 2011년에 2200개의 43억 달러 규모의 임팩트 투자가 이뤄졌는데, 2012년에는 80억 달러, 2015년에는 152억 달러로 성장하고 있다. GIIN과 J.P. Morgan(2015)의 임팩트 투자자 서베이 결과를 보면 개도국의 SII의 기대수익은 부채 투자는 8~11.9%, 지분에서는 20~24.9%에 달한다. 이같은 수익은 선진사회의 시장수익 기대치 5~7.9%와 15~19.9%에 비하면 비교적 높은 수익률이다.

(3) 사회적 임팩트 투자기관의 증대

임팩트 투자기관은 개인 고액자산가와 재단을 중심으로 증가하고 있다. GIIN의 2016년 임팩트 투자자 서베이 결과에 따르면, 2015년 157개 임팩트 투자기관들이 7551개 사업에 152억 달러 임팩트 투자를 했다. 2016년에는 1만 1722개 사업으로 늘려, 2015년보다 16% 증가한 177억 달러를 투자할 계획이다. 임팩트 투자는 최근 10년 기간에 절반 이상의 기관들이 첫 투자를 했다.

또 임팩트 투자를 한 기관들의 일반적인 투자 동기는 몇 가지 특징들로 구분될 수 있다. '책임있는 투자'를 비롯해, 효율적인 임팩트 목표 달성이 주요 동기로 꼽히며, 다른 여러 동기들도 투자기관의 동기로 나타난다(표 5-1). 2019년은 2015년 서베이에 비해 주요 동기들이 더욱 강해지는 변화가 있었다. 이제 주류화의 티핑 포인트를 넘어선 것으로 볼 수 있다.

- 책임있는 투자자라는 우리 기관의 실천의 일부이다. (52→85%)
- 기관의 임팩트 목표 달성에 효율적인 방법이다. (41→71%)
- 고객의 수요에 대한 기관의 호응이다. (34→51%)

표 5-1 임팩트 투자기관들의 투자 동기 (단위: %)

임팩트 투자의 동기	매우 중요	다소 중요
1. 책임있는 투자자라는 우리 기관의 실천의 일부이다	85	12
2. 기관의 미션으로 투자를 통해 의도된 임팩트를 추구한다	84	13
3. 기관의 임팩트 목표 달성에 효율적인 방법이다	71	25
4. SDGs, 파리기후협약 등 글로벌 어젠다에 기여한다	51	36
5. 고객의 수요에 대한 기관의 호응이다	51	34
6. 임팩트 투자는 다른 투자 기회보다 금융적 장점이 있다	30	44
7. 성장하는 분야와 지역에 대한 관여의 기회를 제공한다	28	45
8. 기관의 광범한 포트폴리오에 다양화를 제시해준다	23	40
9. 규제적 요건을 충족시키기 위해 임팩트 투자를 한다	11	15

자료 GIIN(2019: 4). "The Impact Investor Survey."
참고 2019년 투자기관 서베이 복수 응답율.

또 주요 민간재단들의 임팩트 투자 현황에 대해서는 OECD의 〈2016년 개발협력 보고서〉를 참고해볼 수 있다. 재단들은 자선적 기부와 같은 비중으로 투자하는 현황을 보여준다. 각기 100개와 101개 투자 규모를 보여주며, 기타 투자 유형은 91개로, 임팩트 투자가 전체의 34.2%를 차지한다. 또 180개 재단 중 100개가 임팩트 투자를 한 것으로 조사되어 55%라는 높은 참여도를 보여준다. 지리적으로는 북미와 유럽과 오세아니아 등 개발국에 40%, 나머지 60% 가량이 개발도상국 대상이다.

그림 5-1 주요 재단들의 투자 포트폴리오: 자선기부, 임팩트 투자, 기타 투자

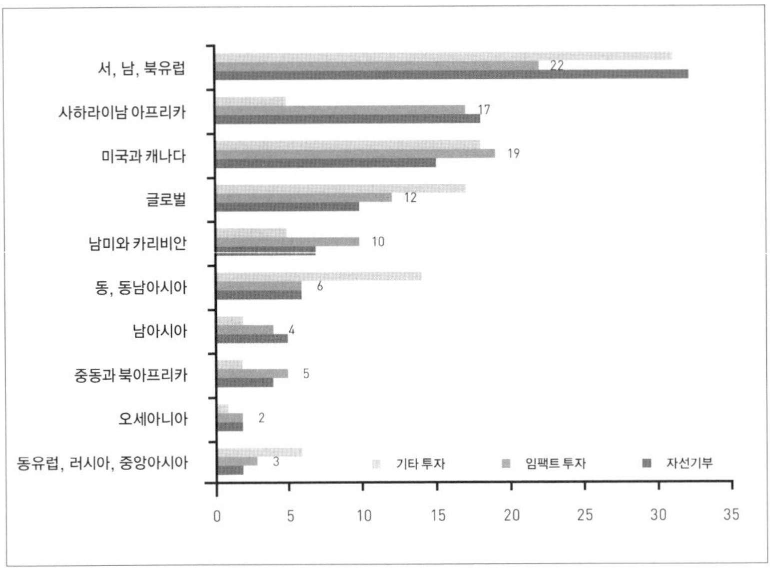

자료 OECD(2016c: 107)."OECD Social Impact Investment Project."
참고 Financial Times가 2015년 180개 주요 재단들을 대상으로 조사한 결과.

3) 글로벌 메가 트랜드

글로벌 차원의 임팩트 투자 시장을 형성하는 메가 트랜드는 a) BOP에서의 수요, b) 자원 효율성 제고의 필요성, c) 새로운 공공서비스 제공 접근법으로 나타나고 있다(Martin 2013: 15).

(1) BOP로부터의 수요

BOP 또는 '피라미드의 기초(bottom of pyramid: BOP)' 개념은 1930년대에 등장한 용어다. 지금은 일일 2달러 미만의 생계비로 생활하는 개도국의 40억 인구를 기술하는데 사용되는 개념이다. 그간 세계은행, 공여국, 원조기관 등의 노력은 BOP 인구의 보건, 재정, 주택 등 고질적인 문제들에 적절한 해결책을 제시해주지 못했다(Prahalad 2010: 27). 이같은 BOP 문제해결에 민간기업들이 보충적인 역할을 할 수 있을 것이며, 혁신적이고 시장기초적인 해결책을 제시해줄 것이라는 기대가 임팩트 투자 시장의 성장을 촉진시키고 있다.

BOP의 수요에 대한 투자는 개도국 국내경제의 촉진이라는 부가적인 이익을 주는 가능성을 보여준다. BOP에서의 혁신적 해결책을 진흥시키는 기금의 일부는 전통적인 자본시장에서 그리고 기존의 PPP(public private partnerships) 형태로 투자될 것이다. 일례로 프랑스의 전기공급자 EDF(Electricité de France)는 값비싼 전기료 때문에 전기 접근의 혜택을 누리지 못하는 모로코 국민 10%에 달하는 인구에게 재생에너지를 공급하는 PPP 사업을 추진하였다. 이 사업을 통해 EDF는 개도국 시장 진출로 재정적 수익을 올리면서 BOP의 에너지 문제 해결에 기여하는 경험을 갖게 되었다. 또 다른 사례로 BOP 인구의 백내장 수술에 대한 임팩트 투자 사례다. 도이취뱅크는 2010년 1450만 달러 규모의 아이펀드(Eye Fund)를 비영리기관들과의 파트너십으로 조성했다. 상업 투자자들은 시장가격의 수익을 올렸으며 PRI로 참여한 미국의 재단들도 비교적 낮은 수익을 돌려받았지만 보건의료의 성과에 단순한 증여 지원이 아닌 새로운 자본을 동원해 자신들의 미션을 달성하게 되었다.

(2) 자원효율성과 녹색성장

2050년 세계인구가 90억에 달하면 인구의 욕구로 자연자원의 한계가 드러나고 급진적인 자원 효율성과 새로운 인프라에 대한 투자를 압박하게 될 것이다. 에너지 효율성에 대한 투자는 비용절감과 고용 증대를 생산하게 된다. 유럽에서는 지금의 에너지 소비 20% 감소로 백만 개의 일자리가 생겨날 것이며, 이는 연간 600억 유로의 경제효과가 있다고 추산된다.

2015년 파리 기후협정이 제시한 '저탄소 세계'로의 전환에 필요한 재원은 연간 6조 달러씩 15년간 93조 달러에 달한다(Thompson 2019: 18). 개발도상국의 기후변화 완화와 적응에 전체의 2/3 가량이 투자되어야 한다. UNEP에 따르면, 그 전환 기금이 2050년까지 최소 60조 달러가 필요하며, 그 중 35조 달러가 에너지 탈탄소화 자본금으로, 나머지는 기후변화 적응 자본금이 된다.

새로운 자본을 동원해 투자를 유치하기 위해서는 투자구조를 개선하고 PPP에 비영리섹터의 파트너십을 추가한 PPNP(public-private-non-profit partnerships)이 핵심적인 전략이 되고 있다. 기업체, 투자자, 비영리기관(NPO), 정부의 파트너십은 강력한 녹색금융 확보에 기여한다.

OECD는 2018년 〈기후 미래에 대한 파이낸싱〉 보고서에서 연간 6조 9천억 달러가 기후와 개발 목표달성에 필요한 것으로 추산한다. 글로벌 GHG의 60% 이상을 차지하는 에너지, 운송, 건축 및 식수 인프라 시스템의 전환으로 기후와 개발 목표달성의 재원이 필요하다는 것이다(OECD 2018).

(3) 새로운 공공서비스 제공 접근법

복지국가의 수혜층에게 복지서비스를 제공하는 인력의 비중은 2000~2010년 기간에 선진경제국에서는 최고 정점에 달했다. 또 빈곤과 상습범행 등 심각한 도전들도 많은 세금 지출을 요구하고 있다. 새로운 SII 메카니즘은 이같은 도전들에 대한 해법으로 등장하고 있다. 영국도 많은 국가들과 마찬가지로 상습범행에 시달리는 국가인데, 모든 범죄의 절반 가량은 이미 사법체계를 거쳐간 사람들이 다시 관련되어 있다. 이같은 재범이 납세자에게 지워지는 부담은 연간 95~130억 파운드에 달한 것으로 추산된다. 이에 대한 해법으로 사회임팩트채권(SIB)이 제시되어, 민간 투자자들이 서비스 제공에 선불 투자하면 정부는 특정기간 계획된 목표를 달성하게 되면 재정수익을 보장한다.

'공공선(public good)에 대한 투자'라는 새로운 접근법도 제시되었다. 일부 정부들은 관계 기관들과 부문들 사의의 공조를 조율하기 위해 '사회혁신'시장을 지원하는 이니셔티브를 개발해 시행해왔다. 영국의 빅소사이어티 캐피털(Big Society Capital)은 사회투자 재정의 중간지원기관의 발전을 지원하고, 모범사례 진흥, 정보공유, 사회투자와 주류 금융시장과의 연계 개선을 통한 사회투자에 대한 인식과 신뢰의 확보에 노력한다. 캐나다의 지역사회 경제개발 투자기금(Community Economic Development Investment Funds)은 지역 기업가들이 당면하는 재정적 장애물을 제거하고 지역의 경제개발을 진흥하기 위해 설립된 민관공조 조직이다.

2. 사회적 임팩트 투자자와 자본

1) 사회적 임팩트 투자자

사회적 임팩트 투자자들은 세계적으로 심각한 문제들의 해결에 시장 기초적 접근법을 활용한다. 지속가능한 농업, 경제적으로 적정한 주택, 보건의료, 청정기술, 빈곤층을 위한 금융 서비스 등 심각한 문제들은 다양하다(GIIN 2014). 공공과 민간 자본의 다양한 결합 형태로 정부 단독으로 수행하는 것보다 훨씬 더 큰 규모로 사회적 문제들을 해결하는 방식이 SII이다(Rangan et al, 2011).

사회적 임팩트 투자자들은 다양하며, 이들의 일반적 특성을 차례로 살펴볼 만하다(Martin 2013: 16-17).

(1) 자선형 투자자

지금의 SII 시장의 성장에는 선도적인 재단들의 역할이 중요했다. 민간재단들은 파이롯트, 연구, 기술지원, 중간조직 지원 등 SII 인프라에 대한 증여 지원 등으로, 전형적으로 종자 단계나 초기 단계의 사회적기업에 투자하는 프로그램 연계 투자(PRI) 방식을 활용한다. 그런데 PRI는 비용과 복잡성 때문에 널리 활용되지 못하는 한계를 보여준다.

(2) 엔젤 투자자와 초기단계 투자자

미국과 유럽에서 엔젤 투자자는 고성장 기업들에 대해 신뢰할 만한 금융 소스가 되고 있다. 정책 당국자들에게는 벤처 자본이 많은 관심을 모으고 있지만. 엔젤투자는 외부의 종자단계와 초기단계의 주식 파이낸싱의 주요 공급원이다. 엔젤 투자자는 벤처 투자자에 비해 시장 사이클에 덜 민감한 성향을 보여주며, 또 엔젤 투자자는 전문기술 활용 등 자금 제공 이상의 긍정적인 역할도 하는 경향이 있다.

(3) 전문 투자자

전문 투자자들은 점차 더 자선(do good)과 수익(do well) 모두를 선호한다. 자선과 수익 두 마리 토끼를 잡는 윤리적 기금은 '사회적 책임투자(socially responsible investments)'와 SII로 달성될 수 있다. 정책 당국은 전문 투자자들에게 SII의 장점을 홍보, 진흥하는 역할을 할 수 있다. EU의 새로운 EuSEF 법률은 '사회적 사업'에 70% 이상의 자본 투자를 하도록 규제한다.

(4) 기관 투자자

기관투자자들도 점차 SII 시장에 진입하고 있다. 영국의 450만 연금자의 여론조사는 응답자 47%가 향후 2년 내에 일부 SII를 할 것이라 답했다. 〈2014 임팩트 투자자 서베이〉에는 기관투자자의 임팩트 투자 관심이 높아지는 추세가 소개되고 있다. AXA Group, 영국의 5개 지방정부 연금기금의 컨소시움의 '성장을 위한 투자(Investment 4 Growth)'은 각기 5000만 유로, 2억 5000만 파운드 임팩트 투자를 했다(EVPA 2015: 20). 연금기금 또는 보험사의 임팩트 투자 비중이 전체 22%에 달했고, 다음으로 가족 재단이나 개인 고액자산가가 17%로 뒤를 이었다. 기관투자자는 기업의 대주주들로 기업의 지속가능성 어젠다에 압력을 행사하는 파워를 가지고 있다.

(5) 민간 기업의 파트너십

대부분의 첫 사업들은 비즈니스 시장 형성에 어려움을 겪는다. 기존의 소비자들은 검증되지 않은 창업기업의 제품과 서비스에 신중하므로, 판매 사이클은 길어질 수 있다. 따라서 기존의 대기업과의 파트너십은 즉각적이고 의미있는 수익을 갖다줄 수 있다. 이로써 판매 사이클을 단축시켜 다른 기업들과의 거래 확보에도 도움이 된다.

(6) 금융산업

주도적인 금융기관들도 이제 SII 상품들을 내놓기 시작했다. 이들에게 SII 시장은 장기간에 걸쳐 수익의 기회를 제시해준다. 거대 은행들이 SII 시장에 진입한 사례로는 2007년에 출범한 J.P. Morgan의 Social Finance와 2012년에 개시한 '임팩트 투자 플랫폼(Investing with Impact Platform)'이 있다. 플랫폼은 사회적 임팩트뿐 아니라 재정적 리스크와 수익을 평가한 일련의 투자 상품들에 대한 투자자의 접근을 용이하게 해주는 플랫폼이다.

(7) 정부

정부는 SII 시장의 환경조성과 진흥에서 중요한 역할을 한다. 정부의 공동투자, 민간 투자자와의 공동 리스크 공유, SII를 위한 투자자 요건 마련, 기업이나 중간조직 펀드에 직접 투자 등 정부의 역할은 다양하다. SII 시장의 인프라 조성에서 중간조직의 씨딩(seeding)은 정부의 역할이 중요한 초기단계가 된다. 또 정부는 내부의 지침과 투자 가이드라인을 통해 SII 시장을 활성화시키는 자체 지침과 지출을 시행할 수 있다. 나아가 사회적기업 개발과 투자환경 조성을 위한 자원 제공으로 추가적인 SII에 대한 수요를 촉진시킬 수 있다.

2) 사회적 임팩트 투자의 목표

(1) 공급기관의 목표

공급기관의 목적은 SII 개념에 중요한 일부가 되지만, 객관적으로 파악하는데 한계가 있다. 사회적 목적에 초점을 맞춰 투자의 목표를 논의해볼 수 있다. 사회적 목적은 (사전에 목적이 없었는데도 사회적 결과가 달성된 것처럼) 상황적 결과로부터 법적으로 규정된 목표에 이르기까지 다양하다. 공급기관의 사회적 목적은 기관의 미션과 비전을 살펴보는 방법도 있다.

소셜벤처가 사회문제 해결의 목적을 미션이나 비전에 제시한 것만으로는 SII 조건을 충족한 것으로 보기는 어렵다. OECD 개념정의에서는 사회적 목적을 실행하는데 충분한 노력을 하고 있다는 확증이 필요하다. 사회적 목적 실행의 확고한 수준으로는 조직의 정관에 주주들에게 사회적 결과에 대한 리포팅 의무가 포함된다.

사회적 임팩트 투자 태스크포스(SIIT)에 따르면 임팩트 목표는 다음 몇 가지로 구분된다(OECD 2015a: 52).

a) 임팩트를 생산하기 위한 최소한의 법률적 요건을 준수하는 것,

b) 임팩트를 창출하려는 의도,

c) 임팩트 창출을 주된 목표로 실행하는 것 등.

사회적 임팩트에서는 목표 실행이 중요하기 때문에 마지막만이 SII 조건을 충족한 것으로 간주된다. 법률적으로 규정하는 목표 실행이 사회적 목표 실행에서 가장 강력한 증거로 간주된다. 독일의 사회기업가 금융기관(Financing Agency for Social Entrepreneurship: FASE)은 사회기업가들을 지원하는 파이낸싱 계약 조건에 사회적 미션 이탈방지를 포함시킨다(앞글: 51). 또한 일부 기업들이 비즈니스 활동으로 야기하는 부정적인 외부경제를 제한시키는 활동과 사회적 목적으로 구분해볼 필요가 있다. 전자는 기업 사회적 책임(CSR)에 해당되는 것으로 SII에는 제외될 수 있다(앞글: 52).

(2) 사회적 임팩트 측정

SII는 다른 금융수익처럼 자신들의 투자 결정에 중요한 요소가 되는 금융적 결과와 사회적 임팩트의 측정을 요청한다. 그런데 SII에서 임팩트 측정의 문제, 사회적 임팩트의 금전적 가치에 관한 공식적인 평가 문제가 제기된다. 어떤 형식이든 사회적 임팩트 측정이 이뤄지지 않으면 어떤 SII 거래도 성립되기 어렵다.

임팩트 사정은 정량분석과 정성분석, 금전적 분석으로 이뤄질 수 있다. 정성분석에는 보건의료 제공의 개선과 같은 임팩트, 정량분석에는 질병치료 환자의 수적 증가 등을 예시해볼 수 있다. 금전적 분석으로는 치료받은 환자의 일인당 금전적 가치와 사회에 혜택이 되는 금전적 가치다.

임팩트 측정 과정 4단계를 공식적인 임팩트 평가과정으로 제시해볼 수 있다(OECD 2015a: 52).

첫째, 기획단계에서 (지표의 선정 등) 임팩트 목표와 목표달성에 필요한 전략에 대한 합의가 필요하다.
둘째, 증거 기반을 구축하기 위해 데이터의 수집, 보관, 검증의 절차가 필요하다.
셋째, 임팩트의 질, 수준, 효능성이 수집된 데이터의 분석에 기초한다.
마지막으로, 임팩트와 측정 과정이 검토되어, 임팩트 측정의 지속적인 개선을 위한 투입으로 제공되게 한다.

평가과정은 공급기관이 존재하지 않은 상태에서 사회적 임팩트는 어떠했을까 하는 가정에서 비교집단과의 비교가 중요하므로 단순하지는 않다. 가장 광범위한 임팩트 측정 접근법은 사회적 임팩트를 가치로 환산해 보여주는 공식적인 평가를 요구한다. SIB 계약의 디자인에는 사업 자금이 지불되기 전에 설정된 사회적 결과의 지표들이 설정될 것을 요구한다. 사회적 임팩트 측정뿐 아니라 '임팩트 가치 방정식(impact value equation)'의 디자인을 요구하는 것이다(SIIT 2014b).

(3) 투자자의 목적

투자자의 사회적 임팩트 목적은 SII에서 중요한 부분이다. 공급기관 목적에서처럼 그 목적 또는 의도를 파악하기란 쉽지 않다. 투자가 기대하지 않은 또는 의도하지 않은 사회적 성과를 생산하는 것처럼 투자자는 사회적 임팩트에 대한 목적이 없이도 사회적 임팩트를 갖게 될 수도 있다. VantagePoint Capital Partners는 금융수익을 생산하는 투자를 하는 것이 목적이지만 청정기술 투자로 긍정적인 환경적 임팩트를 생산해서 2013년 청정기술 분야의 금융투자기관상을 수상하였다. 이같은 투자는 사회적 임팩트를 달성하려는 뚜렷한 목적이 없기 때문에 SII에 해당되지 않는다고 볼 수 있다. 반면에 CANOPUS 재단은 환경적 지속가능성이라는 확고한 미션을 갖고 아프리카의 태양열 에너지에 투자해 온 사례로 분명한 SII에 해당된다.

또한 일부 투자는 공식적으로 특정한 사회적 결과를 달성하는 의도성을 요구하는 경우도 있다. SIB가 대표적인 사례로, 정부 위탁기관은 계획된 목표달성에 대해서만 구체적인 지불을 하는 조건을 제시하므로, 법률적으로 구속적인 사회적 목적이 된다. 따라서 투자자의 목적은 SII에 포함되지 않은 상황적인 결과와 SII에 해당되는 법률적으로 구속적인 결과가 있다. 이 양극단 사이에 다양한 수준의 사회적 목적들이 분포한다. 사회적 목적이 투자와 관련한 사명문이나 다른 문서 형식으로 또는 투자자의 프로필에 서술되는 경우가 있다. 시민 자본(Citizen Capital)은 사회적 비즈니스에 대한 투자의 목적을 명확하게 밝히며 '임팩트투자펀드'라 부른다. 또 사회적 목적의 달성이 금융적 측면을 넘어서 '취약지역에 대한 투자' 또는 '취약층의 욕구해결' 등 비전으로 제시되는 경우도 있다.

재단들의 경우 법적 지위와 관련해 법률적 요건으로 또는 규정에 사회적 미션을 명확하게 밝힌다. 일부 재단들은 사회적 이슈 해결의 방안으로 SII 접근법에 점차 초점을 맞추고 있다. 게이츠 재단의 프로그램 연계 투자(PRI)는 교육(Civic Builders 등), 보건(Global Health Fund, Biological Vaccines) 등에 임팩트 투자를 확대하고 있다. PRI 투자방식은 부채와 지분 등을 활용해 금융 수익을 생산하면서 사회적 이슈들을 해결하는 임팩트를 목표로 한다.

(4) 수익에 대한 기대

투자자의 수익에 대한 기대는 SII에서 매우 중요하다. 투자가 SII인지를 구분하기 위해 수익의 상하 기준이 무엇인지를 설정하는 것은 쉽지 않다. 한 극단에는 기부금(donations)이 있는데, 여기에서 기부금을 돌려받는 것은 전혀 기대할 수 없기 때문에 '투자'가 아니라 자선기부(philanthropy)가 된다. 다른 극단에는 시장의 리스크 조정비율 이상의 수익을 기대하는 경우다. 이 경우는 주류 영리시장의 투자와 다를 바가 없기 때문에 SII에 해당되지 않는다. 그런데 SII의 실제 수익률이 시장 리스크 조정비율 이상으로 높게 나타난 경우도 있다. 투자자의 의도가 이런 높은 수익률을 기대한다면 이는 분명 SII에 해당되지 않는 것으로 볼 수 있다.

또한 기업의 이윤배분 정책 측면에서 SII를 구분하는 방법도 있다. 사회적기업의 경우 어느 정도까지 수익을 재투자해야 하는지에 대한 논의도 끊이지 않고 있다. 일정 수준의 이윤배분으로 투자가 긍정적인 수익을 생산하도록 조장하는 것도 필요하다. 또한 사회적기업이 어느 정도 수익을 재분배할 수 있는지는 법적 규정에 근거한다.

3) 사회적 투자 자본의 스팩트럼

사회적 임팩트 투자 자본은 다양하다. 〈그림 5-2〉와 같이 왼편의 금융수익에만 관심을 가진 자본부터 오른편의 임팩트에만 초점을 맞추는 자본에 이르는 스펙트럼은 다양하다. 금융수익만을 추구하는 자본 투자부터 '책임있는 투자(responsible investment)'로의 변화는 환경, 사회, 거버넌스(ESG: environmental, social, governan ce) 실천에 있다. ESG의 책임있는 투자에서 발전한 투자 유형은 지속가능한 투자로 발전되며 이후 '측정가능한 높은 수준의 임팩트' 해결에 집중하는 자본투자가 임팩트 투자로 간주될 수 있다.

임팩트 투자 유형에도 네 가지 다른 유형들로 구분될 수 있는데, 각각의 차이를 낳는 기준은 경쟁적 금융수익이다. 임팩트 투자가 금융수익을 생산할 수 없는 수준(위측)부터 점차 수익을 기대할 수 있는 유형들이 있다. 사회임팩트채권(SIB)과 개발임팩트채권(DIB)의 경우 임팩트 검증이 되지 않아 시가 이하의 수익이 될 수 있는 리스크가 있지만 사회문제 해결에 우선적 초점을 맞춘다(Bridges Venture 2015b: 3).

그림 5-2 사회적 투자 자본의 스펙트럼

금융only	책임	지속가능	임팩트 impact			임팩트only
경쟁적인 금융 수익 제공						
	환경, 사회, 거버넌스(ESG) 리스크 완화					
		환경, 사회, 거버넌스(ESG) 기회 추구				
			측정가능한 높은 임팩트 해결에 집중			
			경쟁적 금융수익			
				시가 이하의 금융수익		
환경적, 사회적, 거버넌스 실천 무시/경시	가치보호의 환경, 사회적, 거버넌스 리스크 완화	가치상승의 점진적 환경, 사회적, 거버넌스 실천 시행	투자자에게 경쟁적 금융수익의 사회문제 해결 제시	투자자에게 낮은 수익 될 수 있는 사회문제 해결 제시	투자자에게 낮은 수익 조건으로 사회문제 해결 제시	투자자에게 금융수익이 될 수 없는 사회문제 해결 제시

자료 OECD(2015a: 13). Social Impact Investment: Building the Evidence Base

4) 사회적 임팩트 투자 수단

사회적 투자 시장은 생산품, 펀드, 시장구조 측면에서 기존의 투자시장과 나란히 발전하고 있다. SII는 금융수익과 함께 사회적 또는 환경적 수익을 생산하기 위해 부채 또는 지분 수단을 이용한다. 부채와 지분 양자 사이의 균형은 투자자와 투자처의 성과 달성에 따라 그리고 두 유형의 금융수단의 스펙트럼의 어느 지점에 위치하느냐에 따라 달라진다. 시장에서 늘어나는 욕구를 충족시키는 새로운 제품과 구조들이 지속적으로 개발되고 있다.

(1) 임팩트 투자 수단의 분류

전통적인 파이낸스 수단들과 마찬가지로 사회적 투자 수단에는 증여, 융자, 보증, 준지분(quasi-equity), 채권과 지분 등이 포함될 수 있다. 대부분의 사회적 투자는 자선 공동체로부터 유입되는 증여 또는 융자 형식이다. 벤처 자선가들은 순수하게 사회적 혜택을 위한 수익이 없는 자본을 제공하지만, 다른 자선가들은 융자방식이나 리스크를 조정한 금융적, 사회적 수익을 혼합한 준지분 금융을 활용한다(OECD 2015a: 33).

지분투자는 비영리 조직들에게는 옵션이 아니다. 준지분은 부채와 지분 모두를 가진 하이브리드 유형이다. 인내지분(patient equity)은 사회적 임팩트에 대한 대가로 금융수익을 기대하지 않을 수도 있다. 인내지분은 장기간 낮은 수익 기대치를 갖고 의결권도 갖지 않는다.

한편 투자자의 역할은 임팩트 투자 금융 수단별로 다양하다(표 5-2).

표 5-2 임팩트 투자 수단별 투자자의 역할

	증여 grant	부채 debt	지분 equity	특기 사항
인큐베이터	0	0		수를 증가시켜 광범위한 초기단계 지원 혁신적 비즈니스 모델에 초점
엔젤 투자자		0	0	초기단계 임팩트 투자에 점차 역할 증대. 임팩트 투자 중심의 네트워크(Investors' Circle and Tonic) 회원 증가세
중소형 가족재단	0		0	한정된 자원으로 주로 증여 지원
대형 재단	0	0	0	상당 규모의 증여 펀딩 부채, 지분, 보증에 관심 증대
기업 재단	0			마켓팅과 지역 재투자 기회로 관계 증진

벤처 자선기관	0		0	기술지원과 복합적 투자 수단 제공
비영리 펀드	0	0	0	영리 펀드에 비해 높은 리스크 부담 하이브리드 형태에 실험 시행 증가
영리 펀드		0	0	금융수익 기대로 투자결정 시가 이하 또는 시가의 수익 기대
개발금융기관	0	0	0	원조기관은 상당한 증여 펀딩으로 구체적인 결과에 초점. 개발금융기관은 대형 부채와 지분 투자에 초점

자료 Duke University(2014: 14).

(2) 임팩트 투자 수단의 특성

사회적 투자 수단의 일반적 특성은 다음과 같다(SIIT 2011: 11).

① 증여(grant)

증여는 재단이나 개인들이 사회 섹터에 제공하는 전통적인 파이낸싱 유형으로 사회적기업에게는 중요한 펀딩 소스가 된다. 증여는 중요하지만 몇 가지 단점을 갖고 있다. 특정 프로젝트에 대한 지원에 초점을 맞춰 간접비용과 사회적기업 개발에 소요된 지출을 배제하는 문제가 있다. 또 증여는 단기간, 예측불가능한 소스이며, 사회적기업에게는 높은 모금 비용을 부담하게 한다.

② 지분 자본(Equity capital)

지분자본은 투자자에게 리스크가 가장 높은 파이낸싱 수단이다. 사회적 투자자는 사회적기업에게 기업의 지분(전체 주식의 10% 등)에 대한 특정 금액을 제공한다. 사회적 투자자는 정기적인 연간 수익을 받지 않지만 사회적 기업이 생산한 수익의 지분을 받는다. 사회적 투자자는 장래 수익의 지분뿐 아니라 통제권과 의결권 또한 가진다.

③ 부채 자본(Debt capital)

부채자본은 수년간 안정적인, 예측가능한 현금 수입을 보장하는 정기 투자 또는 프로젝트에서 이용된다. 부채자본 제공자는 연간 이자수입을 받기 때문에 안정성과 예측가능성이 중요하다. 부채자본은 일시적 기간에 제공되어 기간이 지나면 원리금 회수가 이뤄진다. 일반적으로 5~7년 기간 융자로 이뤄지고 있다.

④ 메자닌 자본(Mezzanine capital)

메자닌 자본은 부채자본과 지분자본을 복합한 금융수단이다. 순수한 지분자본이나 부채자본만으로 투자가 어려운 상황에서 활용된다. 수익지급은 기업의 이윤과 연계되고, 원리금은 특정기간이 지나면 이뤄지거나 지분자본 형태로 전환되기도 한다. 이 때문에 사회적기업이나 사회적 투자자들에게는 다소 매력적인 금융수단이 된다.

⑤ 하이브리드 자본(Hybrid capital)

하이드리드 자본은 이상의 세 가지 요소들을 혼합한 유형이다. 이자비용이 없기 때문에 증여 특성을 갖고 있다. 되찾을 수 있는 증여(recoverable grants), 양도가능한 융자(forgivable loans), 전환가능한 증여(convertible grants), 수입공유협정 등이 혼합된 하이브리드이다. 되찾을 수 있는 증여란 프로젝트가 미리 지정된 특정시점에 달할 때만이 갚아야 하는 융자다. 특정 시점에 달하지 않으면 되찾을 수 있는 증여는 증여로 전환된다. 이같은 메카니즘이 이용될 수 있는 상황은 프로젝트의 성공으로 사회적기업이 사회적 투자자에게 융자를 갚을 수 있게 될 때다. 양도가능한 융자란 프로젝트의 성공으로 증여로 전환되어 양도하는 융자다. 사회적기업이 투자자와 투자처가 미리 합의한 목표를 달성하게 되면 융자를 갚지 않아도 되는 것이다. 사회적 투자자가 성공한 기업에게 지분으로 전환되는 증여를 제공하는 것이 전환가능한 증여다. '수입공유협정' 투자자가 프로젝트에 파이낸스를 제공해 미래의 수입의 몫을 받는 것이다.

3. 임팩트 투자 시장 생태계

사회적 임팩트 투자(SII) 시장에는 수요측과 공급측, 중개조직의 행위자들이 늘어나면서 SII 생태계가 조성되고 있다. 생태계는 1) 사회적 욕구, 2) 수요측, 3) 공급측, 4) 중간지원조직으로 구분되며, 5) SII 환경을 조성하는 사회적 체계, 세제, 규제 환경, 금융시장 개발이 진행되고 있다(OECD 2015a: 23-27).

SII 시장의 주요 이해관계자들로는 투자자와 투자처, 중간지원조직과 정책기관 등을 꼽을 수 있다. 이들 사이의 신뢰관계로 시장이 형성되고 유지되며, 신뢰를 구축하기 위한 가장 중요한 전략이 '시장투명성' 전략이라고 볼 수 있다. SII는 먼저 사회적 욕구에 대한 파악으로부터 시작된다. 사회적 욕구로는 고령화, 장애, 보건, 아동과 가족, 주택, 실업 등 광범위한 사회적 욕구 분야들이 해당된다. SII의 수혜층은 일반적으로 사회적 취약층으

그림 5-3 사회적 임팩트 투자(SII) 시장 생태계

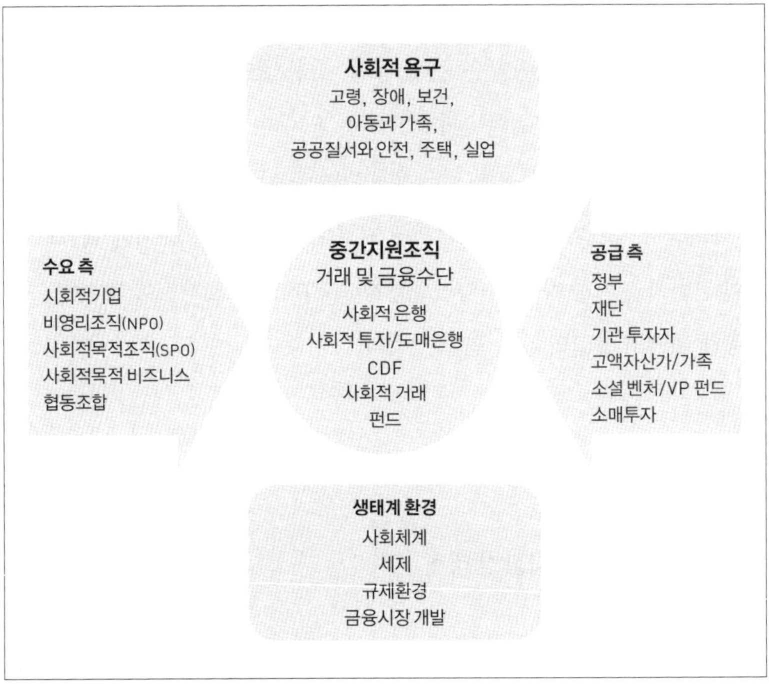

자료 OECD(2015a: 23). Social Impact Investment..

로, 이상의 사회적 욕구 충족으로 혜택을 누리는 분야별 취약층이라고 볼 수 있다.

1) 수요 측면: 서비스전달 조직

사회적 욕구를 파악하는데 핵심적인 역할 수행자는 사회서비스 전달 조직이다. 이들은 지역사회조직, 자선기관, 비영리조직, 사회적기업, 사회적 비즈니스, SII 중심의 비즈니스 등이다. 일부 국가에서는 비영리조직만 이 '사회적' 역할의 조직들로 구분하지만, 명백한 사회적 목적을 수행하는 영리 조직들도 포용하는 제도적 변화가 일어나고 있다. 수요측 참여자들은 소셜벤처를 통해 새로운 시장을 창출하면서 사회적 임팩트도 추구하는 새로운 모델들을 탐색하고 있다. 사회적기업은 사회적 목적과 경제적 목적을 동시에 추구하는 혁신적 비즈니스 모델로서의 전망성을 갖게 되었다.

사회서비스 제공 조직들은 다양한 차원의 지역별, 분야별로 광범위하게 활동하므로 다양한 파이낸싱 욕구를 갖고 있다. 이같은 욕구들을 충족시키기 위한 금융도구들의 개발이 필요하다. 다양한 발전단계에 있는 소셜벤처들에 가장 효과적인 금융 도구들과 펀딩 모델은 무엇인지에 대한 이해가 필요하다. 일부 조직들은 혼합형으로 펀딩 접근방식의 복합이 필요하다.

투자자들에는 비즈니스 모델의 실행과 관리에서 소셜벤처에 대한 리스크가 가장 높은 것으로 나타나고 있다. 전통적인 기업들처럼 일부 새로운 소셜벤처들도 목표 달성에 실패하게 된다. 실패 요인들은 다양해서, 관리, 전략 또는 펀딩부터 규제적, 행정적 장애 등이 있다(OECD 2015a: 25). 그럼에도 사회적기업들은 일반 기업에 비해 실패율이 낮은데, 그 이유는 현실문제에 대처하고 있기 때문이다.

사회적 임팩트 투자자들은 소셜벤처의 효과성 개선에 중요한 역할을 할 수 있다. 사회서비스 제공 기관들에게 펀딩을 제공할 뿐 아니라 전략, 관리, 성장에 대한 지원도 할 수 있다. SII의 성공은 투자가 이뤄지는 영리 또는 비영리의 임팩트 기관들의 장기적인 지속가능성과 사회적, 금융적 성과에 크게 달려 있다.

'투자준비'가 소셜벤처에게는 핵심 이슈가 된다. 소셜벤처의 투자준비와 비즈니스 역량 개선은 SII에 대한 접근의 기회를 제공해준다. 투자 가능성이 높은 소셜벤처를 창출하는 데는 소셜 섹터의 금융적 기술을 개선할 필요가 있고, 또 리스크에 대한 이해가 뒷받침되어야 한다. 영국은 '투자 계약과 준비' 펀드를 위한 전략 펀드에 1000만 파운드를 개시해 사회적기업의 자본 확보를 지원한다. 투자준비를 지원하고 소셜벤처의 새로운 투자 확보를 지원하며 공공서비스 용역 경쟁력을 갖추도록 지원한다. 소셜벤처에게 5~15만 파운드의 증여가 제공되어 최소 50만 파운드의 투자로 발전하게 되고 100만 파운드 이상의 계약입찰에 참여한다. 보스톤 컨설팅 그룹(Boston Consulting Group)은 분석을 통해 이 펀드가 "상당한 긍정적 임팩트"를 갖고 있다고 평가한다(앞글: 25).

2) 공급 측면: 자본 제공자

(1) 재단의 PRI

공급측인 자본 제공자들은 자신들의 투자의 다변화 방안으로 SII에 높은 관심을 갖는다. 사회적, 금융적 목표를 동시에 추구하는 방안이기 때문이다. 공급측에는 재단, 개인 고액 자산가와 자선기관, 은행 및 기타 금융서비스 회사와 중간지원조직들이 있다. 또 중앙 정부부처, 지자체 및 기타 정부기관들은 사회서비스의 위탁을 통해 그리고 SII 시장에 대한 직접, 간접적인 지원을 통해 중요한 역할을 맡는다.

가장 적극적인 투자자는 개인과 가족의 고액 자산가다. 다른 투자자에 비해 융통성과 자율성이 높은 투자자다. 재단들은 SII 시장 개발에서 핵심적인 역할을 맡는다. 그 역할로는 미국의 록펠러 재단이나 독일의 베르텔

스만 재단(Bertelsmann Foundation)과 같이 시장 인프라 구축부터 '촉매'자본(catalytic capital)의 공급이나 프로그램 연계 투자(PRI)를 통한 적극적 투자에 이른다. 민간 재단들은 정부와 시장으로부터 독립적인 위상을 갖고 민간 투자자들보다 더 많은 리스크를 안고 장기적인 '인내 자본'을 제공한다. 재단들은 사회적, 경제적, 환경적 문제들을 해결하는 창의적인 방안들을 탐구해 창출하는 많은 기회를 갖게 된다.

공공 및 민간 증여는 '첫 손실(first loss)' 또는 '촉매' 펀딩을 제공하는데 중요한 역할을 한다(GIIN 2013). 증여와 기술지원은 소셜벤처들이 상업적으로 실행가능한 사회문제 해결방안을 개발하도록 지원하기 위해 SII 이전 단계 또는 같은 단계에서 필요하다. 개발금융기관(DFI)은 시장에서 '촉매' 펀더로 중요한 역할을 한다.

일반적으로 증여는 SII로 간주되지는 않지만 재단들은 시장구축 활동을 통해 또 미션 연계 투자(MRI) 또는 프로그램 연계 투자(PRI)를 통해 시장에 개입한다. 이 경우 재단들은 리스트를 수반하는 수익이 기대되는 투자에 비해 100% 지원금이 되는 증여를 구분하는 것이 중요하다.

PRI 접근은 재단이 전통적으로 활용하는 증여 제공 모델을 넘어 직접적인 부채, 지분, 보증 및 (부채나 지분) 펀드 등의 금융수단들을 구축한다(앞글: 27). 동시에 PRI는 재단의 증여 프로그램에 연계되고, 금융수단들이 재단의 프로그램과 자선 목표를 달성하는데 활용된다. 재단은 혁신적인 펀딩 메카니즘의 활용으로 다른 투자자들을 유치해 사회적 미션에 동참하도록 한다. PRI가 핵심적인 목표로 사회문제를 해결하고 사회적 성과를 생산하도록 추진하는 것이다. PRI는 일반적인 시장가보다 낮은 비율이지만 금융수익을 생산하는 잠재력도 있다. 그럼에도 이것이 투자의 주된 목적은 아니다. 일부 연금기금, 보험회사, 기타 기관투자자들도 SII 시장에 동참하고 있다. 그런데 주류 투자자들은 신탁 책임 때문에 최소한의 시장 리스크 조정의 금융수익을 가진 투자에만 초점을 맞추는 경향이 있다.

표 5-3 게이츠 재단의 프로그램 연계 투자(PRI)

게이츠 재단은 글로벌 차원에서는 빈약한 보건과 극심한 빈곤 문제에 그리고 미국에서는 교육 문제에 초점을 맞춘다. 2009년부터 프로그램 연계 투자(PRI)를 시행한 이후 최근까지 사회적 임팩트 투자에 매우 적극적인 투자기관 역할을 한다. 2012년까지 15억 달러 규모의 투자가 사회문제 해결의 프로그램을 제시한 조직들에게 PRI로 제공되었다. PRI는 재단의 사회적 프로그램 목표와 다른 투자자들의 재정수익 목표와 결합시키는 방식으로 민간부문과 긴밀한 공조관계가 중요하다.

아래 예시들처럼 뚜렷한 사회적 포커스를 제시한 조직들의 프로그램에 다양한 형태의 파이낸싱 도구들이 활용되어, 사회적 목표 달성을 추진한다.

PRI 명칭	사회적 포커스	파이낸싱 도구	사회적 목표
Africa Health Fund	빈약한 보건 해결	지분 펀드 (공동투자)	아프리카 보건회사들의 금융 접근 개선
ASA International	빈곤층 소액대출	저리의 융자	아프리카, 아시아의 저소득층과 소기업에 금융서비스 제공
Aspire Public Schools	교육	부분적 보증	저소득 지역사회의 차터스쿨 설립과 운영

출처 게이츠재단 웹사이트(https://www.gatesfoundation.org/search#q/k=PRI)

자료 OECD(2015a: 27). Social Impact Investment.

(2) 개인 투자자

주류 기관투자자들이 SII에 참여하는 실천적 단계들은 다음과 같다(World Economic Forum 2014). 개인 투자자들도 SII에 참여한다. 프랑스의 '연대펀드' 등 사회적 혜택을 가진 연금기금을 통한 방법이나 지역사회에 대한 투자 방법이 일반적인 개인 투자자의 참여 방법이다. 연대기금은 90/10 펀드로 불리는데, 고용자 연금 계획과 저축에 기초한다. 50인 이상의 고용자를 가진 회사가 정부 승인의 '연대조직'에 펀드의 10%을 투자하게 되어 있다. 이 펀드는 모기지 회사 Finansol가 운영하고 은행, 소액대출기관, 투자사들과 파트너십으로 관리된다. 초기에는 비영리기관들만이 '연대' 인증을 받았지만 지금은 사회적 미션을 가진 상업 비즈니스들도 연대조직 인증을 받도록 규정이 바뀌었다.

개인들이 소유하는 금융자산의 대부분은 직원저축과 연금기금 형태다. 사회적 임팩트 투자 지형을 확장시키기 위해 직원저축과 연금기금에 임팩트 투자 기회를 개방시키는 정책이 추진되고 있다. 프랑스에서는 이미 직원저축 메카니즘을 잘 갖추고 있다. 직원 개인당 고임팩트 사회적 벤처에 포트폴리오의 10%까지 투자할 수 있고 나머지 90%는 엄격한 사회, 환경, 거버넌스(ESG) 기준에서 관리되는 사회적 책임의 주식시장 포트폴리오에 투자할 수 있다(Triodos Bank 2014: 18).

90/10 펀드를 제공하는 기업들은 세 가지 유형의 직원저축 자산관리사 중 하나를 선택해 관리하도록 한다. Natixis AM, Amundi, BNP Paribas AM 등 세 기관이 프랑스 90/10 펀드 자산의 4/3 가량을 운영한다. 이들은 대부분의 자본금을 다시 세 유형의 전국 규모의 사회적 투자 중간기관(이중 사회적기업도 포함)에 투자한다. 그들은 France Active(기업가 지원 및 파이낸

싱), Adie(소액대출), Habitat et Humanisme(사회적 주택)이다. 프랑스 연대기금의 소매자산 규모는 지난 6년간(2007~13) 크게 늘었다.[3]

일반 시민들이 임팩트 투자자로 참여하도록 장려하는 일은 사람들 사이의 유대의 기회를 제공하며 사회적 가치를 창출한다. 돈으로만 연대하는 게 아니라 투자로써 사회적, 환경적 임팩트에 연대하는 것이다. 개인 투자자들이 임팩트 투자자로 많이 동참함으로써 유동성이 줄고 안정성이 높은 금융 시스템을 갖게 되어 사회 전체에 혜택이 돌아가는 선순환이 일어난다(앞글: 8). 대부분의 사회적 임팩트 투자(SII) 프로그램은 잘 조직화된다 해도 대부분 장기간의 인내자본을 필요로 한다. 지금의 금융시장에서 보편화된 단기투자에 맞서는 강력한 대체 균형이 되는 장기 투자에 개인 투자자들의 인식 제고가 필요하다. 장기 투자로 기대되는 지역사회 개발과 사회적, 환경적 문제 해결의 임팩트에 대한 개인 투자자들의 이해와 인식제고가 뒷받침되어야 한다.

임팩트 투자는 초기단계에서는 전문 투자자들의 기술과 전문성을 필요로 한다. 그런 다음 성장단계에서는 일반 시민을 포함한 투자자들의 참여로 수익증대와 배분 등의 금융적 혜택뿐 아니라 사회적, 환경적 임팩트 증대라는 중요한 혜택들이 개별 대상층이나 대상 지역에 돌아간다. 임팩트 투자 기업들은 포용적, 참여적 거버넌스를 진흥시켜 이해관계자들과 의미 있는 소통을 통해 조직의 혁신과 임팩트의 최적화를 수행할 수 있는 기회를 갖게 된다(앞글: 9). '참여적 포용(participatory inclusion)'의 전통을 가진 협

3 1) 기업의 연대 직원저축기금은 1억 5800만 유로에서 4억 3000만 유로로, 2) 상호기금과 은행저축계좌는 8억 6700만 유로에서 18억 9000만 유로로, 3) 직접 투자는 6억 유로에서 36억 9000만 유로로 6배 이상 늘어났다(Triodos Bank 2014: 18).

동조합들과 그와 유사한 사회적경제 조직들이 임팩트 기업들에 해당된다.

크라우드 펀딩(crowdfunding) 플랫폼은 점차 사회적기업을 지원하는 방식으로 개인 투자자들의 참여를 유도한다. 사회적 목적을 위한 크라우드펀딩 대부분은 기부금 형태이지만, 일부 국가에서는 지분 크라우드펀딩(equity crowdfunding) 플랫폼이 생겨 투자기회를 제공해주고 있다.

3) 중간지원조직: 은행, 금융기관, 브로커

중간지원조직(intermediaries)의 역할은 다양하다. SII 생태계의 개발에 중요한 역할을 한다. 투자자와 투자처와 시장의 다른 기관들의 연결, 시장의 효율성 개선을 위한 새로운 혁신적인 방안의 제공 등 다양한 역할을 수행한다(OECD 2015a: 27). 시장에서 비용 절감과 리스크 감소를 지원하는 기능들이 주된 역할이다. 이런 중간지원조직의 역할이 부족하면 분절된 수요와 공급 그리고 복잡한 거래구조로 거래비용이 높아지는 비효율성이 발생한다.

중간지원조직으로는 상업적 은행, 금융자문기관, 브로커 등이 있다. 새로운 전문가 중간지원조직의 창출과 기존 기관들의 역량 강화가 SII 생태계 조성에 중요한 부분들이다. 다양한 중간지원조직들이 다양한 유형의 임팩트 수행 조직들에 서비스를 제공해주는 전략이 필요하다. 또 생태계의 모든 행위자들이 공조할 수 있도록 인정과 인센티브가 제공되는 것도 바람직하다.

(1) 소셜벤처 펀드

소셜벤처 펀드(social venture funds)는 십여년 전에 시작되어 이제 상당한 인기를 모으는 펀드가 되고 있다. 그럼에도 대부분의 펀드는 규모가 작고 짧은 경험을 갖고 있어 기관투자자들의 참여를 유도하기 쉽지 않다. 이들은 벤처캐피털 유형을 따르지만 지분투자를 초월한 다른 금융수단들의 복합으로 이뤄질 수도 있다. 벤처캐피털처럼, 소셜벤처 펀드는 리스크와 수익의 균형의 투자방식에 포트폴리오 접근법을 활용한다.

소셜벤처 펀드는 점차 증가하고 있다. 일부 펀드는 대형 은행이나 개발기관들과 연계되어 있지만 다른 일부는 독립적인 위상을 갖추고 있다. 소셜벤처 펀드는 일반적으로 특정 분야, 지역 또는 투자 단계에 초점을 맞춘다. 또 증여, 융자, 지분투자 등의 금융수단의 복합으로 투자해 시장수익을 목표로 한다. 최근에는 기관투자자들의 유치를 위해 '펀드들의 펀드(fund-of-funds)'가 조성되고 있다(WEF 2013).

소셜벤처 펀드의 모델들은 다양하게 제시되고 있다(OECD 2015a: 29). 독일의 소셜벤처 펀드는 심각한 사회적, 환경적 문제들에 혁신적이고 기업가적 해결방안을 가진 사회적기업들에 투자한다. 영국의 Bridge Ventures는 2002년에 창출된 투자회사로 투자자와 사회 모두에게 수익을 창출하는 임팩트 투자 접근법을 활용한다. Bridges Ventures는 취약 지역사회에서 활동하는 영리적 벤처에 투자를 시작해 이후에는 사회기업가펀드(Social Entrepreneurs Fund)를 만들었다.

사회적 증권거래소(Social Stock Exchanges)도 중요한 역할을 한다. 지난 수년간 OECD와 다른 국가들에서 사회적 증권거래소가 만들어졌다. 런던의 사회증권거래소(Social Stock Exchange: SSE), 남아공의 Nexii, 싱가포르의 아시아 임팩트 투자거래소(Impact Investment Exchange: IIX Asia) 등이 있다(앞글: 30). 사회적 증권거래소는 보건, 교육, 환경, 사회적 주택, 지속가능한 산림과 유기농 및 기타 BOP 분야에서 높은 성장을 기록하는 기업들을 타깃으로 한다. 사회적 증권거래소는 금융수익과 사회적 수익 모두를 찾는 개인과 가족, 재단, 기관투자자들로부터 사회적 비즈니스를 위한 자본을 유치하기 위해 플랫폼을 구축하고 있다.

(2) 투자시장 조성 이니셔티브: 도매은행

SII 시장의 인프라와 역량 구축도 중요한 과제다. 이에 따라 일련의 이니셔티브들이 정부, 재단 등에 의해 시행되고 있는 동향을 주목해볼 수 있다. 영국 정부에 따르면 시장구축을 위해서는 다양한 행위자들이 상호보완적 역할을 맡는다는 공조 의식이 중요하다. 신뢰와 개방적인 커뮤니케이션이 시장구축 과정에서 핵심적인 키워드가 된다(앞글: 30).

영국이 대표적인 임팩트 투자 도매은행(wholesaler), 빅소사이어티 캐피털(BSC)을 갖고 있다. 영국을 제외한 다른 국가에서는 BSC와 같은 도매은행 또는 대형 중간지원조직이 존재하지 않는다. 또는 아직 SII의 수요와 공급을 효율적으로 매치시켜줄 수 있을 정도로 충분히 형성되어 있지 않다. 정책 당국과 재단 등 주요 이해관계자들이 시장구축의 초기 단계에서 중요한 역할을 할 수 있고, 중간지원조직들이 장기적으로 지속가능하도록 환경을 조성해주는 방안을 탐구해볼 필요가 있다.

(3) 사회적 임팩트의 측정

투자자들이 SII 시장에 참여하기 위해서는 사회적 임팩트 측정이 결정적으로 중요하다. 임팩트 측정에서는 등급과 인증 기관들의 역할이 중요하다. IRIS 이니셔티브는 사회적, 환경적, 금융적 성과의 리포팅을 위한 표준방안의 도입을 지원한다. 글로벌 임팩트투자 등급체계(Global Impact Investing Ratings System: GIIRS)는 임팩트 투자자를 위한 등급기관이자 플랫폼 역할을 하며, 다양한 차원의 사회적, 환경적 임팩트와 함께 기업과 펀드의 사회적, 환경적 임팩트를 검토, 분석, 채점한다.

4) 사회적 임팩트 투자 환경

SII 시장은 국가의 사정에 따라 다양하게 나타난다. SII는 시행가능한 환경에 많은 영향을 받는다. 사회적, 금융적 시스템이 조직되는 방법에 따라 공공 및 민간 자본의 역할과 혼합이 이뤄지는 환경이 중요하다. 국가의 정치경제적 배경은 세계가치관 조사, OECD의 〈Society at a Glance〉 등 주요 사회인식 관련 지표들, 삶의 질 지표들이 기초자료로 참고될 만하다(OECD 2015a: 34). 또 SII 시장이 잘 기능하기 위해서는 필요한 법률적 제도와 구조들이 갖춰질 필요가 있다.

SII 시장 개발에는 여러 정보와 인프라가 뒷받침되어야 한다. 금융과 시장 정보의 유용성을 비롯한 사회조직의 창설과 규율과 관련된 법률적 지원 등이 포함된다(앞글: 35). 많은 OECD 국가들은 새로운 소셜벤처의 창업을 진흥시키는 법률적 제도나 시민 규정들을 갖추고 있다. 규율은 SII에 상당한 기여를 한다고 볼 수 있다. 한편으로는 사회적 임팩트에 대한 제3자 평가를 조장해 사회적 수익을 추구하는 투자자들에게 리스크 부담을 줄여주는 역할을 하지만, 기업들에게는 추가적인 비용부담을 갖게 한다. 민간 사회서비스 공급기관들의 원칙은 SII 시장이 사회적 결과 자료, 비교가능한 공적 비용, 사회서비스 공급에서의 민간 금융의 역할에 크게 의존한다는 것을 의미한다.

SII를 위한 가능한 '시장영역'을 파악하기 위해 다양한 분야 또는 사회적 타깃 분야의 비즈니스 사례를 평가하는 자료가 필요하다(앞글: 35). 세제는 SII의 조건들을 설정하는데 결정적으로 중요한 영향력을 갖고 있다. 비영리, 기부 및 투자와 관련된 세제 규정들이 중요하다. 일부 국가에서 정부는 사회적 임팩트 투자자와 사회부문 조직들에게 세제혜택, 보증 또는 보조금 지원으로 진흥하는 역할을 한다. 또 다른 국가들은 임팩트 투자처에 기술지원이나 정부조달 방식으로 지원한다. 영국 정부는 2014년 예산에서 새로운 '사회적 투자 면세'를 발표해, 개인들이 인증받은 사회조직들에 투자하면 소득세의 30% 감면 혜택을 준다. 이런 세제혜택으로 정부는 사회부문에 대한 민간투자의 활성화를 추구한다. 2002년 지역사회투자(community investment) 면세혜택이 민간투자의 활성화에 기여한 것을 참고한 것이다. 미국 또한 일부 세제 인센티브제를 활용한다. 취약 지역사회에 융자나 투자를 하는 지분투자를 하는 개인 납세자에게 연방소득세 크레딧을 주는 인센티브 제도다. 2000년 지역사회재생 면세혜택법으로 시행된 프로그램이다.

4. 주요국 임팩트 투자의 발전

글로벌 임팩트 투자는 영국과 미국을 선도 그룹으로, 유럽 대륙의 프랑스와 독일과 네덜란드가 뒤를 이어 성장하는 단계에 있다. 이에 비해 남유럽의 이탈리아, 스페인, 포르투갈은 이제 초기 단계에 있지만 사회적경제기업의 성숙으로 임팩트 투자가 더불어 성장하는 추세다. 북유럽은 보편적 복지국가를 대표하는 스칸디나비아 모델로 후발 그룹으로, 초기 논의 단계를 지나 정부와 시장의 관심과 인식이 정책으로 출발하는 과정에 있다.

1) 선도 그룹: 영국의 임팩트 투자

영국과 미국은 지금의 임팩트 투자를 선도하는 쌍두마차다. 임팩트 투자 시장이 민간 재단과 기관들의 혁신적 역할로 초기 단계를 지나 성장 단계로 진입해 있다. 또 시장 생태계 조성에 정부가 적극적인 진흥자, 투자자 역할을 하고 있다.

영국과 미국은 전통적으로 복지국가의 역할이 적은 대신 민간부문의 자선과 사회 공헌활동이 세계에서 가장 활발하며 광범위하다. 이 덕분에 최근 임팩트 투자의 활성화도 민간재단과 선의적 개인들이 주도하고, 기업들도 사회공헌 차원에서 동참하는 강한 추세에 있다.

(1) 2000년부터의 초기 활성화

영국의 사회적 투자 시장은 가장 활성적인 시장을 대표한다. 지금의 영국의 사회적 투자 시장은 2000년에 영국 사회적 투자 TF(UK Social Investment Task Force) 추천으로 시작되었다(UK National Advisory Board 2014). 정부의 혁신정책이 효과적으로 잘 활용되었다는 높은 평가를 받고 있다. 영국 정부는 2000년에 '사회임팩트 TF'로 사회적 임팩트 투자 준비를 갖춰, G8 의장국 기간에 2013년의 글로벌 '사회적 임팩트 정상회담'을 비롯한 다양한 글로벌 이니셔티브를 선도했다. 2010년 세계 최초의 사회임팩트채권(SIB) 실험을 통해 임팩트 투자의 혁신적 제도 마련을 선도했다. 노동성, 법무성 등 중앙정부 대부분이 임팩트 투자에 해당되는 '결과지불(PbR: Pay by Result)'을 최초로 시행하며 지방정부의 혁신적인 결과지불의 정책 시행을 이끌었다. 이제 결과지불제는 중앙 및 지방 정부들의 주류 정책으로 정착되고 있다.

지역사회 개발 금융조직들이 중요한 역할을 했고, 자선은행들이 활성화된 계기가 되었다. 나아가 자선기관들의 혁신적인 변화가 주목된다. 정부에 대해 전략적으로 중요한 서비스 공급기관으로 변모한 것이다. 또 정부의 역할도 혁신적 변화를 경험해왔다. 사회적기업이 증여나 보조금에 의존하기 보다는 금융적 지속가능성을 갖추도록 지원하기 위해 정부가 펀드를 조성해 정부 계약을 받아낼 수 있도록 지원해왔다.

주요 혁신가들의 리더십 또한 결정적인 역할을 했다. 코헨(Ronald Cohen) 등의 핵심적인 인물들이 리더십을 발휘해 새로운 이니셔티브들이 착수되도록 지속적인 자문을 제공했다. Bridges Ventures, Social Finance, Big Society Capital 등이 이렇게 탄생될 수 있었다. 사회적 금융은 지금 임팩트 투자를 대표하는 사회임팩트채권(SIB)과 개발임팩트채권(DIB)을 창출해 관리하고 있다. 영국에는 수십 개의 SIB들이 개발중에 있고, 호주와 미국 등지에서도 법무, 보건, 가족, 홈리스와 고용 분야에서 활용되는 SIB는 임팩트 투자를 대표하는 혁신적인 상품이 되고 있다. 영국의 총리실은 SIB 경험과 모델과 접근법을 공유하고 SIB 개발을 위한 전담조직으로 SIB 센터(Centre for Social Impact Bonds)를 창설하였다.[4]

또 시장에서는 런던의 사회적 증권거래소(Social Stock Exchange: SSE)가 2013년 6월에 개장했다. 공시된 사회적 임팩트 비즈니스를 긍정적인 임팩트와 재정수익을 창출하려는 투자자들을 연결시켜주고 있다. SSE는 London Stock Exchange Group, City of London Corporation, Big Society Capital, Rockefeller Foundation 등의 지원을 받고 있다(HM Government 2013c).

(2) 정부의 이니셔티브 역할

영국 정부는 임팩트투자 생태계 창출에 결정적인 역할을 했다. Big Society Capital 창출과 세제 지원 등으로 임팩트 투자 시장 인프라 구축에서 핵심적인 역할을 수행해왔다. 이 전략에서는 초당적인 공조가 이뤄지고 있는 특징이 있다. 영국 총리실의 사회적 투자금융(Social Investment and Finance) 팀이 중요한 역할을 하는데, 주로 SII 생태계의 핵심관계자들의 얘기를 경험하고 이들과의 공조를 추진한다. 그 결과 임팩트 투자 시장 개발을

4 https://www.gov.uk/social-impact-bonds

위한 광범위한 이니셔티브들을 개발과 지원으로 나타나고 있다. 2014년 예산에는 새로운 사회적 투자 면세가 발표되었다. 사회적 임팩트 기관들에 투자하는 개인들이 당해년의 소득세에서 투자의 30% 감면 혜택을 받는다.

영국은 일찍이 2002년에 지역사회투자면세(Community Investment Tax Relief) 제도로 지역사회개발 금융사에 대한 민간 투자를 장려해왔다. 또 몇 가지 다른 면세 제도를 통해 높은 리스크의 벤처에 대한 투자를 진흥시켜 왔다. 기업투자제(Enterprise Investment Scheme), 씨앗기업투자제(Seed Enterprise Investment Scheme), 벤처캐피털트러스트(Venture Capital Trust) 등이 대표적인 면세제도다.

최근에는 규모는 작지만 전략적인 펀드인 '투자계약과 준비(Investment Contract and Readiness)' 기금이 개설되어 사회적기업들의 자본 확보를 지원한다. 이 기금은 소셜벤처들이 새로운 형태의 투자에 접근하고 공공서비스 용역 경쟁력을 갖추도록 지원한다. 50만 파운드 이상의 투자유치를 하거나 100만 파운드 정부용역 투찰을 하는 소셜벤처에게 5~15만 파운드의 증여를 제공한다.

영국의 '사회적 임팩트 투자' 국가자문위원회에 따르면, 지금의 세계적인 사회적 임팩트 투자 활성화는 2000년 이래 영국의 수십여 이니셔티브의 지속적인 시행이 선도적인 역할을 했다. 2000년 정부의 사회적 투자 TF의 사회적기업가 양성 이니셔티브 이래로 다음과 같은 이니셔티브들이 지속되어 오늘에 이르렀다(앞글: 13-25; UK HM Government 2016).

표 5-4 영국 정부의 임팩트 투자 육성 이니셔티브

- 2001년 비영리조직 UnLtd의 사회적기업가 육성 활동, - 2002년 지역사회개발 벤처펀드 Bridges Ventures 개시와 Charity Bank 창설, - 2004년 사회적기업을 육성하기 위한 지역사회이해회사(Community Interest Company: CIC) 창설, - 2007년 민관의 공조적 투자로 창설된 중간지원조직 Social Finance, - 2010년 Social Finance가 추진한 세계 최초의 사회임팩트채권(SIB) 시행, - 2011년 정부 최초의 사회적 임팩트 투자 사업인 노동연금성의 혁신기금(Innovation Fund) 시행, - 2012년 사회적 투자은행 빅소사이어티 캐피털(Big Society Capital) 창설, - 2012년 공공서비스(사회적 가치) 법 시행, - 2014년 금융수익과 사회수익의 균형을 진흥시키는 사회채권기금(Social Bond Fund) 시행, - 2015년 정부 기금을 활용해 민간자본을 유치하는 전략으로 치매발견펀드와 예술임팩트펀드 조성 등.

자료 HM Government(2013c, 2016); NAB(2018).

(3) 사회혁신과 임팩트 지향

이상의 사회적 임팩트 투자 이니셔티브들은 다음과 같은 사회혁신과 임팩트 지향의 공통점을 갖고 있다(UK National Advisory Board 2014: 27).

첫째는 다수의 정부 및 민간기관들이 촉진자 역할을 한다. 정부뿐 아니라 개인이나 기관투자자, 자선재단과 시민사회조직 등이 사회적 문제와 욕구에 초점을 맞춰 문제해결에 필요한 금융적, 사회적 자본을 조성하는데 역할을 분담한다.

둘째, 수요, 공급, 중개를 지원하는 생태계 개발에 초점을 맞춘다. 수요와 공

급과 중개가 상호 지원적이며 의존적 구조를 갖추도록 지원한다.

셋째, 광범한 유형의 개입을 확장시키는 역할을 한다. 정책결정, 시장 이니셔티브, 지원 프로그램, 인프라 개발(관련 조직들) 등이다.

넷째, 규모의 확장에 비전을 갖고 실제 변화를 촉진시키는 충분한 규모의 개입을 달성하는 노력에 공조한다.

다섯째, 선도자 챔피언들을 찾아낸다. 정부, 무수한 개인과 재단, 빅소사이어티 캐피털(Big Society Capital) 등이 주요 챔피언으로, 이들이 존재하지 않았다면 지금의 사회적 임팩트 투자 시장도 존재하지 않았을 것이다.

마지막으로, 시장 개발과 구축에 증여 지원의 필요성을 인지한다. 중간지원 조직들의 역량과 규모를 구축하는 증여 지원을 지속한다.

영국 '사회임팩트 국가자문위원회'에 따르면, 영국의 임팩트 투자 규모는 2017년 1500억 파운드에 달한다. 시장 규모에서 재생에너지와 소셜 하우징 분야가 가장 크며, 3000여 사회목적조직(SPO)에 대한 투자금이 20억 파운드에 달한다.

2019년 영국국가자문위원회(UK NAB)와 사회임팩트투자 TF(SIIT)가 협력해 새로운 통합조직인 임팩트투자기관(Impact Investing Institute)을 창설하였다. 새 조직의 목표는 다음과 같이 설정하였다. (i) 임팩트 투자를 위한 시장 인프라 강화, (ii) 임팩트투자 자본의 규모 확대, (iii) 임팩트 투자 자본의 효과성 개선, (iv) 개인의 임팩트 투자 접근 용이성 개선 등이다(EVPA 2019c: 25).

2) 선도 그룹: 미국의 임팩트 투자

(1) 지역사회투자의 전통

미국에서 사회적 투자가 시작된 것은 지역사회투자(community investing)라는 시각이 있다. 취약지역에 은행, 신용조합, 융자 펀드 등을 통한 금융 서비스를 지원한 것이 시초라는 견해다(Wilson 2014: 24). 1977년에 제정된 지역사회재투자법(Community Reinvestment Act)은 취약지역에 투자하는 지역사회개발금융 산업의 창출에 핵심적인 제도적 역할을 했다.

지역사회 금융산업은 그 후 미국에서 성장하는 대형 시장을 형성했고, 유럽에서도 활성화되고 있다. 1980년대는 미국을 비롯한 일부 국가들에서 사회적 책임 투자(socially responsible investment: SRI)가 성장한 시기로, 1990년대의 사회기업가정신의 성장과 더불어 투자자들과 자선기관들이 임팩트 투자에 대한 관심을 증대시킨 계기가 되었다.

지금은 광범한 그룹의 투자자들이 사회적 투자 시장에 참여해 사회적 문제들에 대한 새로운 혁신적인 해법을 탐구하고 있다. 기업들도 동참해서 수익창출과 사회적 임팩트를 동시에 추구하는 투자와 사회적기업의 새로운 모델들을 개발하고 있다. 대학들도 교육과 훈련, 지식과 네트워크 허브 역할과 임팩트 투자 시장 개발에서 중요한 역할을 맡고 있다. 또 밀레니얼 세대가 사회적 이슈들에 대한 높은 가치관의 인식이 확대되면서 더불어 사회적 임팩트에 대한 대중적 관심도 높아지고 있다.

미국에서 대부분의 사회적 투자는 증여와 자선적 기부금 유형으로 이뤄지고 있다. 2009년 자선적 기부는 3천억 달러에 이르는데 75% 이상 대부분이 개인들의 기부금이다(Rangan et al. 2011). 그런데 자선기관들의 변화가 주목된다. 100대 자선기관들이 동참하는 Founders Pledge는 2~3천억 달러 규모의 펀딩을 사회적기업과 사회적 투자에 제공한 것으로 추산된다. 사회적 투자 열기가 재단들 사이에는 대단한 붐을 이루고 있다. 자선단체들이 창출하는 사회적 임팩트가 자선단체 선정의 기준이 된다(표 5-5).

표 5-5 Founders Pledge의 자선단체 임팩트 사정

1) 임팩트 우선(Prioritising Impact)
다양한 자선단체들은 결과 달성에서 상당한 차이를 낳는다. 올바른 자선단체를 파악하는 일은 기부를 하는 것과 임팩트를 창출하는 것의 차이가 된다.
2) 임팩트 이해(Understanding Impact)
최고의 기업가들은 증거와 전문성 기반의 비즈니스 의사결정을 한다. 프로그램 비교에서 분석에 기반해 산출(outputs)보다 결과(outcomes)를 우선하고, 상상보다 검증된 인과적 연계를 우선한다.
3) 임팩트 확장(Multiplying Impact)
자선단체들은 자신들이 얼마나 임팩트를 창출하는지를 경쟁해야 한다. 전략적 사고의 증거와 결과 기반으로 사회센터 전체에서의 자선단체들의 임팩트 창출 실천을 인센티브로 제공한다.

자료 https://founderspledge.com/research

미국의 재단들과 개발금융기관(Development Finance Institutions: DFI)은 개발도상국의 SII에 점차 높은 관심을 갖고 동참해오고 있다. 정부기관인 OPIC(Overseas Private Investment Corporation)는 민간재단인 록펠러 재단, Omidyar Network 등과 사회적 투자에 초점을 맞춰 새로운 혁신을 추진한다. 오바마 대통령은 새로운 혁신 조직인 사회혁신시민참여실(Office of Social Innovation and Civic Participation: SICP)를 창설해, 심각한 사회적 문제 해결에 혁신적 방안을 동원하는 사회적 투자를 진흥시켰다. SICP는 지역사회

경제를 회복시키고 강력한 지역공동체를 창출하는 범정부 기관의 정책과 프로그램들을 개발해 사회분야를 강화, 지원하는데 목표를 설정해두었다.

(2) 국가임팩트 이니셔티브와 사회혁신기금

2013년에는 오바마 정부가 국가임팩트 이니셔티브(National Impact Initiative)를 시행해, 임팩트 투자를 경제성장과 글로벌 개발의 국가적 전략으로 활용하는 혁신적 변화를 추진하였다. 글로벌 개발혁신벤처(Development Innovation Ventures: DIV)의 개설로, 사회적기업, NGO, 기업, 대학 등 다양한 주체들이 비용효과적인 개발혁신 프로그램을 제안하면 이를 지원하는 프로그램을 시행하였다. 다음으로 소기업청(Small Business Administration)의 임팩트 투자 펀드를 확대해 농촌지역 공동체까지 포함시키는 내용도 포함되었다. 또 10억 달러 규모의 임팩트투자펀드(Impact Investment Fund)는 고성장 스타트업의 자본 접근성 확대와 기업가정신 교육 및 멘토링 프로그램 활성화, 연방기관의 연구개발기금의 상업성 강화 등을 추구한다.

동시에 세제혜택 제도가 새로 도입되었다. 지분투자 전체가 저소득 지역사회에 투자되거나 융자로 제공되는 지분투자를 하는 납세자들에게 연방 소득세 감면 크레딧을 제공하는 새로운 제도가 시행되고 있다. 영국식의 사회임팩트채권(SIB) 또는 결과지불(Pay for Success: PFS) 모델의 확대를 위해 백악관은 3억 달러 규모의 PFS 기금을 만들었다. 대표적으로 노동성은 1억 9500만 달러 예산으로 주정부들이 직업훈련, 법무, 주택과 장애 서비스 등에 초점을 맞춰 PFS 프로젝트를 시행하도록 증여를 제공한다.

한편 사회혁신기금(SIF) 또한 대표적인 추진전략이다. 백악관의 사회혁신과 시민참여실(SICP)과 국가봉사단(Corporation for National and Community

Service: CNCS)은 서비스와 자원봉사를 진흥시키고 성과와 임팩트를 내는 새로운 해법에 대한 투자를 증대시키고 혁신적인 파트너십 모델들을 진흥시키는 역할을 한다. 2009년부터 시행되고 있는 SIF는 지역사회의 문제해결 방안을 찾아내 성과의 증거로써 확장시키는 민간 자원의 임팩트 동원에 연방 정부가 촉매자 역할을 하는 강력한 접근법이다. 2009년 에드워드 케네디 상원의원의 '미국 자원봉사법(Serve America Act)'이 도입되면서 시행된 SIF는 국가봉사단(CNCS)의 혁신적 프로그램으로, 지역사회의 변화를 이끈 두드러진 임팩트 성과를 내고 있는 지속가능한 해결방안들을 비영리기관들이 지정해 지원하도록 권한을 부여하는 프로그램이다. SIF는 시행 6년간 지속적으로 확대되며 사회적 임팩트를 확장시켰다.

표 5-6 미국의 사회혁신기금(SIF) 추진 성과: 2010~15년

혁신의 파트너십	전국 311개 중간지원조직과의 파트너십 (1:1) 매칭 – 경제적 기회, 건강한 삶, 청소년 개발의 공조활동
매칭 펀드	연방 그란트(SIF 중간지원조직 그란트: 2억 4300만 달러) 민간기금 매칭(SIF 중간지원조직과 시행기관 그란트: 5억 2800만 달러)
지식 공유	프로그램 평가 86개 시행 고차원의 임팩트 모델을 위한 증거기반 구축비(6600만 달러)
임팩트 확장	35개 주정부 시행, 59만 2000명 개인 대상

자료 CNCS(2016). http://www.nationalservice.gov/SIF

SIF는 새로운 사회임팩트 결과지불 파트너십(Social Impact Partnerships to Pay for Results Act: SIPPRA) 프로그램으로 확대되어 시행되고 있다. 2018년 사회임팩트 파트너십 결과지불법(SIPPRA)이 제정되어 시행되면서 교육, 노동, 복지 등 사회 프로젝트의 재정지원 방식의 혁명적 변화가 일어나는 있

다는 것을 알려주고 있다. 측정가능한, 확고하게 정의된 사회적 혜택의 결과를 생산하는 사회임팩트 파트너십 프로젝트에 주정부와 지방정부가 사회기관들과 함께 공동으로 공모하도록 요청한다. 사회적 혜택의 결과로는 16~24세 청년 실업자의 고용, 고교 졸업, 10대의 계획에 없는 임신 감소, 아동학대와 방치의 발생과 그에 따른 부정적인 결과 등이다.[5] 법의 시행은 재무성이 주무기관으로, 법에 명시된 21 가지의 프로젝트 유형에 공모를 실시해 보조금을 지원한다.[6]

3) 성장 그룹: 유럽 대륙의 임팩트 투자

유럽의 SII 시장 또한 급성장하고 있다. 임팩트 투자 시장 규모가 2011~15년 기간에 11배 급증한 것으로 조사되고 있다(OECD 2019: 135). 영국과 미국의 투자 규모에 비교하면 매우 부족하지만, 프랑스와 네덜란드를 비롯한 유럽 대륙의 임팩트 투자는 상당한 성장 속도를 보여준다.

(1) 프랑스

프랑스의 SII 시장은 직원과 개인의 저축을 통한 사회적 금융 운동에서 시작되었다. 2008년 프랑스 정부는 '연대투자기금(solidarity investment

---

5 https://www.congress.gov/bill/114th-congress/house-bill/5170/text

6 https://home.treasury.gov/services/social-impact-partnerships/sippra-pay-for-results

funds)'의 설립을 촉진시켜, 기금 포트폴리오의 10%가 사회적 임팩트를 위해 투자될 것을 규제하였다. 모든 기업이 하나 이상의 연대투자기금을 기업 저축제도로 제시하도록 하였다. 이같은 규제는 주류 도매시장의 임팩트 투자 접근 기회를 제공하는 중요한 수단이 되어, 임팩트 투자 경제에 대규모의 자본공급을 유치하는 성과가 있었다(OECD 2019: 135).

또 민간 지분 임팩트 펀드가 개발되어 협회(AFIC 임팩트 클럽)의 회원 기업들이 12억 6000만 유로의 임팩트 투자를 하는 것으로 조사되었다(앞글: 135). 임팩트 클럽 기업들은 사회적 배제, 소액대출, 소셜하우징, 재생에너지, 순환경제 분야에서 운영되거나 취약 지역에서 비즈니스 활동을 한다. 2016년에는 공공 금융기관(Caisse des Depots: CDC)이 다른 투자자들과 공동으로 사회적경제 기업들을 지원하는 1억 유로 규모의 기금(NovESS)을 개시하였다.

프랑스에서 사회적경제는 법적 기반이 확고하다. 2014년에 시행된 〈사회적경제연대법(Law on Social and Solidarity Economy: SSE)〉으로 사회적기업의 법적 인정이 확대되면서 지방정부들이 사회적기업에 대한 자원 지원도 크게 늘었다. 사회적 목적 추구의 비즈니스(ESUS)의 법적 인정도 임팩트 투자의 중요한 계기가 되었다. SSE의 엄블레라 속에서 2018년 〈프랑스 임팩트(French Impact)〉 이니셔티브가 개시되었다(EVPA 2019: 23). 민간부문이 사회적 임팩트 촉진에 참여하는 계기가 마련된 것이다. 2019년에는 글로벌 임팩트 투자 진흥을 위한 주요국 연대 협의체인 '임팩트 서밋 팩트(Pact for Impact Summit)'가 파리에서 개최되었다.

2016년 프랑스 최초의 SIB(Contrats à impact social) 실험이 개시되며, 2017년 3섹터 협력의 SIB가 공식 시행되었다. 사회연대섹터(ADIE), 프랑스 정부, 민간금융섹터(BNP Paribas, 투자자이자 중간기관)이 그것이다. 그 후 6개의 새로운 SIB가 개시되었고, 동시에 임팩트 투자 생태계와 시장구축 이니셔티브 촉진을 지원하는 몇 개의 기금들이 개설되었다. 여기에서 프랑스 금융협회(Association Finansol)가 시장구축의 핵심 역할뿐 아니라 사회연대금융의 진흥과 90/10 연대저축 제도의 개정을 위한 로비활동 역할도 맡고 있다(앞글: 23-24). 프랑스 국가자문위원회의 시행기관(Impact Invest Lab)은 실질적으로 사회적 임팩트 투자 진흥에 선도적 역할을 맡고 있다.

마지막으로 EU 기금의 지원으로 6개의 프랑스 SIB가 개시될 수 있었다. EIF의 Social Impact Accelerator(SIA): Impact Partenaires III, Phitrust Partenaires Europe and Impact Creation 1, Citizen Capital II, Future Positive Capital Fund and Impact Croissance IV 등이 그것이다. EIF는 특히 SEED I 기금의 초기단계 지원을 하는데, 이 기금은 다양한 이해관계자 참여를 진흥시키고 있다. 프랑스와 유럽의 기관들(EIF, Banque des Territoires), 협회 금융지원기관(Revital''Emploi), 개인들과 성공한 사회기업가 등이 있다(앞글: 24).

(2) 독일

독일의 SII 시장은 여전히 초기 실험단계인 것으로 알려지고 있다. 2015년 현재 7000만 유로 규모의 임팩트 투자 자산이 관리되고 있다. 이처럼 작은 투자자 베이스로 중간지원기관도 적은 상태에서 BMW, Bertelsmann 등 일부 민간 재단들과 소셜벤처 자본펀드사(BoonVenture, Ananda Ventrues) 등이 선도적 역할을 한다(OECD 2019: 137).

독일의 임팩트 투자는 일부 사례를 제외하면 투자자들이 부족한 상황이다. 전통적인 투자 섹터와 자선 섹터 사이에 위치한 임팩트 투자자들이 양적으로 부족한 것이 현실이다. 그 이유는 사회적 이슈에 대한 강력한 공공 부문의 존재, 또 소형 사회적기업의 성장에 민간 투자자의 지원 역할의 필요성 인식 부족 때문이다(EVPA 2019: 22). 독일의 잠재력에 비교하면 상당한 갭이 있는 것이다. 사회적 문제들은 주로 가치은행인 GLS Bank, 대형 재단과 복지조직들의 몫이다. 여기에 자산관리사들이 임팩트 투자의 시장가 이하의 수익에 대한 부정적 시각을 갖고 있는 것도 장애 요인이 된다.

독일의 재단들은 법적 규제 때문에 사회적기업에 대한 임팩트 투자를 하기 어려운 문제에 직면해왔다. 그런데 2014년부터 새로운 변화가 시작되었다. 유럽의 사회기업가기금(European Social Entrepreneurship Fund: EuSEF)이 유럽 전역에 통용되는 법적, 규제적 근거가 되면서, 독일 최초의 MRI 파이롯트 기금(Pilot Fund)이 개시될 수 있었다. 이 기금은 임팩트 투자기관(BonVenture)이 운영하며, 사회적 목적을 추구하는 재단들의 기증(endowment) 투자와 연계된 투자를 시행, 실험하는 것이었다. EIF는 독일의 임팩트 투자 생태계 강화를 지원하기 위해 독일에 기반한 임팩트 투자기금에 3520만 유로를 투자해왔다. Ananda Ventures가 운영하는 Social Venture Fund II, Ananda Impact Fund III가 있고, BonVenture III가 그것이다(앞글: 22).

(3) 네덜란드

네덜란드 또한 SII 시장 진흥에 적극적이다. 네덜란드 지속가능개발투자자협회는 2014년 SII 시장에 240억 유로가 투자되었다고 추산한다. 국내 3대 연금기금과 3대 보험사 합동으로 임팩트 투자 시장을 주도하는 특징도 있다. 주로 녹색 테크놀러지와 금융 서비스 분야에 대한 투자에 초점을 맞추고 있다.

2013년 Buzinezzclub이 시행하는 로테르담(Rotterdam) SIB가 최초로 개시되었다. 여기에는 Start 재단과 ABN AMRO 은행 합동으로 실업 상태의 청년의 구직, 직업훈련 또는 창업을 지원하는 자본금 68만 유로가 투자되었다. 네덜란드는 특히 개발 협력, SDGs에 대한 투자를 늘리고 있다.

네덜란드는 전통적인 '파트너십 문화'가 발달되어 있다. 그 덕분에 민관협력이 발달해 사회혁신이 중앙, 지방 차원에서 동시적으로 추진되는 특징이 있다. 로테르담 SIB 이후 15개의 SIB가 이어졌다. 네덜란드 자본 공급 측면에는 100여 개의 민간재단들이 임팩트 투자 생태계의 핵심을 이루고 있다(EVPA 2019: 24). 재단들을 비롯해 10개의 사회임팩트 기금, 수십여 개의 인큐베이터와 엑셀러레이터, 크라우드펀딩 플랫폼, 기업과 은행, 엔젤 투자자 네트워크, 네트워크 플랫폼 등이 생태계를 형성하고 있다. 자본수요 측면에서는 네덜란드 사회적기업연맹(Social Enterprise NL)이 전국 사회적기업의 회원 연대조직으로 2012년 설립되어, 사회적기업의 법적 지위 개선, 기업과 공공부문과의 중개 플랫폼 역할을 맡는다.

네덜란드 임팩트 투자는 성장중이지만, 여러 장애들이 가로막고 있다. 첫째는 파이낸싱 갭이다. 둘째는 사회목적조직들이 시장정향적 솔루숀을 갖고 있지 않은 문제도 있다. 또 사회적 임팩트에 대한 인식 제고, 임팩트 측정 문제도 현안과제다.

4) 초기 성장그룹: 남유럽의 임팩트 투자

(1) 이탈리아

이탈리아의 SII 시장은 작은 규모이지만, 국가자문위원회에 따르면 2020년까지 30억 유로 규모로 확대될 것으로 추산된다. 이탈리아 정부는 지방정부들의 '결과지불' 제도와 SIB 시행을 지원하기 위한 3천억 유로의 '결과기금(Outcomes Fund)'을 개시하였다.

이탈리아 임팩트 투자 생태계는 '호의적인 규제' 환경이 특징이라는 분석이 있다(EVPA(2019: 31). 사회적기업의 법적 지위가 2005년에 다소 늦게 부여되었지만, 사회적 협동조합은 오랜 역사적 전통을 갖고 있다. 2016년 제3섹터 개혁이 추진되어 제3섹터의 비영리, 사회적 비즈니스 등 모든 기관들이 하나로 통합되어 동일한 법적 지위를 갖게 된다. 개혁 이전에는 비영리조직과 사회적협동조합에 대한 보조금과 융자가 일반적인 정부지원정책이었다. 그러다 개혁을 계기로 지분투자 등의 임팩트 투자가 점차 늘고 있다. 2016년 사회공익회사(Benefit Companies)를 법적으로 인정한 최초의 국가다. 사회공익회사는 수익창출과 함께 공익의 혜택 달성을 목적으로 하는 회사다.

지금의 임팩트 투자는 무수한 재단들로부터 정부 진흥정책에 이르는 상향식 동향을 보여준다. 대표적인 민간재단 Fondazione CRT, Fondazione Cariplo 등이 이미 2004년에 소셜 하우징 프로그램으로 지속가능성과 윤리적 투자 실험을 개시하였다. 또 Oltre Venture는 이탈리아 최초의 임팩트 투자 기금을 조성해 생태계 조성에 선도적 역할을 했다. 2006년에 Oltre Venture I을 시작으로 Oltre Venture II가 유럽투자기금(EIF)의 사회

임팩트 액설러레이터(SIA) 포트폴리오의 일부로 시행되었다.

(2) 스페인

스페인의 사회임팩트 투자 시장은 초기 단계에 있지만 성장을 위한 바람직한 모멘텀 상태에 있다는 평가를 받는다(EVPA 2019: 30). 투자자에게 임팩트 투자가 낯선 투자 영역이고, 리스크/수익 이분법에서 임팩트를 추가한 삼분법으로의 발전에 대체로 회의적이다. 전통적인 자선과 영리 투자 양분법에 익숙한 보수적 문화가 지배적인 것이다. 이에 따라 정부의 규제정책 또한 투자자의 임팩트 욕구를 수용하지 않은 상태이며 인프라 구축에도 관심과 노력이 부족한 상태다.

그럼에도 스페인의 임팩트 투자 생태계는 다양한 주제들 사이의 협력으로 급성장하고 있다는 관찰도 나오고 있다(앞글: 30). 2018년 민간 재단, 비영리기관 등의 공조가 늘고 있다. 2018년 Open Value Foundation, UnLtd Spain, Eurocapital EAFI 삼자가 스페인 임팩트 투자 생태계 조성을 위한 70개 이상의 기관들을 모으는 그룹(Foro Impacto)을 조직하였다. 2019년 이 조직이 스페인 국가자문위원회를 구성해 공식적으로 글로벌 협의기관(GSG)에 동참하였다. GSG 등 글로벌 기관들의 역할이 스페인의 임팩트 투자 성장을 촉진시킨 '외부 환경'이 된 것이다.

한편 공공기관은 투자기관들과의 협력을 강화하는 동향이다. 일례로 2017년 바르셀로나 시의회는 모든 공공조달에 사회적. 환경적, 윤리적, 혁신적 고려사항을 따를 것을 공식화하는 '사회적 공공조달' 조례를 시행하였다(앞글: 31). 2019년 마드리드 시의회와 국영은행이 각각 임팩트 투자를 개시하였다. 마드리드 시의회는 3000유로 규모의 사회임팩트기금의 공모

사업을 시행했다. 또 국영은행은 임팩트기금을 지원하는 5000만 유로의 투자퍼실리티를 시행하였다. 유럽투자기금(EIF)은 스페인 최초의 기관 임팩트 투자(Creas Impacto)와 합작으로 보건웰빙 중소기업, 환경, 교육, 사회혁신에 투자를 개시했다. EIF와의 두 번째 투자 협약은 사회적/환경적 임팩트가 높은 사회적기업에 투자하는 300만 유로 규모의 기금(Equity4Good)에 투자해, Ship2B가 운영한다.

(3) 포르투갈

포르투갈 정부의 규제정책은 제한적이지만 임팩트 투자 생태계는 일부 공공 이니셔티브들로 성장하고 있다. 2013년의 사회적경제법이 시행되었고, 2015년 사회기업가투자기금이 신설되며 민간부문의 사회적기업 지원 투자를 촉진하는 도매 임팩트 투자기금이 마련되었다(EVPA 2019: 32). 지금의 국가자문위원회는 민간주도로 2014년 '사회적 임팩트 TF'가 창설되면서 발전된 것이다. 임팩트 투자 생태계 조성의 논의와 함께 임팩트 투자 시장 강화를 위한 정책 제안을 제시하였다. 수요측, 공급측, 공공부문, 시장부문, 중간지원기관의 역할을 2020년 목표로 제시해 각 부문의 역할을 정기적으로 모니터링하며 평가하는 시스템을 구축하였다.

2015년 유럽구조기금(ESF)을 최초로, 가장 혁신적으로 대표하는 사회혁신미션구조(EMPIS)가 정부에 의해 사회적경제와 사회혁신을 위한 기금으로 개시되었다. 역량구축 증여, 벤처필랜스로피 공동 파이낸싱, SIB와 임팩트 투자를 통해 향후 5년간 사회적 임팩트 투자 개발에 1억 5000만 유로의 자본 동원을 목표로 출발하였다. 이상의 네 가지 금융수단 모두가 민간자본의 유치를 전제로 하는데, 실제로 민간자본 투자가 1억 3000만 유로로 성장한 성과를 보여준다. 2019년까지 320개의 프로젝트를 지원했고, 281개 사회적기업에 3400만 유로의 자본이 투자되었다.

포르투갈 정부 또한 SIB 등의 결과지불제를 다양하게 실험하고 있다. 시정부(Fundão)가 공공고용기관과 사회적기업(Academia de Código)과 협력해 청년실업을 극복하는 고용기술훈련의 파트너십을 시행하는 SIB도 있다. 현재 4개의 SIB가 시행되고 있다. 또 2018년 이래로 포르투갈 사회혁신기금은 단위비용 D/B인 One Value를 개발해 운영하고 있다, 사회문제 관련 70개 단위비용 지표를 수집해 관리한다.

5) 후발 그룹: 북유럽 복지국가의 임팩트 투자

국가 중심의 보편적 복지를 추구해온 북유럽의 노르딕 국가들은 민간부문의 임팩트 투자나 사회기업가정신의 성장은 두드러지지 않는다. 개인 사회기업가의 성장은 정부지원과 거의 관계 없이 부분적인 사회서비스 시행기관에서 추진되고 있다(EVPA 2019: 33).

또 다른 이슈는 복지국가의 사회 서비스의 사회적 임팩트에 대한 정부의 인식도 성장되어 있지 않다. 정부의 무관심 속에 민간기관들이 사회적 임팩트의 중요성을 인식해 임팩트 투자에 참여할 의지는 점차 성장하고 있다(앞글: 33).

(1) 핀란드

핀란드가 선도적인 국가로, 2017년 사회적 임팩트 투자 진흥을 위한 국가자문위원회를 개설해, 글로벌 GSG에 동참하고 있다. 국가자문위원회 창설을 주도한 싱크탱크 Sitra는 의회 감독을 받지만 독립적으로 운영되며 형평적인 지속가능한 개발, 경제성장과 국제경쟁력 강화의 목표를 추구한다.

핀란드는 세계 최초의 난민 SIB를 시행하면서 현재까지 세 개의 SIB를 시행하며 세 개 더 추가 시행을 준비하고 있다. Sitra는 핀란드의 혁신적 금융시장 개발에 선도적 역할을 하고 있다. 사회적 금융시장의 생태계 조성과 SIB 등 관련 금융수단의 개발에 집중한다. 핀란드에는 2018년 현재 7개의 SIB가 시행 준비중인데, 유럽에서 가장 큰 규모(1420만 유로)의 난민 SIB가 2017년에 3년 기간에 걸친 시행에 들어갔다. 2500명의 난민과 이주자의 구직으로 사회통합을 목표로 한다.

핀란드 국가자문위원회는 국가적 임팩트 투자 생태계 조성을 역할을 한다. 일반 시민과 민간부문의 투자 참여를 독려하고, 임팩트 측정과 관리 모델의 개발에 초점을 맞춰 활동한다. 또한 결과지불제가 되는 Finland101 기금을 조성해 공공조달을 현행의 산출 중심에서 결과 기반으로 전환하는 정책의 개시를 알리고 있다(앞글: 33-34).

(2) 노르웨이

다른 노르딕 국가들 또한 작은 임팩트 투자 실험에 착수하고 있다. 스웨덴, 노르웨이, 덴마크가 각기 하나의 SIB 실험을 개시하였다. 노르웨이에서는 국립주택은행이 임팩트 투자를 시행했는데, 지방정부가 중간기관 역할을 하며 저소득층, 학생, 이주자, 홈리스 등 저소득 취약층을 대상으로, 주거 수당, 보조금, 스타트업 융자 등을 지원한다.

(3) 스웨덴

스웨덴의 경우, '사회기업가정신 포럼'이 개설되어, 사회기업가들의 진흥, 임파워링에 초점을 맞춘 비영리섹터의 플랫폼 역할을 한다. 포럼은 공공기관과 민간기관들과 협력해 글로벌 차원에서 사회기업가를 지원하는 프로그램을 운영한다. 그 중 주목할 만한 프로그램은 사회기업가들에게 변화이론, 전략기획 등 비금융 서비스를 제공하기 위한 '사회기업가 아웃리치 액설러레이터'이다. 또 다른 특이한 프로그램은 분쟁지역의 사회기업가 개발과 지원을 위한 GATHER 휄로우십이다.

(4) 덴마크

덴마크는 '사회자본기금'이 민간 주도로 조성된 다음 공공기관의 지원으로 공조하며 임팩트의 스케일링에 초점을 맞추고 있다. 취약층의 사회적 배제를 해소하는 새로운 솔루션 테스트를 전략적으로 추진하고 있다. 추진 방법은 사회적기업을 지원하는 액설러레이터 프로그램, 그리고 임팩트 투자 기금(Den Sociale Kapitalfond Invest I)으로 취약층에게 새로운 기회를 제공하는 사회적기업들에 투자하고 있다. 투자자본은 유럽투자기금(EIF), 사회임팩트 액설러레이터(Social Impact Accelerator(SIA) 등이다.

6) 후발 그룹: 아시아의 임팩트 투자

(1) 한국

영국, 미국, EU 등 G8부터 시작된 국가 차원의 글로벌 임팩트 투자가 이제 한국에서도 국가자문위원회 구성 등으로 발전하고 있다. 국가자문위원회의 구성은 G20 국가로 글로벌 사회임팩트 운동(GSG)에 동참해[7], 한국 사회나 개발협력에서 임팩트 투자 활성화에 노력하는 민간기관들과 정부의 파트너십 관계를 예시해주는 것이다.

또 한국에서도 SIB가 시도 차원에서 신속하게 시행되는 특징도 있다. 2016년 서울시와 경기도가 각기 복지사업에 성과결과 방식의 SIB 시행에 들어갔고, 2019년 신설된 사회가치적연대기금이 '서울청년구직 SIB'에 투자하고 있다.

2019년에 출범한 사회적가치연대기금은 앞으로 5년 기간에 걸쳐 3000억 원 투자할 계획이다. 사회가치연대기금은 투자자를 선순위, 후순위로 구분해, (1) 선순위(우선참여권)에 상회신용기관과 시중은행, (2) 제2 선순위에 기관투자자, 연기금, 민간투자자, (3) 중순위에 지자체기금, 그리고 (4) 후순위에 기부금 출연자를 세 가지로 구분한다. 그리고 (1) 전국계정에는 상호금융기관과 금융권 전체 및 사회적경제조직 등, (2) 지역계정에는 지역금융기관, (3) 테마 계정에는 유관기관(특정목적사업 기업과 공기업)이 있다. 투융자 대상에는 사회적경제조직에 인내자본 제공이 일차적인 목적이며,

---

7 https://gsgii.org/nab-countries/

사회적 목적 프로젝트 테마로는 사회적부동산, 사회혁신을 위한 기술혁신, 환경과 에너지, 불평등과 양극화 완화, 고령화 케어 제시. 투융자는 투자원금과 재무적 이익뿐 아니라 사회적 가치를 고려한 투자결정이 이뤄지는 구조. 수익과 리스크 및 사회적 임팩트, 3차원에 기초한다고 밝힌다.[8]

(2) 일본

일본의 임팩트 투자는 서구에 비하면 후발그룹에 속하지만 아시아에서는 선도적 국가다. G7이 추진해온 선도그룹의 보조에 맞춰 2014년 국가자문위원회를 조직해, 국가 보고서를 발표하였다.[9]

일본의 국가자문위원회(Japan National Advisory Board 2014)의 보고서는 원조기관(JICA)의 사례를 혁신적 임팩트 투자 사례로 소개한다. 일본 JICA의 ODA 채권은 공공 및 개인 투자자들로부터 펀드를 조성하는 것으로 연이자율이 0.1~0.4%에 불과하지만 특히 노인층의 투자를 유도하고 있다. JICA는 5회에 걸쳐 소매 채권을 발행해 5억 달러로 조성했는데, 1회에 6000명의 투자자를 유치한 실적을 갖고 있다.

일본의 임팩트 투자채권(Impact investment bonds)은 2008년 다이와증권(Daiwa Securities)이 여러 국제개발기관의 개발협력사업에 투자해 왔다. 마이크로파이낸스(IFC, EBRD), 남미의 아동보육(IDB), 글로벌 온난화(World Bank), 백신(GAVI), 식수(ADB), 농업비즈니스(Rabobank), JICA ODA 채권 등이다.

---

8 한국사회적가치연대기금 https://www.svsfund.org/aboutus

9 https://gsgii.org/nabs/japan/

또 2016년에는 휴면계좌를 활용한 임팩트 투자 입법이 추진되었다. 휴면계좌를 임팩트 투자로 활용하는 방안에 대한 논의가 2015년부터 본격화되었다. 10년 이상 거래가 없는 계좌로, 예금자를 찾기도 어려운 상태의 휴면계좌는 일본은행협회의 법적 근거로는 금융기관의 수입으로 전환될 수 있다(앞글: 53). 실태 조사에 따르면 은행을 포함한 금융기관의 휴면계좌는 연간 850억 엔에 달하는데 그 중 350억 엔은 예금자에게 돌려주지만 나머지 500억 엔은 금융기관의 수입이 된다.

SIB는 입양, 치매 예방, 청년 취업과 관련해서 지자체들이 2015년 이후 시행에 들어갔다(Japan National Advisory Board 2016). 일본재단이 지방정부들과 공동으로 SIB를 시행하는 사례는 세 가지가 있다. 이에 대해서는 제6장 사회임팩트채권(SIB)에서 상세하게 소개된다.

제6장

사회 임팩트 채권(SIB)

1. 사회적 임팩트 투자로서의 SIB

사회적 임팩트 투자(Social Impact Investment: SII)를 대표하는 사회임팩트채권(social impact bond: SIB)은 SII 시장에서 가장 성장하고 있다. 특히 정부의 생태계 지원정책으로 국내에서는 사회임팩트채권(SIB), 글로벌 개발에서는 개발임팩트채권(Development Impact Bond: DIB)이 급성장하고 있다.

1) 사회임팩트채권(SIB)의 의미

(1) SIB의 개념정의

SIB는 혁신적인 파이낸싱 메카니즘이다. 정부나 위탁기관이 사회적기업 또는 비영리기관 등 사회서비스 제공기관 그리고 투자기관과 계약을 맺어 계획된 사회적 결과를 전달한 것에 대한 지불을 하는 방식이다. 영국에서는 결과지불(Pay by Result: PbR), 미국에서는 결과지불(Pay-for-Success: PFS), 호주에서는 결과지불(Pay-for-Benefits)로 알려져 있다(OECD 2015c; Brookings 2015).

'채권(bond)'으로서 SIB는 무엇을 의미하는가? SIB는 일반적인 채권의 의미보다는 "사회적 결과에 대한 미래의 계약"이 적절한 표현이다(OECD 2015c: 5). 채권을 발행하는 기관은 민간부문의 투자자로부터 펀드를 조성해, 이 펀드가 서비스 공공기관에 분배되어 운영비용으로 사용된다. 계약대로 측정가능한 사회적 결과가 달성되면, 정부는 채권발행기관 또는 투자자들에게 비용을 지불하는 방식이다. SIB는 사회적 혁신방안으로, 계획된 산출과 지표들을 중심으로 결과에 초점을 맞춰 계약 기간을 통해 그리고 계약 이후에도 독립적인 평가기관의 전문 역량을 활용해 서비스 공급에 효율성과 효과성을 지향하는 문화의 전환을 추진하는 것이다.

국제사회는 SIB 개념에 대해 통일된 정의를 하고 있다. SIB는 "정부 또는 위탁기관이 사회적기업 또는 비영리조직 등의 사회서비스 전달기관 및 투자자들과 계약을 체결해 사전에 정의된 사회적 결과의 전달에 대해 지불하는 혁신적인 금융 메카니즘"이다(Social Finance 2011; OECD 2015g).

(2) SIB의 구조적 특성

SIB는 정부 또는 위탁기관과 용역계약을 시행하는 서비스 공급기관 사이의 상호작용의 관계 유형에 기초한다. 이에 따라 직접형, 중개형, 관리형 등 세 가지 유형의 구조들이 구분된다(OECD 2016a). 각 구조는 관리 성과에 대한 책무성과 책임성 측면에서 각기 다른 요건들을 수반한다. 직접형

SIB에는 결과 지불자와 서비스 공급자 사이에 공급계약이 직접 맺어진다. 중개형 구조를 가진 SIB는 공급계약이 결과 지불자와 투자자 소유의 특수목적 중개기관(special purpose vehicle: SPV) 사이에 이뤄진다. SPV는 공급기관과 계약을 맺고 성과관리 과정을 지원하고 금융모델을 개선시킨다. 관리형 구조의 SIB는 결과지불자와 전체 과정을 관리하는 일차 계약자(중간지원조직) 사이에 계약이 맺어진다. 시행중인 SIB 1/3 가량이 직접형이고 1/4 가량이 관리형, 나머지가 중개형이다.

SIB는 몇가지 다른 모델들과 구조를 갖추고 있다. 모델들의 차이는 행위자 등의 이해관계자의 구성과 이들 사이의 역할, SIB 구조화 과정, 계획된 결과의 전달에서의 책무성 등의 차이다(OECD 2016: 4). 두 가지 모델은 SIB 펀드와 개별 SIB인데, 양자의 차이는 SIB 펀드가 동일한 또는 유사한 사회 이슈들의 해결에 복수의 계약을 체결하는 역량을 갖고 있는데 반해, 개별 SIB는 한 번에 하나의 결과지불 계약을 체결하고 몇가지 구조 중 하나를 선택한다.

SIB 펀드에서 정부가 SIB 위탁기관이 되거나 또는 다른 위탁기관이 결과지불을 위한 등급카드(rate card)를 설정한다. 등급카드에 설정된 가격은 각 결과에서 생산되는 비용절감이나 지원금의 절감을 분석한 정밀한 리서치에 기초한다. SIB 펀드 모델에서 파트너십은 서비스 시행기관, 투자자, 중간지원기관 사이에 형성되어, 파트너십이 용역 공모에 참여한다. 용역계약은 선정된 공모기관과 체결된다.

지금까지 세 개의 SIB 펀드들이 구분되고 있다. 하나는 영국 노동연금성의 혁신펀드(Innovation Fund), 지역사회와 지방정부성의 페어찬스펀드(Fair Chance Fund), 그리고 브릿지스 벤처의 Bridges SIB 펀드 등이다. 모두가 영국에서 시행된 것이다. 혁신펀드는 교육과 청년 고용에 초점을 맞춰,

2차에 걸쳐 10개의 SIB를 개시하였다. 2012년 4월에 시행된 1차에 6개의 SIB, 11월에 시행된 2차에 4개 SIB가 있다. 페어찬스펀드는 교육, 고용, 주거, 홈리스에 초점을 맞춰, 2014년 12월에 개시해 이후 7개의 SIB를 시행하였다. Bridges SIB 펀드는 2013년 4월에 개시해 아동, 청소년, 노인 환자에 초점을 맞춰 그간 14개의 SIB를 시행하였다.

2) SIB 유형: 직접형, 중개형, 관리형

지금까지 시행된 개별 SIB의 주요 구조에서 다음과 같이 직접형, 중개형, 관리형 모델로 구분해 구조적 특성을 비교해볼 수 있다.

(1) 직접형(Direct SIB)

직접형 SIB에서 서비스 전달 계약은 결과지불자와 서비스 시행기관이 통제하는 특수목적사(SPV) 사이에 체결된다. 시행기관은 거래의 시행과 성과관리 책임을 맡는다. 중간지원기관은 자본 증식, 거래의 구조화와 거래의 실행가능성 결정의 책임을 맡는다. 직접형에서는 시행기관이 상당한 책임을 맡는 특징이 있다.

(2) 중개형(Intermediated SIBs)

중개형 SIB는 서비스 계약이 결과지불기관과 투자자 사이에, 또는 투자자 통제의 특수목적사(SPV) 또는 중간지원기관 사이에 체결된다. 중간지

표 6-1 캐나다의 스위트 드림스(Sweet Dreams) SIB

캐나다 사스카체완에서 시행된 스위트 드림스 SIB는 직접형 SIB 구조를 가진 개별 SIB 모델이다. 결과지불기관인 사스카체완 정부와 사회서비스부가 투자기관(Conexus Credit Union, Wally and Collen Mah)과 시행기관(Saskatoon Downtown Youth Centre (EGADZ)과 직접 계약을 맺었다. 투자기관은 2014년 5월 100만 캐나다 달러를, 60개월 기간에 시행기관의 8세 미만 아동의 가진 싱글맘에 주거 등의 서비스를 제공하는 선행 투자금으로 제공하였다. 싱글맘들은 교육 이수, 고용, 고용훈련과 부모교육 참여 등의 서비스를 제공받는다. 대상집단은 0~12세의 아동을 가진 22명의 싱글맘으로, 복수의 정부기관들의 펀딩을 제공받았다. 캐나다 정부의 홈리스 파트너링 전략(32만 달러), 사스카툰 시정부(14만 달러), 민간 기부금(7만 5000달러) 등이며, 지역의 행정위원회(Saskatchewan Executive Council)는 SIB 성과 측정치 디자인, 계약, 투자기금 유치 등의 역할을 맡았다.

자료 OECD(2016a: 6).

표 6-2 포르투갈 리스본의 주니어 코드 아카데미(Junior Code Academy) SIB

주니어 코드 아카데미 SIB는 중개형, 개별 SIB 모델에 해당된다. 초등교육체계의 관리 책임을 맡은 리스본 시가 결과지불기관이며, 시행기관 코드 아카데미는 서비스 전달의 책임을 맡는다. 투자기관(Calouste Gulbenkian Foundation)은 2015년 1월에 12만 유로를 투자했고, Social Investment Lab이 중간지원기관이다. 중간지원기관은 사회적 이슈 분석, 결과 메트릭스와 평가방법 파악의 지원, SIB 구조화, 금융 모델의 개발, 자본 유치, 시행기관의 성과관리와 운영지원 등의 중요한 역할을 맡는다. 타깃 집단은 리스본 3개 학교의 65명의 학생으로 20개월간 시행된다. 시행기관의 목표는 학교중단과 학년진학 문제를 해결하고 학교성적과 문제해결능력 등의 인지기술에 대한 컴퓨터 프로그래밍의 임팩트 증거를 창출하는 것이다. 이를 통해 공공정책에 증거기반의 정보를 제공한다.

자료 OECD(2016a: 7). "Understanding Social Impact Bonds."

원기관은 서비스 시행기관을 선정해 계약을 체결하고, 성과관리 과정을 지원하며 금융 모델을 업그레이드 하는 역할을 한다(Goodall 2014). 중간지원 조직이 투자자 역할을 하기도 한다.

(3) 관리형 SIB

관리형 SIB는 결과지불기관과 전체 과정을 관리하는 중간지원기관 또는 중간지원기관 통제의 SPV가 되는 일차 계약기관 사이에 계약을 체결한다. 과정은 중간지원기관의 역할 측면에서 중개형과 비슷하지만, 큰 차이점은 중간지원기관이 SIB에 직접 투자하지는 않는다. 또 중개형과 관리형의 차이점은 명확하지 않다.

표 6-3 매사추지츠의 결과지불 청소년 범죄 SIB

매사추지츠 결과지불 SIB는 개별 SIB이자 관리형으로, 2014년 1월 재범의 감소의 고용 증대의 목표 집중적인 길거리 현장 아웃리치와 타깃을 정한 생활기술, 교육, 고용 프로그램을 서비스로 제공한다. 대상층은 집행유예나 출소한 17~23세의 위험군 남성 청년 929명이다. SIB 기간은 84개월, 결과지불기관은 주정부와 미국 노동성이며 하버드대학 SIB Lab이 기술지원을 하는 중간지원기관이다. 시행기관은 비영리기관 Roca Inc이며, 복수의 투자기관이 800만 달러를 투자했다. 일차 투자기관은 골드만 삭스로 사회임팩트펀드로 투자한다. 다른 이차 투자기관들 다수가 참여한다(Kresge 재단, Living Cities, 자선 기부자 Laura and John Arnold Foundation, New Profit Inc., Boston Foundation). 중간지원기관(Third Sector Capital Partners)은 중간지원기관이자 일차 계약자로, 프로젝트 펀딩, 시행감독, 시행기관에 펀딩 배분과 상환금 관리 등의 책임을 맡는다. 중간지원기관은 관리비용의 15%(5만 달러)을 결과 달성이 이뤄진 이후에 상환받는 조건으로 관리의 책임을 맡는다.

자료 OECD(2016a: 7). "Understanding Social Impact Bonds."

3) SIB 개발 과정

(1) SIB 개발: 타당성, 구조화, 실행

SIB 거래 개발은 아직 주류화되어 있지 않아, 개발 과정 각각이 독특한 특성이 있다. 지금까지의 사례들을 참고해보면, SIB는 일반적으로 5개 단계를 거쳐 개설, 시행, 평가된다. 그것들은 타당성 연구, SIB 거래의 구조화, SIB 시행, 결과 평가와 지불 등이다(OECD 2016a: 14).

첫 단계는 타당성 여부다. SIB로 해결하려는 사회적 문제에 대해 파악하고 SIB 시행이 가능한지를 사정하는 구체적인 기준들을 설정한다. 기준 설정에는 몇 가지를 고려해볼 수 있다. 먼저 사회문제에 대한 측정가능한 결과와 결과달성의 증거를 검증하는 이해관계자들의 역량이다. 그런 다음 유사한 결과 달성의 경험에 기초한 적절한 일정표 작성이 필요하다. 정치적, 법률적 상황도 고려해야 한다.

둘째는 거래의 구조화다. 이 단계에서 개인이나 펀드 등 투자자, 증여기관, 대출기관 등으로부터 자본 유치가 핵심이다. 또 실행가능성 연구에 기초한 개입, 결과 매트릭스와 평가방법 결정도 이뤄져야 한다. 나아가 서비스 시행기관 선정도 이뤄지는데, 선정방법은 시행기관의 결과 제공의 역량에 관한 사정 또는 증거가 결정적으로 중요하다. 그런 다음 성과관리의 책임에 관한 의사결정을 포함하는 계약조건들을 협상으로 마무리하는 일이다.

셋째는 실행 단계다. 서비스 시행기관들에 의한 서비스 제공이 이뤄지는 단계이다. 시행기관과 합의된 메트릭스를 이용해 결과의 측정과 평가가 주요 과제다.

마지막은 실행이 종료되어 평가가 이뤄지고 SIB 결과 사정이 이뤄지면 상환 과정이 시작된다.

(2) SIB 타당성 기준

SIB 실행에 필요한 타당성 기준들은 몇 가지로 제시될 수 있다(Gustafsson-Wright et al. 2015: 4-5). 첫째는 의미있는 측정가능한 결과다. 결과가 이후에도 지속적으로 좋은 결과로 나타날 것이라는 증거를 제시하지 못하면 결과에 대해 지불하는 것은 별 의미가 없다. SIB 결과지불의 결과 선택에서 프로그램 개입이 결과지불자의 관심사가 되는 결과에 한정되어서는 안 되지만, 결과는 우선적으로 결과지불자의 관심사가 되어야 한다. 결과 메트릭스는 장기적인 경제적 결과라는 의미를 가져야 하며 또는 광범한 정치적 어젠다와 관련성이 있어야 한다.

결과는 비용 회피 또는 잠정적으로 재정 절약을 대표할 수 있다. 가장 일반적인 표현으로는 결과가 '금전화될 수 있는(monetizable)' 것이다. 측정가능한 결과란 특정 상황에서, 특히 자원 제약의 상황에서 측정될 수 있는 결과를 의미한다. 결과를 측정할 수 있는 도구를 갖춰야 하고, 동시에 결과를 정확히 일관되게 측정하는 시스템을 갖춰야 한다. 결과 측정이 단순할수록 SIB의 성공 가능성이 높아진다. 가능하면 행정자료의 활용으로 결과 측정을 잘 할 수 있다. 프로그램 관리를 활용하고 진행과정의 수정을 할 수 있는 실시간 자료수집으로 성공 가능성을 높일 수 있다.

둘째는 결과 달성을 위한 의미있는 일정이다. 구체적인 결과가 특정 기간에 걸쳐 발생한다는 선행 평가의 상당한 증거가 있으면, 그것을 근거로 결과 달성의 일정표를 작성할 수 있다. 또 바람직한 일정은 결과가 측정가능하고, 대상층 개인들의 장래 생애주기에 의미있는 관련성을 가진 일정표라고 볼 수 있다. 결과달성 일정은 투자자와 결과지불자가 법적, 정치적 상황에서 결과지불을 할 수 있고 할 의지가 있는 일정이 될 수도 있다.

셋째는 결과달성의 성공 증거다. 결과를 달성한 성공의 증거는 SIB로 지원된 개입으로 어떻게 서비스가 전달되었는지, 개입의 평가에서 제시되어야 한다. 이 평가는 SIB가 계획된 상황과 유사한 상황에 근거한 평가가 최상의 평가다. 최소한 성공의 증거는 SIB의 타당성 기준으로, 광범한 국가 차원에서 유용한 증거가 되어야 한다. 무작위통제실험(RCT) 또는 서비스 수혜 대상집단과 서비스 수혜를 받지 않은 통제집단 사이의 결과를 비교하는 다른 방법론에 기초한 평가가 바람직하다. 어느정도로 강력한 증거가 되어야 하는지, 정도의 차이는 결국 투자자와 결과지불자의 리스크 성향에 의존할 수밖에 없다.

마지막은 법적, 정치적 상황이다. 적절한 '정치적' 상황은 SIB의 지원으로 서비스가 전달되는 프로그램에 대한 지지기반으로, 관련 이해관계자들은 기초, 광역, 중앙정부뿐 아니라 투자자들이다. 특정 서비스에 대한 지지는 정책 프레임워크 또는 전략문서에서 발견되고 또는 선행 서비스 지원 예산에 발견될 수도 있다. 적절한 '법적' 상황이란 정부가 계약이 체결되는 당해 연도부터 1년 이상의 중장기간 결과지불자 역할을 할 수 있는 법률적 근거이다. 또 정부가 중간지원조직에게 직접 재정을 지급하거나 중간지원조직에게 서비스 시행기관 선정 등과 같은 주요 의사결정을 할 수 있는 권한을 위임할 수 있는 법률적 근거도 필요하다. 또 투자자 보호와 투자자 인센티브 제시 등을 위한 법적 근거도 마련되어야 한다. 또 다른 SIB의 타당성 이슈들은 정부가 부채, 지분들을 포함하는 하이브리드 투자에 대한 법적, 제도적 정비 등이다.

요약하면 SIB 개발은 일정한 단계를 거치는데, 먼저 타당성 연구부터 개시될 필요가 있다(그림 6-1).

- 사회적 과제를 파악해 이에 대한 SIB 기준이 무엇인지, 타당성 조사를 시행한다.
- 그런 다음 SIB의 구조화 작업이 가능하다. 자본을 유치하고 SIB 개입과 결과 매트릭스를 결정하는 일이 일차적으로 중요하다.
- 동시에 서비스 시행기관을 선정해 계약협상을 진행한 다음 계약을 체결한다.

그림 6-1 SIB 개발 4단계의 구성요소

단계	임팩트채권 구성요소
1. 타당성 연구	사회적 과제 파악 + 임팩트 채권기준 타당성 조사 +
2. SIB 구조화	자본 유치 + 개입과 결과 메트릭스 결정 + 서비스 시행기관 선정 + 계약 협상과 체결 +
3. 프로그램 시행	서비스 제공 + 성과 관리 +
4. 평가와 지불	평가 = 결과 달성과 지불

자료 Gustafsson-Wright et al.(2015: 7).

- 이후 프로그램은 서비스 제공과 성과관리로 시행된다.
- 마지막 단계는 평가와 지불이다. 평가가 계획된 결과 매트릭스 기준을 충족했는지를 증거기반의 결과 달성을 확인한 다음, 약속된 지불이 이뤄진다.

2. SIB 지원제도와 이해관계자

1) SIB 개발 지원제도

SIB 개발은 정부의 지원정책을 포함해 다양한 제도적 지원에 의존한다. 지금까지 시행된 영국, 미국 등지의 SIB를 분석한 연구에 따르면, 측정가능한, 금전화될 수 있는 결과가 가장 중요한 SIB 촉진요인으로 나타난다.

(1) 정부의 SIB 생태계 지원정책

지난 수년간의 짧은 기간에 여러 국가의 정부들은 정책 프레임워크와 입법 등으로 SIB 타당성, 디자인, 집행을 지원하는 다양한 제도화를 추진하였다. 영국 정부가 선도적인 역할을 해왔다. 영국 정부는 총리실 사회적 투자 금융팀에 SIB센터를 개설해, 영국의 SIB 시장을 분석해 진흥시키는 역할을 수행하였다(Gustafsson-Wright et al. 2015: 33). 총리실은 2012년 11월에 3100만 달러의 사회결과기금(Social Outcomes Fund)을 시행해 SIB의 결과

지불기금을 보충하였다. 이같은 중앙집중적 기금은 많은 정부기관들이 단독으로 추진하는 것보다 복수로 SIB를 추진하는 데 필요한 지원정책이다. 또 영국의 복권기금에서 조성된 기금의 일부를 배분하는 빅로터리펀드(Big Lottery Fund)는 결과지불에 필요한 기금을 보충하는 6200만 달러의 결과개선위탁기금(Commissioning Better Outcomes Fund)을 개설하였다.

한편 미국에서는 오바마 행정부가 SIB 결과지불기금 조성에 앞장섰다. 2012년 회계연도 이래로 백악관의 예산중 SIB(PFS) 기금을 마련해, 1억 달러에서 시작해 5억 달러까지 조성되었다(앞글: 33). 또 오바마 정부는 국가봉사단(CNCS)에 사회혁신기금(Social Innovation Fund)을 설치해, SIB 개발 등을 위한 8개의 중간지원기관에 증여를 제공하였다. 그 중 하나인 하버드 대학의 SIB 기술지원실은 SIB(PFS) 프로젝트를 개발하는 주정부와 지방정부, 비영리기관들을 지원하는 중간지원기관이 되었다. 또 미국 법무성은 '세컨드 찬스 법(Second Chance Act)'을 통해 PFS 프로젝트를 지원하고, 노동성은 '노동혁신기회법'을 통해 노동혁신기금(Workforce Innovation Fund)으로, 그리고 연방 관리예산실(OMB)은 '청년을 위한 결과 파트너십' 파이롯트 프로그램을 통해 결과지불제를 지원한다. 주정부 차원에서는 10개 주가 PFS를 시행하는 입법을 준비하고, 매사추지츠와 유타주가 입법을 마친 후 PFS 시행에 들어갔다.

영국과 미국 이외의 다른 국가들에서도 SIB 시행에 정부 지원이 지속되고 있다. 호주의 뉴사우스웨일즈 정부는 2015년 사회임팩트투자(SII) 성장을 지원하는 10개 정책을 복합한 SII 정책 시행을 착수하였다. 정책의 초점은 SII 거래 증가, 시장의 성장, 장애물의 제거, 시장 참여자들의 역량 구축 등 SII 생태계 조성에 맞춰져 있다. 한편 캐나다에서는 SIB의 잠재력을 검증하는 2012년의 경제행동계획(Economic Action Plan)이 있다.

(2) SIB 개발 촉진요인

SIB 개발에 결정적으로 중요한 촉진요인들은 다양하다. 측정가능한, 금전화될 수 있는 결과가 가장 중요한 촉진요인으로 나타난다. 또 서비스 시행기관의 결과 달성의 역량의 증거 또한 중요한 촉진요인이자 지원과제가 된다. 중간지원기관의 역량과 신뢰성 또한 중요하며, 투자로부터의 잠정적인 절약(정부의 지출절감)도 중요한 요인으로 꼽힌다. 그밖에도 SII 시장의 성장과 관련된 촉진요인들도 주요 요인들로 꼽힌다. 그것들은 금융 메카니즘의 준비 정도, SIB의 사회적 혜택에 대한 투자자의 확신, 민간 자선기관의 리스크 부담으로 선불 지원, 그리고 기술적 자문과 법률 자문 등이다.

(3) SIB 정책 적용 범위

SIB의 정책 범위는 가족과 보육, 교육, 취약층 고용, 홈리스, 보건과 웰빙, 상습범행 등 다양한 분야에 이른다. 일부 국가들에서 SIB와 DIB(개발임팩트채권)가 시행중인데, 그 중 호주, 벨기에, 캐나다, 독일, 포르투갈, 미국, 인도, 콜롬비아, 영국 등이 대표적인 국가들이다(OECD 2015c: 6). 2020년 5월 초 현재 세계적으로 172개의 SIB와 DIB가 시행중이며, 시행전 디자인 단계는 30개에 이를 정도로 이제 두드러진 글로벌 동향이 되고 있다.[1] 영국과 미국이 가장 많은 비중을 차지하며, 그밖에도 이스라엘, 호주, 포르투갈, 한국, 일본 등이 하나 이상의 SIB 또는 DIB를 시행 또는 계획 중이다.

---

1 https://golab.bsg.ox.ac.uk/knowledge-bank/project-database/

SIB는 기존의 공공정책 프로그램 개입으로 바람직한 결과를 창출하지 못하는 정책 영역에 적용되어 문제해결을 하는 혁신적 방안이다. SIB의 잠정적인 적용 영역은 국가 차원의 복지국가, 시민사회, 민간부문의 구조적 특성에 의존한다(OECD 2016a: 15). 상당 규모의 투자자가 존재하고, 이들이 SIB에 관련된 리스크를 잘 이해하고 또 시민사회, 사회적기업, 사회정책에 대한 이해를 갖춘 투자자가 있을 때 SIB 실행은 가능하다.

또 다수의 이해관계자들과 공조해 실행가능성 연구비용을 부담하는 역량 있는 위탁기관의 존재가 중요하다. SIB는 서비스 전달의 역량과 전문성을 개발해 왔지만 스케일 확대를 할 만한 역량이 없는 조직에게 적절한 수단이 될 수 있다. 특히 중요한 것은 측정가능한 결과와 명확한 대상층이 있는 프로그램에 파이낸싱을 하는 것이 적절하다. SIB 실행 영역은 광범한 정책 영역에 분포되어 있는데, 사회복지, 교육, 범죄와 재범, 고용, 보건 등이 대표적인 영역이다. SIB는 홈리스, 입양과 장기 양육(포스터 케어), 포스터케어 억제의 가족결속 강화, 취약층 청년 지원 등 광범한 사회정책 영역에 이른다.

또 SIB는 특히 예방적 개입에 상당한 정책 결과를 내고 있다. 정부는 모든 시민의 월빙 개선의 책임을 가지고, 또 동시에 단기, 장기적으로 비용 절감을 해야 하는 이유에서 정부에게 SIB가 중요한 수단이 된다. 조기 아동 개입정책으로 아동과 가족의 복지뿐 아니라 높은 재정절감의 효과와 광범한 사회적 혜택이 이뤄진다는 것은 이미 잘 알려진 분석이다(Heckman et al. 2010; Reynolds & Temple 2009). 지금까지 SIB 대부분이 예방 차원에 초점을 맞추고 있다. 교도소 재수감 예방, 실업 예방, 홈리스 상태 예방 등 무수한 영역에서 예방적 치료가 SIB의 확대로 확장되는 추세다.

2) 규제 프레임워크와 지지적 환경

SIB는 새로운 규칙의 이해관계자 관여를 필요로 하므로, 과거 관행들의 개혁이 뒷받침될 수도 있다. SIB 시행은 규제의 장애를 받아 재정비용과 사회비용을 야기할 수 있다. 정책생태계 조성을 비롯한 규제 프레임워크를 차례로 살펴볼 수 있다(OECD 2016a: 11-12).

(1) 정책 생태계

SIB 개발에는 법과 정책 환경의 조성 역할이 중요하다. SIB 개발에 정부 지원이 가장 중요하다는 의견이 다수(87%)로 나타난다(앞글: 12). 정부는 정책 프레임이나 전략 문서에 특정 서비스에 대한 지원을 표명해 SIB 생태계 창출에 기여할 수 있다. 대부분의 SIB를 시행하는 영국에서는 가장 발달한 SIB 생태계를 갖추고 있다. 총리실에 사회임팩트채권센터(Centre for Social Impact Bonds)를 창설해 2012년 11월 2000만 파운드의 SIB를 지원하는 사회결과기금(Social Outcomes Fund)을 개설하였다. 2014년에는 사회임팩트면세법을 시행해 사회적기업을 지원하는 SIB 면세 혜택을 제공하였다. 호주와 뉴사우스 웨일즈에서는 2015년 사회임팩트 투자 정책이 시행되어, 사회임팩투자 거래를 증대시키는 인센티브를 지공하고, 규제적 장애를 제거하고 시장을 성장시켜 시장 관계자들의 역량 구축에도 기여하였다.

(2) 규제적 프레임워크

SIB를 진흥하는 생태계에는 SIB 개발에 기여하는 규제적 프레임워크가 뒷받침되어야 한다. 반대로 부정적인 규제 장애물은 SIB 개발을 방해하게 된다. 규제는 SIB 메카니즘에 관여하는 정부기관, 중간지원기관, 서비스 시행기관 등 모든 이해관계자들의 활동에 중요한 영향을 미치게 된다.

① 정부와 공공기관

정부와 공공기관은 예산과 계약 모두를 검토해야 한다. SIB는 다년의 투자이므로, 결과지불자인 정부는 승인된 기금을 복수의 회기연도에 배분해 결과지불을 하는 역할을 한다, 그런데 정부의 예산지출은 연간 기준으로 이뤄지므로 상당한 도전과제가 된다. 다음 정부에도 지불이 계속 이뤄지도록 보장할 수 있는지, 보장하는 방안이 무엇인지를 검토해야 한다.

또한 SIB가 정치적 변동에 좌우되지 않도록 안전장치를 해두어야 한다. 공공조달 규정에 정부가 SIB 시행 기간에 중간지원기관이나 다른 이해관계자와의 관여 역량 등을 구체화할 필요가 있다. 예를 들면 호주 뉴사우스웨일즈의 재무부의 첫 SIB 프로포절 요청서에 대상인구, 개입 프로그램 지역, 프로그램 소개, 평가, 다양한 성과 시나리오별 현금 흐름, 개입과 투자 구조에 관한 상세한 내용을 제시하도록 한다. 또 중요한 것은 정부는 SIB 지불이 결과와 연계되어 있으므로 평가기관의 결과에 대응할 수 있는 가능성을 고려해볼 만하다. 이것이 법적 구속력을 가진 요건이라면 반드시 그럴 필요도 있다.

② 투자자

투자자는 펀딩 기회, 조달, 세금 관계를 고려해야 한다. 규제적 프레임워크를 검토해, 원조기관이나 투자자가 사회서비스와 SIB를 직접 또는 중간지원기관을 거쳐 펀딩하는 지를 검토해야 한다. 그런 다음 펀딩 제한액이 있는지, 펀딩의 금융수단이 무엇인지를 검토한다. SIB가 부채와 지분 투자의 하이브리드 유형인 경우 어떤 규제가 있는지 그리고 수익의 본국 송금에는 양적, 질적 측면의 법률적 제한이 있는지를 검토한다. 규제는 자본을 제공하는 투자자에게는 계약보호 투명성과 세제혜택 등의 인센티브를 제공해 SIB를 진흥하는 역할도 한다. 사회임팩트 투자에 대한 세금우대가 사례이다(Liebman et al., 2013; Social Finance, 2012).

③ 중간지원기관

중간지원기관은 영주거주 요건과 기관의 법적 유형 문제를 고려해야 한다. 중간지원기관이 서비스를 제공하는 특정 지역에 상업적 거주를 해야 하는지를 확인해야 한다. 예를 들면 투자자의 펀드를 관리하는 과정에 깊게 관여하게 될 경우 기관의 법적 유형이 규제를 받는지가 이슈가 된다. 또 중간지원기관의 운영에는 인력의 이동과 거주 요건이 중요한 규제 대상이 된다. 외국인 인력을 특정 지역의 기관 운영에 활용할 수 있는지도 검토 대상이 된다. 또 디렉터의 국적이나 영주권 요건에 대해서도 검토가 필요하다.

④ 서비스 시행기관

시행기관은 서비스 제공에 특정 법적 요건이 있는지를 우선 검토해야 한다. 둘째는 시행기관이 중간지원기관과의 계약 수립의 역량이다. 시행기관이 중간지원기관의 하청을 받아 시행기관 직원들이 중간지원기관의 통제를 받는지도 중요한 검토사항이다. 노동법과 계약 규제에 따라 이같은 리스크가 특정 지역에서 더 중요한 문제가 될 수 있어, 중간지원기관과 시행기관 사이의 계약서에 해당 상항을 명시해 문제를 해결할 수 있다.

표 6-4 SIB 이해관계자를 위한 규제적 고려사항들

정부와 공공기관	– 예산 주기(예: 연간 기준) – 다음 정부에서도 지속성 보장 – 사회서비스 계약 수립의 역량과 자율성 – SIB 시행에 필요한 공공조달 합법화 – 평가기관 보고서 위상과 그에 대한 법률적 대응(법적 구속력이 있는 경우)
투자기관	– 중간지원기관에 직접 지원하는 SIB 펀드 제공 역량 – 사회서비스와 프로그램 투자 금지 또는 제한 – 정부와 직접적인 계약 체결 역량 – 부채, 지분, 하이브리드 투자를 위한 법률적 프레임워크 – 해외투자의 절차와 제한 – 수익의 본국송금 법률적 제약(양적/질적) – 정부가 독립적평가기관 보고를 준수한다는 메카니즘
중간지원기관	– 비즈니스 활동의 영주거주 요건 – 기관의 법적 유형에 대한 제약 – 금융적 중개 규제 – 외환거래 제한, 현지 통화 전환 – 외국인 인력 채용과 비자 문제 – 책임 인력의 거주 요건
서비스 시행기관	– 중간지원기관의 시행기관 선정 및 계약 역량 – 계약상 중간지원기관과 시행기관의 독립 – 시행기관의 사회서비스 조달 과정 참여 역량

자료 OECD(2016a: 13). "Understanding Social Impact Bonds."

3) SIB 이해관계자 참여의 동기

SIB 주요 이해관계자는 투자자뿐 아니라 정부와 공공기관, 시행기관, 중간지원조직 등을 구분해 각각의 참여 동기를 차례로 살펴볼 수 있다(OECD 2016a: 9-11).

(1) 정부와 공공기관

정부와 공공기관은 비용절감, 국민세금의 책무성, 금전의 가치를 함께 달성하기 난해한 영역에서의 결과 초점에 동기유발이 된다. 또 다른 강력한 인센티브가 되는 것은 치료적, 증후 중점적(symptoms driven) 개입이 시급하고 즉각적인 결과를 낼 수 있는 상황이다. SIB가 정부로 하여금 예방적인 프로그램과 사회개입에 투자할 역량을 제공해줄 수 있다는 확신이 필요하다. 예방적 개입에 대한 투자는 중장기적으로 비용절감의 효과를 내면서 시민의 웰빙에 상당히 중요한 효과를 낼 수 있다.

정부는 긴축예산의 상황에서 SIB 시행으로 예산도 절감하면서 서비스 전달의 효율성을 증대시키는 기회를 가질 수 있다. 나아가 영역간, 정부기관간 공조를 진흥시켜 장기적인 도전과제들에 대한 통합된 해결방안을 제공해줄 수 있다. 이로써 정부기관들은 각기 예상절감의 성과를 올리게 된다. 정부와 공공기관들의 SIB가 금전의 가치 대안이 될 수 있는지를 판단하기 위해서는 비용혜택 분석 또는 예비적 사정을 해볼 필요가 있다(Liebman et al. 2013). 또한 프로젝트 시행의 선불투자가 이뤄지면 원금과 이자를 투자자에게 상환하는 SIB의 특성을 이해하고 SIB 관련 비용지출을 장래 예산에 포함시키는 준비를 해야 한다.

(2) 투자자

투자기관인 개인의 SIB 관심이 증대되는 동기도 새롭다. 더블바톰라인(double bottom line), 즉 투자에 대한 적정 수준의 수익을 올리면서 선행을 하는 일이라는 인식이 공유되고 있다. 투자기관의 경우, 투자 고객들의 사회적 수익에 대한 이해를 구체적으로 대표하는 역할을 맡는다. CSR 프로그램 또는 지역사회 개입 차원에서 증여를 제공하는 재단이나 지역사회 투자기관들은 SIB 프로젝트 종료 이후 증여를 재활용해 사회적 혜택을 확장하는 기회로 인식한다. SIB가 성공적으로 시행되면 자신들의 투자금을 다시 다른 프로그램에 재활용할 수 있다는 것을 의미한다.

또한 투자기관들의 참여 동기에는 평판(publicity)과 가시성(visibility)도 있다는 것을 경시할 수는 없다. SIB가 국가적으로 처음 시행하는 경우 또는 특정 분야에서 첫 시행하는 경우 SIB 투자 동기유발이 더욱 강하다는 것으로 보여준다(Gustaffson-Wright et al. 2015).

또 다른 인센티브는 계약된 결과가 달성되면 정부가 지불보증을 하기 때문에 SIB 참여 동기유발이 된다. 그럼에도 투자자들은 결과 달성이 될 것인지에 대한 리스크 부담을 안게 된다. SIB가 실패하면 투자자의 자본 투자금은 완전히 잃게 되는 것이 가장 강력한 장애요인이 된다. SIB에 참여하는 무수한 투자자들은 각기 다른 정도의 리스크 부담을 안고 참여한다. 또 극단적인 상황에서 정부가 결과가 달성되었음에도 지불을 하지 못하게 되는 경우도 리스크가 된다. 코로나 팬데믹, 금융위기 상황, 전쟁 등이 그런 상황이며, 그럴 경우 평판 리스크를 안고 잠정적인 부정적 크레딧 등급에 직면하게 된다.

(3) 서비스 시행기관

서비스 시행기관에게는 사업 운영을 확장하는데 필요한 성장자본에 대한 접근의 기회가 가장 중요한 동기가 된다. 노동집약적인 모금활동이 없는 장기적인 안정적이며 예측가능한 수입 흐름은 시행기관들에게는 프로그램 시행에 집중해 가장 효과적이고 효율적인 방법으로 서비스를 전달하는 기회를 갖게 된다(Social Finance 2012; Gustaffson-Wright et al. 2015). 그 결과 시행기관들은 심각한 사회문제 해결에 초점을 맞추면서 모니터링과 평가의 문화를 개발하는 기회를 갖게 된다.

그럼에도 SIB 구조에 의존하는 시행기관들은 연간 기준으로 재정지원을 받게 되면서 장기적인 재정 안정성이 보장되는 것은 아니다. 사회적기업을 비롯한 사회 서비스 시행기관들이 당면하는 문제다. 또 계약된 서비스 전달의 실패 리스크는 항상 존재한다. SIB는 시행기관에 서비스 전달의 성과 관리와 결과 측정 부담을 안긴다. 시행기관들 모두가 성과관리의 역량을 갖추고 있지 않아 상당한 부담이 될 수 있다. 마지막으로 시행기관들은 프로젝트 실패로 인한 명성의 피해를 입게 되며, 이로써 잠정적인 재정지원의 확보에 어려움을 겪을 수 있다.

(4) 중간지원조직

중간지원조직은 투자자 동기와 유사하게 SIB를 통해 사회문제를 해결하는 성과를 달성하는 혁신적인 금융 모델을 실험하는 기회를 갖는다. 중간지원조직의 동기는 SIB 시장의 성숙단계에 의존한다(Gustaffson-Wright et al. 2015). 중간지원조직은 SIB 개발과 시행의 모든 단계에 걸쳐 다른 이해관계자들을 관리하게 된다. SIB 계약의 준비와 성사, 자본 유치, 프로그램 시행과 결과 평가 등 모든 과정에 대한 장기적인 실행의 책임을 가진다.

따라서 중간지원조직은 장기적인 실행 역량을 갖춰야 하며 내부의 거버넌스 또는 재정적 문제에 방해를 받아서는 안 된다(Social Finance 2012). 중간지원조직은 자신들의 보상금 일부가 SIB 결과와 연계된 경우 재정적 리스크에 처하게 될 수도 있다. 일반적으로 중간지원조직은 SIB 구조 외부의 증여 지원을 받으므로 결과와 연계된 보상금은 성과 보너스가 된다.

4) SIB 이해관계자 역할

SIB 주요 이해관계자의 역할을 정리하면 〈표 6-5〉와 같다. 서비스 시행기과놔 투자자를 비롯해, 중간지원기관, 결과지불기관 등이다.

SIB가 개발되는 두 가지 모델이 있다. 하나는 단일의 결과지불제 SIB가 있고, 다른 하나는 동일한 사회 이슈에 복수의 결과지불 계약들이 있는 SIB 펀드가 있다(앞글: 10). 후자는 개인의 결과에 따른 지불을 설정한 등급카드(rate card)가 있어 서비스 시행기관과 중간지원조직의 파트너십은 위탁기관이 제시한 결과지불금의 할인비율로 용역 제안금을 신청한다. 결과지불자인 정부는 할인비율 등의 기준에 기초해 계약기관을 선정한다.

표 6-5 SIB 주요 행위자별 역할

	역할	조직유형 사례
서비스 시행기관	상업적 사회서비스 제공 – 사회서비스 자본 제공 가능 – 서비스 제공과 결과 자료 제공	비영리기관, 공공분야 서비스시행기관, 협동조합, 비영리/영리 사회적기업, 영리기업
투자자 – 시니어 대출기관 – 2차 대출기관 – 증여 제공기관	서비스 시행기관에 선행자본과 계약 기간 중 자본 제공 – 결과지불의 최우선 투자자 – 결과지불의 차순위 투자자 – 결과지불을 받지 않은 기관 (가능) 자본관리와 성과관리를 위해 회사설립, 결과지불을 받아 투자자에 전달	개인, 트러시트, 재단, (임팩트)투자사, 상업은행, 신용조합, 지역개발금융사(CDFI), 공공부문과 비영리부문 조직, (결과지불기관이 아닌 정부기관)
중간지원조직	(가능) 자본증식, 거래 구조화, 회사(유한회사) 설립, 파트너 관리, 결과지불을 받아 투자자에 전달, 서비스전달 성과관리 시행.	비영리기관(금융구조화기관 또는 사회정책연구기관), 상업은행, 임팩트투자사, 정부기관, 영리기업
결과지불기관	결과 지불 (가능) 결과 매트릭스와 상환조건 결정	정부기관, 재단, 개발협력기관
평가/검증기관	프로그램 결과 사정 결과 사정의 평가를 검증	평가사, 연구기관, 대학, 정부기관
기술지원기관	결과지불자(정부)와 서비스시행기관에 SIB 디자인과 시행 자문	비영리기관, 대학, 개발협력기관

자료 Gustafsson-Wright et al.(2015: 9).

표 6-6 임팩트채권의 구조 유형과 행위자 역할

역할	임팩트채권 유형별 주요기관의 역할		
	관리형	중개형	직접형
사회문제 파악	결과지불기관, 시행기관, 중간지원기관, 기술지원기관	결과지불기관, 중간지원기관	결과지불기관, 중간지원기관
임팩트채권기준 실행가능성결정	중간지원기관	중간지원기관, 시행기관, 투자자	결과지불기관, 중간지원기관, 시행기관자
자본 증식	중간지원기관	중간지원기관	중간지원기관, 시행기관, 투자자
성과 매트릭스 설정	결과지불기관, 시행기관, 투자자	중간지원기관, 결과지불기관	결과지불기관, 시행기관, 투자자
서비스시행기관 조달	중간지원기관, 결과지불기관,	결과지불기관, 중간지원기관, 투자자	결과지불기관, 중간지원기관
결과지불기관과 계약	중간지원기관, 과반수의 중간지원기관 통제의 SPV	중간지원기관, 과반수의 투자자 통제의 SPV	시행기관, 과반수의 시행기관 통제의 SPV
서비스 제공	시행기관	시행기관	시행기관
성과 관리	중간지원기관	중간지원기관 (투자자와 과반수 투자자 통제의 SPV 위원)	시행기관
결과 달성 측정/검증	평가기관, 결과지불기관	평가기관, 결과지불기관	결과지불기관, 외부 검증기관

자료 Gustafsson-Wright et al.(2015: 10).

5) SIB의 잠정적 이용과 리스크들

(1) SIB의 리스크 요인들

SIB에 관여하는 이해관계자들은 각기 다른 리스크에 직면한다. 위탁기관의 경우 주된 리스크는 조달에 의한 서비스 제공이 실패하는 것인데, 서비스 공급자가 산출에 대한 조달을 체결하면 리스크는 공유된다. 그런데 위탁기관이 결과에 대한 지불을 하게 되면, 리스크는 서비스 공급자에게 전환된다. 이것이 결과에 의한 지불 접근법의 특징이다.

사회적기업들이 대부분인 서비스 공급기관의 입장에서는 리스크는 결과에 의한 지불 계약에 달려 있다. 서비스 공급기관이 자체 재원에서 계약의 일부를 재정부담하며 완전히 리스크 부담을 안게 되는 경우가 있다. 그런데 은행 융자를 파이낸싱 방법으로 이용하면, 은행과 리스크를 공유하게 된다. 마지막으로, SIB에서는 투자자가 결과 달성에 따라 수익을 받는 투자를 해서 리스크는 투자자가 안게 된다.

투자자는 SIB 구조에 따라 다양한 수준의 리스크를 안게 된다. 직접형 SIB에서는 결과가 달성되지 않으면 서비스 공급기관이 리스크를 안게 된다. 투자자는 펀드를 빌려서 기업의 자산을 담보로 하는 융자로 우선적 지급을 받는다. 중개형 SIB에서는 리스크가 투자자들 사이에 공유되며 결과 지급은 SIB 구조에 따라 달라진다. 관리형 SIB에서는 직접형과 마찬가지로, 투자자들이 리스크를 안고 있지만 동시에 결과가 달성되면 수익을 얻는다.

표 6-7 SIB 유형별(직접형, 중개형, 관리형) 리스크 비교

	위탁기관 리스크	시행기관 리스크	중간기관 리스크	투자자 리스크와 수익
직접형 SIB	금융리스크 없음. 성과 달성시 저축. 성과 미달시 도덕/명성 리스크.	성과 미달시 무지불 리스크	중간지원기관 없음	리스크: 청산이나 융자상환 담보 부족시 자본손실 수익: 상업적 융자 (x 베이스 레이트 초과치)
중개형 SIB		중간지원기관이 이용료 분기별 지불. 성과미달시 SIB 종결 리스크	특수목적조직 (special purpose vehicle: SPV)	SPV 실패시 투자자 금융리스크. 기준점 이상 성과시 투자자 수익
관리형 SIB		중간지원기관이 이용료 분기별 지불.	관리조직이 관리하는 SPV에서 관리조직과 투자자금융리스크	투자자 리스크. 기준점 이상 성과시 투자자 수익

자료 OECD(2016b: 17). "Understanding Social Impact Bonds."

(2) 비용

SIB에는 단기, 장기 비용들이 소요된다. 투자자가 제공하는 선행 투자금은 단기 비용에 해당되며, 결과지불자가 프로그램의 성공으로 지불하는 수익금이 장기 비용에 해당된다(OECD 2016b: 15). 단기-장기 과정의 핵심은 결과 메트릭스와 지불을 결정하는 것이다. SIB 거래의 핵심은 필요한 투자금, 개입 메카니즘, 조달 과정과 서비스 시행기관의 선정에 관한 정보에 기초한다.

그밖에 부대 비용 또는 거래 비용들이 있다. 중간지원기관의 수수료, 법률과 평가 비용 등으로 SIB 거래의 일부 비용 또한 추가 비용으로 설정될 수 있다. 선행 경험이 부족한 상태에서 각각의 SIB가 다른 비용 설정을 하고 있다. 중간지원기관이 SIB 계약의 예산에 종료 수수료 또는 성공 수수료

를 요구할 수도 있다. 또 거래의 구조화, 시행기간의 성과관리에 대한 기술지원 비용을 지급받을 수도 있다. 법률 서비스의 경우 대부분 프로보노 또는 저비용의 서비스로 제공되고 있다.

(3) 리스크와 과제

SIB 개발과 시행의 선행 사례들이 많지 않은 것이 이해관계자들에게는 상당한 리스크가 된다. 선행 경험이 없는 상태에서 기술적 측면들을 결정해 경험학습(learning-by-doing) 방식을 이용한다는 것은 시간 소요적이며 비용 부담을 주는 활동이다(앞글: 15). SIB 거래를 법률적으로 구조화하고 규제적 프레임워크가 시행과정에서 복잡한 메카니즘의 일부를 방해하지는 않을지를 검토하는 일은 상당한 도전과제가 된다.

SIB는 정부의 리스크를 투자자에게 위임한다는 장점이 있다. 그럼에도 정부는 SIB 시행과정에서 기대하지 않은 리스크나 부정적 효과가 가장 취약한 대상층에 피해를 주는 상황과 같은 도전에 직면하게 될 수 있다. SIB는 성과를 조건으로 지불하기 때문에 서비스 시행기관, 투자자, 중간지원기관들은 기대된 결과를 달성할 만한 대상층을 선별하고 문제해결이 중요한 대상층을 배제시키는 경향(체리 피킹 cherry picking)이 있다. 마찬가지로 결과 달성이 높은 대상만을 포함시키는 문제(크림 스키밍 cream skimming) 또는 결과 달성이 어려운 대상을 배제하는 문제(파킹 parking)도 발생할 가능성이 있다. 또 투자자가 계획보다 일찍 SIB에서 철수하는 경우 대상층에게는 서비스 중단이라는 리스크가 발생한다. 이런 경우 정부가 '안전망 재정지원자' 역할을 하며 높은 비용을 감당할 수밖에 없다.

다른 한편으로는 이해관계자들의 통제 밖의 사건들이 발생해서 투자자에게 결과지불의 문제를 야기하는 의도하지 않은 리스크도 있다. 따라서 계약서에 이런 상황에서 결과지불이 원만히 해결될 수 있는 상세한 조항들이 포함될 필요가 있다. 이런 조항들이 포함되면 투자자들은 투자의 사정, 가격, 모니터 및 관리를 할 수 있는 기회를 가진다.

(4) 임팩트 측정과 평가 방법

SIB 임팩트 측정과 평가의 바람직한 방법은 무엇이며, 어떤 장애물이 있는가? 결과측정과 평가는 SIB의 핵심으로, 측정에서는 결과가 달성되었는지, 어느 정도 달성되었는지를 사정하기 위한 데이터 세트와 기록들을 이용해 합의된 결과 메트릭스를 우선 분석한다. 또한 측정은 SIB의 지불과 합의사항들의 이행과 밀접히 관련되어 있다. 결과측정 방법과 지불구조는 계약 합의사항에 따라 다양하게 나타난다.

한편 평가에서는 측정을 범위를 넘어 광범한 부분을 다룬다. SIB가 어떻게 시행되고 운영되었는지, 인과론적 분석으로 어떻게 결과가 달성되었는지 또는 달성되지 않았는지를 분석한다. 특히 평가는 긍정적, 부정적인 의도되지 않은 결과들을 분석한다. 결과의 변화가 SIB 프로그램의 결과로 비롯된 것인지, 임팩트의 다양한 차원을 평가하고, SIB 메카니즘 자체도 평가대상으로 할 수도 있다.

대상층의 개념정의와 선정부터 세심한 준비를 필요로 한다. SIB의 미션이 사전 예방적인 것인지, 사후 치료적인 것인지에 따라 달라질 수 있다. 대상집단에 참여해 서비스를 제공받을 대상자의 자격기준은 무엇인지에 대한 확고한 디자인과 시행이 필요하다. 그럼으로써 앞서 설명한 체리피킹, 크림스키밍, 파킹 등의 문제를 차단할 수 있다. 그러기 위한 몇 가지 고려사항들이 제시되어 있다(앞글: 19).

첫째는 대상집단의 규모는 달성될 결과의 수준과 관련될 수 있다. 예를 들면 100명의 홈리스의 10% 홈리스 청산율이 그것이다. 둘째는 확고한 샘플 또는 대상집단을 설정하기 위해서는 상당한 시간이 필요한데, 그 시간은 투자자가 상환금을 지불받는 시간과도 관련될 수 있다. 예를 들면 영국의 피터보로 SIB는 교도소 출감된 1000명의 남성성인을 대상으로 19개월간의 시행기간을 설정했다. 셋째는 대상집단의 규모는 프로그램 개입에 소요되는 펀딩과도 관련된다. 마지막으로 무작위통제실험(RCT)을 이용하는 경우 적절한 통제집단과 치료집단이 동일하거나 유사해야 하는데, 치료집단의 서비스 비용은 SIB 펀딩에 의존한다.

사례가 되는 피터보로 SIB를 살펴볼 만하다. 체리피킹과 크림스키밍 문제를 해결하기 위해 모든 대상 출소자를 두 개의 대상집단으로 포함시켜 SIB 서비스를 제공받은 치료집단과 서비스를 받지 않은 통제집단의 비교하는 방법이 이용되었다(Rand Europe 2016: 14). 또 결과 메트릭스는 출소자가 재범을 했나 안했나, 이원적 측정치(binary measure)가 아니라 재범의 빈도(frequency) 측정 방법을 사용해, 대상집단 대상자들이 재범을 해도 이들에게 지속적인 서비스를 제공하도록 인센티브를 강화해 파킹(parking) 문제도 해결하였다.

SIB 개입의 진전도를 측정하는 방법은 여러 가지가 있다. 가장 일반적인 방법은 서비스 이용의 감소를 측정하는 하드 결과(hard outcome) 측정 방법이다. 피터보로 SIB에서 결과치는 재범 건수의 감소로, 이와 관련된 자료는 전국적으로 수집되어 결과치는 쉽게 측정될 수 있다. 이같은 결과 수치는 중기, 장기적으로도 가시적인 결과를 보여줄 수 있다. 이 방법을 보충하는 방법이 되는 소프트 결과(soft outcomes)로 프로그램 개입이 효과적인지,

그렇지 않은지를 보여주는 지표를 제시해준다.

특히 원인의 귀속(attribution)을 명확하게 분석하는 것이 SIB를 비롯한 다른 사회적 개입에서 핵심이 된다. 결과의 변화가 다른 요인들이 아닌 전적으로 또는 거의 대부분 프로그램 개입에 따른 것인지를 명확하게 규명하는 일이 중요하다. 그런데 '원인귀속' 파악에 장애가 되는 것은 데드웨이트(deadweight) 문제가 있다. 이는 프로그램 개입이 없어도 달성될 수 있는 결과를 의미한다. 또 다른 장애는 경쟁적 서비스 문제로, SIB와 관계없는 다른 시행기관이 대상집단 또는 통제집단 또는 양측 모두에 서비스를 제공한 경우다(Disley et al. 2011). 예방적 개입 방안으로는 SIB 효과의 원인귀속을 잘 파악하기 위한 방법론 디자인을 꼽을 수 있다. 또 원인귀속을 파악해 SIB 종료 시점에서 적절한 출구전략을 설정할 필요가 있다.

또 다른 두 가지 방법들을 검토해볼 수 있다(OECD 2016b: 20). 하나는 대상집단 내의 측정 이전과 이후를 비교하는 방법이다. 이 방법의 한계는 인과관계를 설정하기 어렵고 SIB 효과를 구분하는 것이다. 다른 하나는 대상집단 내의 측정 이전과 이후의 예측된 결과를 비교하는 방법이다.

3. 공공서비스 혁신의 SIB

1) 공공서비스 문제해결

SIB는 이상과 같이 장점뿐 아니라 단점들도 적지 않다. 이에 대한 찬성과 반대의 논쟁을 넘어, SIB의 '변화이론'에 초점을 맞춰볼 필요가 있다. SIB의 운영의 기반이 되는 도전(문제제기)에서 솔루션에 이르는 논리적 진전을 보여주는 변화이론 분석이 중요하다. 옥스퍼드 대학의 정부결과연구소는 SIB의 '변화이론'을 분석한다(GOL 2018b: 10).

a) 도전이 되는 것은 분절화된, 고립된 사일로(siloed) 기관들과 예산, 단기적인 정치적, 재정적 초점, 리스트 거부와 변화의 어려움이 있다.

b) 분절화된 공공서비스는 서비스의 중복, 갭 발생, 그리고 커뮤니케이션 결함으로 나타난다. 단기적인 정치적, 재정적 초점은 위기에 대응하는 반응적 공공서비스를 의미한다. 변화의 어려움은 성과를 내지 못하는 서비스가 지속되는 문제로 나타난다.

c) 이상의 공공서비스의 문제는 취약한 개개인의 욕구에 제대로 대응하지 못하는 분절화된, 반응적인, 부진한 서비스를 의미한다.

d) 이상의 서비스 문제들을 해결하기 위해 제시된 SIB는 공조, 예방, 혁신의 방안이 필요하다.

- 공조: 복수의 위탁기관과 시행기관 네트워크 사이의 공조를 창출해, 서비스 이용자에 '통합적' 서비스를 제공하는 활동.
- 예방: 예방적 투자. (사회적) 투자자들이 사업의 상류부문에 자본투자(선

도자본 제공)를 하며 서비스 운영의 이중적 구조를 갖춤.

- 혁신: 리스크 위임으로 새로운 사업 개시, 성과관리 개선, 시스템 차원의 학습 등 혁신이 가능함.

2) 공조(Collaborate): 분절화와 사일로(silos) 해결

사회서비스 제공은 시행기관과 위탁기관 사이의 복잡한 분절화된 구조로 이뤄진다. 시행기관은 복합적인 시민의 욕구를 충족하는 서비스 제공 역할을 하고, 위탁기관은 여러 복수의 기관들로 중복된 책임을 맡는 경우가 많다. SIB는 이런 복수의 시행기관과 위탁기관의 노력을 조정하기 위해 '결과에 공유된 초점'의 계약으로 공조를 유도한다(GOL 2018b: 10). 서비스 수혜층에게는 보다 효율적이고 효과적인 '통합적' 서비스를 제공하는 것이다.

SIB를 통해 이뤄지는 공조의 방법 하나는 SIB 모델의 심장이 되는 결과(outcomes)의 측정과 모니터링의 공조 활동이다. 전통적인 공공서비스 위탁기관의 초점이 서비스 투입(예산 지원 등)과 산출(outputs) 관련된 것과는 전혀 다른 결과 초점이다.

그럼에도 SIB는 여전히 복잡한 사회적 이슈들의 해결에 적합한 공공서비스 제공의 모델인지는 더 많은 검증이 필요하다. 공공위탁기관의 입장에서는 SIB가 어떻게 운영되는 게 바람직한지 의문을 갖게 된다. 따라서 만연된 공공서비스 문제들을 해결하기 위한 공조, 예방, 혁신을 할 수 있는 조건들을 SIB가 제시할 수 있는지를 밝히는 것이 중요하다.

부처주의(departmentalism) 또는 사일로(silo)는 서비스 제공의 목표 달성을 위한 시너지와 연계가 잘 안 되는 관리의 문제를 의미한다. 그 결과 서비스 이용자에게는 갭이 발생하고, 서비스 제공의 중복 문제뿐 아니라 시민들은 각기 다른 여러 공공기관이나 시행기관 사이를 오가는 문제에 직면할 수 있다. 서비스 접근성 문제뿐 아니라 충분성, 효과성, 효율성 문제가 발생할 수 있다. 서비스의 저활용으로 인한 이용자 개인들에게는 물론, 사회 전체에 사회 서비스에 대한 신뢰를 상실할 수 있다.

이에 대해 SIB가 해결방안이 될 수 있다. SIB는 사회적 결과에 다시 초점을 맞춰 여러 부처의 위탁기관 또는 기관장들을 함께 불러 각자가 달성하려는 결과를 공동으로 파악해 공동으로 비용을 지불하도록 유도한다. 상호의존적인 또는 연계된 '결과에 대한 초점'으로 각기 다른 차원의 정부와 부처들이 서로 공조하는 메카니즘이 만들어질 수 있다. '결과에 대한 초점'은 서비스 제공의 관리 책임을 맡은 기관들 사이의 조정과 연계를 개선시킬 수도 있다. SIB에서 측정된 결과로 위탁기관이 투자자에게 지불을 결정하게 되므로, 서비스 제공이 가장 효과적이고 공조적인 방식으로 이뤄지고 있다는 것을 양측 모두가 확인하도록 인센티브를 갖게 된다. SIB의 성공은 결과와 참여자와 관련된 정확한 자료의 유용성과 커뮤니케이션에 달려 있다고 볼 수 있다.

효율적인 자료 공유로 서비스 갭을 파악해 보충할 수 있다. 또 서비스 연계와 등록 메카니즘을 교정하고 서비스 공급 활동을 개선할 수 있다. 그럼에도 관련 정보의 효과적이고 시의적절한 흐름을 보장하는 일은 SIB를 조직하고 관리하는데 복잡성과 비용 증가를 초래할 수 있다. SIB가 공조를 향상하는데 유일한 대안은 아니며 SIB가 다른 위탁 메카니즘에 비해 더 월등한 공조의 수준을 달성한다는 어떤 시스템 차원의 증거도 나와 있지 않다.

그럼에도 일부 SIB 사례에서는 의미있는 공조가 이뤄졌다는 증거들이 있다. 예를 들면 피터보로 SIB와 서부런던지역(West London Zone) 프로젝트는 개인들의 복합적인 욕구를 충족시키기 위한 정책 사일로를 넘어선 공조에 초점을 맞추고 있다. 피터보로 사례에서는 시행기관들 사이의 공조, 그리고 서부런던지역 사례에서는 공동위탁(co-commissioning)과 시행기관의 공조가 핵심이다.

표 6-8 공조의 SIB: 피터보로 SIB와 서부런던지역 SIB 사례

피터보로 SIB는 2010년 법무부가 위탁기관으로, 재소자를 지원해 재범을 감소시키기 위해 여러 시행기관들을 하나의 단일 서비스 체제로 통합하는 ONE Service를 조직하였다. ONE Service는 범죄자들이 보고하는 여러 서비스 욕구들을 파악하는 구조화된 사정을 실시한 결과, 통합 서비스 제공 방안을 추진한 것이다. 보건, 사회적 케어, 훈련, 주거, 법률 서비스 전문의 비영리 및 공공 시행기관들이 프로젝트의 공조기관들로 동참해, ONE Service가 제공하는 '허브' 공간에 서비스 시행기관들과 함께 자리를 잡았다. 공식 평가보고서에 따르면, 이런 파트너십 작업이 성공적인 SIB 시행과 운영에 핵심이 되었다.

West London Zone(WLZ)는 서부 런던 도심의 3 마일 반경에 거주하는 아동과 청소년을 대상으로 하는데, 이들은 평생 빈곤의 리스크에 처한 취약층이다. WLZ는 복잡한 서비스 공급과 위탁 기관들의 네트워크의 공조 시스템을 만들어 각 기관이 제공하는 서비스들을 집합적, 맞춤형 욕구충족형으로 조정하고 있다. 서비스 전달에서는 지역의 공익기관들이 공유된 결과들을 지향하는 아동지원 서비스를 제공한다. 또 현장의 '링크 워커(Link Workers)'를 고용해 아동과 가족들과 관계를 형성해 이들이 필요로 하는 서비스를 잘 받도록 지원한다. 또 WLZ는 아동 각자의 참여와 결과 성취가 지방정부뿐 아니라 아동의 학교, 지역 자선기관들이 공동으로 지불하는 '공유된 위탁구조'를 조율해내고 있다. 빅로타리펀드(Big Lottery Fund)의 결과개선위탁기금(Commissioning Better Outcomes Fund)도 보충적 지원을 한다.

자료 GOL(2018b: 11-12). "Building the tools for public services to secure better outcomes."

표 6-9 결과기금을 통한 공동위탁(Co-commissioning)

영국 정부는 중앙과 지방 정부, 여러 정부 부처들이 SIB 프로젝트의 공공 결과지불자가 되는 일련의 '결과기금'을 개발했는데, 공동위탁이 그 중 하나의 재정지원 방식이다. a) 라이프찬스기금(Life Chances Fund)은 지방정부들이 위탁하는 SIB에 결과지불금 8000만 파운드가 추가 지원된다. 결과기금의 6대 사회 이슈 영역은 노인서비스, 건강서비스, 청소년 약물과 알코올 치료, 영유아서비스, 아동서비스 등이다. b) 사회결과기금(Social Outcomes Fund)과 결과개선위탁기금(Commissioning Better Outcomes Fund)은 총리실과 빅로타리펀드(Big Lottery Fund)가 각기 지원하는 결과지원금이다. 여러 정책 영역에 해당되는 SIB 개발 지원과 지방정부나 보건기관들이 결과지불을 하는 결과지원금으로 전체 6000만 파운드 규모이다. c) 페어찬스기금(Fair Chance Fund)은 공동체지방정부부와 총리실이 관장하는 1500만 파운드 기금이다. 청년 홈리스를 위한 주거 개선 결과에 초점을 맞춘 SIB이다. d) 청년참여기금(Youth Engagement Fund)은 총리실, 법무부, 노동연금부가 공동 추진하는 1600만 파운드 기금이다. 14~17세 취약 청소년의 취업 가능성을 높이고 정부 의존율을 낮추며 범죄 가담 가능성을 낮추는데 목표를 둔다.

자료 GOL(2018a: 12). "Building the tools for public services to secure better outcomes."

3) 예방(Prevent): 위기 조기 개입

사회적 결과를 개선하는 최상의 방법은 심각한 사회적 문제가 전혀 발생하지 않도록 예방하거나 지금의 문제가 악화되지 않도록 차단시키는 것이다. 예방의 일부 유형은 많은 공공서비스에서 핵심이 된다. 공중보건 이니셔티브들로부터 조기교육에 이르기까지 다양하다. 예방적 접근은 단기적 결과를 개선할 뿐 아니라 추후 발생하는 상당한 비용의 치료 서비스를 회피하게 되면서 비용절감을 생산하는 목적도 있다(GOL 2018b: 12).

그럼에도 위탁기관들은 기존의 서비스에 추가적인 예방적 서비스 프로그램 운영에서 어려움을 겪게 된다. 당장의 욕구충족에 자원들이 거의 투입되고 있다. 또 한정된 자원 배분의 마지막 순서가 되는 이른바 '신데렐라 서비스(Cinderella service)'에 예방적 서비스가 이뤄지는 경우가 일반적이다.

표 6-10 예방적 SIB: NEET 청소년과 포스터 케어(Foster care)

a) 일차적 예방: 노동연금부의 혁신기금 SIB
2012년 노동연금부(Department for Work and Pensions: DWP)는 영국 전역에 NEET(교육, 고용, 훈련 상태가 아닌) 청소년 문제 해결을 위한 10개의 SIB 프로젝트를 위탁하였다. 10개의 SIB는 모두가 예방적 초점을 맞춰, 학교 등교, 장래 고용가능성 증가를 위한 자격증 취득 등의 결과에 대해 지불한다. 결과달성 여부는 모두가 질적 평가로 결정되는데, 2014년 노동연금부는 추가로 여러 SIB를 청년참여기금에 위탁하였다.

b) 이차적 예방: 버밍햄 시위원회의 스텝다운(Step-Down) 프로그램 SIB
포스터 케어가 시설양육보다 청소년에게는 더 높은 교육성과가 있다는 연구들이 발표되었다. 또 안정적인 장기간의 양육이 더 좋은 결과를 생산한 것으로 밝혀졌다. 포스터 케어는 시설양육보다 비용도 저렴하다. 버밍햄 SIB는 세심하게 선정한 청소년이 시설양육에서 전문가 포스터 케어로 이동해 52주 이상 안정적인 유지를 핵심 목표로 지원한다. 이로써 SIB는 청소년이 시설 양육이나 여러 단기 거주를 전전하는 기간 연장의 악화 문제를 예방하는데 목적이 있다.
SIB는 실제로 첫 2년간의 시행을 통해 포스터 케어에 위탁된 20명의 청소년 70%를 안정적인 양육의 결과를 만들었다. 이들은 긍정적인 활동이 늘었고 학교생활에도 적응하는 결과를 보였다. 시설양육에 드는 비용이 절감된 지출 이상보다 훨씬 낮은 비용으로 SIB 프로그램을 운영하였다.

자료 GOL(2018a: 12-13). "Building the tools for public services to secure better outcomes."

SIB는 예산의 '더블러닝(double-running)'으로 예산 압력을 경감할 수 있는 장점이 있다. '사회적 투자'가 예방적 서비스 프로그램 비용을 지불할 수 있기 때문이다. 또 예방적 서비스가 성공하면 장래에 추가적 서비스 의존이 줄어들게 된다. 최근에 와서 더 많은 재정지원이 예방적 서비스에 분배될 수 있다는 기대감을 높여주고 있다. 영국의 SIB들 대부분은 예방적 포커스를 갖고 있다. 일부는 문제가 발생하기 전에 개인의 '라이프찬스(life chance)'를 개선시키는 '일차적' 개입 프로그램에 초점을 맞추고, 다른 일부는 문제의 악화를 예방하는 '이차적' 개입에 초점을 맞춘다.

4) 혁신(Innovate): 변화의 어려움과 리스크 두려움 극복

SIB의 일반적인 정당성은 위탁기관과 시행기관에서 투자자에게 재정 리스크를 맡겨, 혁신의 여유를 창출하는 것이다. '혁신'은 융통적인 개념으로 새로운 방법과 변화된 접근법을 수용하는 것으로, a) 시행기관 선정의 혁신, b) 개입의 선택, c) 성과 관리의 유형에서의 혁신 메카니즘에 따라 운영되는 것을 볼 수 있다(GOL 2018b: 14).

첫째, 사회적 투자는 공공서비스 시장에 무수한 시행기관들의 참여를 허용하는데 목적이 있다. 지역사회에 정착된 소규모 시행기관들도 특별한 맞춤형 혁신적 솔루션을 발휘할 수 있다. 그런데 전통적인 결과지불 계약에서 소형 비영리기관들은 현금 보유도가 낮고 지불력이 불투명해서 재정적 장애를 겪는 경우가 많다. 대형 영리적 시행기관들에게 계약이 많이 이뤄져, 위탁기관과 계약자 사이의 '통상적인' 관계로 간주되어 왔다. 반면에 SIB에서는 소형 기관들에게도 현금 선불이 이뤄져서 결과지불의 계약을 가능하게 한다. 위탁기관은 결과 달성이 성공할 때에만 지불을 하므로 리스크가 더 있는 시행기관과 계약하는 리스크에서 자유롭다.

둘째, 결과에 대한 초점 때문에 서비스 시행기관이 혁신적 개입 프로그램을 자유롭게 시행하거나 또 필요한 경우 개입방식을 중도에 수정할 수 있는 융통성도 갖게 된다. 이런 '블랙박스(black box)' 접근법이 대다수 결과기반의 계약의 특징이다. 시행기관과 투자가 결과 생산을 하지 않는 개입방법을 더 좋은 방법으로 바꿀 수 있는 융통성을 갖고 있다.

셋째, 이상의 두 개의 메카니즘과 관련되어, 성과 측정과 관리가 SIB의 핵심이라 볼 수 있다. 투자자 또는 파트너십 조정 역할을 하는 특수목적조직(SPV)은 자신들의 투자금의 보호해 수익을 추구하는 노력을 하기 마련이다. 그러기 위해서는 위탁기관이 지원의 역량이나 기술을 갖지 못하는 혁신적 성과 측정과 관리를 하는 노력이 따른다. 시행기관이 일하는 새로운 방식이 된다. SIB 투자자와 SPV는 기술지원과 자문 제공에 적극적인 것으로 정평이 나 있다. 자료수집과 분석, 파트너십 전체의 지속적인 개선을 위한 '성과문화' 도입이 늘었다. 파트너십 전체의 공유된 결과에 대한 초점으로 서비스 전달의 개선이 이뤄지고, 진행 상황에 대한 이해와 파트너들 사이의 신뢰와 협력이 늘어날 수 있다. 이런 최상의 경우와는 달리 최악의 경우 '마이크로 관리'로 유도하고 관계의 단절로 이어질 수 있다. 지나치게 강요적인 성과관리 제도에서의 압력과 긴장으로 그릇된 행태와 결과의 게임이 나타날 수 있다.

표 6-11 혁신적 SIB: 뉴캐슬 Ways to Wellness and Teens and Toddlers SIB

1) 혁신적 개입: Ways To Wellness SIB를 통한 사회적 처방 사회적 처방(Social prescribing)은 환자가 도움을 받아 비임상적 사회활동에 접근할 수 있는 대안이다. 사회적 처방은 엄밀한 평가가 거의 없는 가운데 검증되지 않은 개입방법이다. 영국에서 사회적 처방을 대규모로 시행한 것이 2015년에 개시한 Ways and Wellness SIB이다. 뉴캐슬의 위탁기관(Newcastle Gateshead Clinical Commissioning Group)이 7년 사업 기간에 11,000명의 환자를 대상으로 한 SIB 위탁을 한 것이다. 장기 요양치료가 필요한 환자들이 시행기관의 서비스 지원으로 건강한 행태, 지역사회 참여로 질병을 이겨내는 활동을 한다. 헌신적인 '링크 워커(link workers)'의 전문 보건서비스를 받는 기회가 확대된다. 프로그램에 참여한 30명의 질적 평가에 따르면 자기보고의 웰빙과 활동 참여에서 지속적인 개선이 나타났고 링크 워커의 역할도 긍정적인 성과가 나왔다. 2) 혁신적 시행기관: Teens&Toddlers 혁신기금 SIB Teens&Toddlers는 고용연금부 SIB 중 하나로 NEET 리스크에 노출된 청소년을 지원한다. SIB에 참여한 청소년 각자가 보육기관의 영유아와 짝이 되어 멘터로서 롤 모델이 되면서 자신의 성취도와 기대감을 높이도록 지원을 받는다. SIB의 구조는 Teens and Toddlers 시행기관(Power2)이 성과관리와 리스크 분석을 개발해 사업의 규모를 확장하도록 계획되어 실제 사업확장이 이뤄지고 있다. 혁신기금은 비영리시행기관이 이 사업을 성장하는데 필요한 모든 지원을 할 정도라는 평가를 받고 있다. 3년간의 지원으로 경력을 갖춘 스탭을 채용해서 안정적인 사업비로 지속가능한 프로그램 운영을 한다는 것이 시행기관 책임자의 평가다. 그 결과, 프로그램을 업그레이드해서 학교와 협력하는 방식을 개선한다는 것이다.

자료 GOL(2018b: 14). "Building the tools for public services to secure better outcomes."

4. 주요국 SIB 사례

1) 영국 정부의 SIB

영국은 2010년 최초로 SIB를 시행하면서 2020년 현재 수십 개의 SIB가 시행중에 있는 선도적인 국가이다. 아래에서는 2010년 가장 먼저 시행된 피터보로 사례와 2012년에 시행된 사례들을 차례로 살펴볼 만하다(Bridges Venture 2015a).

(1) 영국 피터보로(Peterborough) SIB

SIB를 가장 먼저 시행한 영국의 대표적인 모델은 피터보로(Peterborough) 사례이다. 영국 법무부가 발표한 2014년 8월에 피터보로 SIB 프로그램의 일차 성과평가 결과를 살펴보면 다음과 같다. 평가는 재범율이라는 사전에 계획된 목표를 충족시키는 결과를 SIB가 생산했는지에 초점을 맞추었다. 정부와 SIB 위탁기관인 복권기금(Big Lottery Fund)은 재범율의 개선이 계획대로 달성되면 투자자에게 수익을 제공하기로 약속하였다. 이 수익은 투자자와 비영리 시행기관들의 개입의 효과로 결과되는 재범율 감소로, 이것은 정부가 비용절감의 저축이며 사회에 제공되는 사회적 혜택이 된다.

SIB 결과의 측정은 교도소의 성인 남성 수감자들을 두 집단으로 나눠, 첫 집단은 2010년 9월 9일부터 2012년 7월 1일 기간에 1년 미만 기간에 수감되어 있다 출소한 사람들, 그리고 두 번째 집단은 2012년 7월 기간에 해당된 사람들이다.

투자자들은 결과에 기초한 수익을 제공받게 되는데, 조건은 둘 중 하나를 충족하는 경우다. 하나는 재범 발생 건수가 약 1000명 규모의 각 집단 모두에서 (비교집단에 비교해) 10% 이하로 감소한 경우이며, 다른 하나는 두 집단 모두의 2000명 가운데 재범 발생 건수가 (비교집단에 비교해) 7.5% 이상 감소한 경우다. 그런데 첫 집단 1000명의 재범 발생 건수는 8.4% 결과를 보여줘, 위의 조건 1)을 충족하지는 못했지만, 2)의 조건은 충족했다. 앞으로 제2의 집단 1000명의 재범발생 건수에 따라 투자자에게 수익이 발생할지가 결정될 것이다.

결과평가 방법으로 성향점수 매칭(Propensity Score Matching) 방법이 활용되었다. 첫 집단인 936명 출소자 재범율이 같은 기간 전국 34개 성인 남성 교도소에서 출감한 9360명의 비교집단과 비교해 계산되었다. 분석은 법무부가 제공한 개인신상 자료를 기초로 했고 SIB 중간지원조직인 Social Finance는 추가 자료수집을 지원하였다.

전문평가기관(Rand Europe)의 중간평가 결과 또한 긍정적인 견해를 밝혀준다(UK Ministry of Justice 2015). SIB의 모든 단계에서 관련 기관들 사이의 파트너십이 잘 작동하도록 조정과 진흥의 역할을 맡은 적극적인 서비스 책임자의 역할이 시행과 운영에 결정적으로 중요했다는 것이다. 또 핵심 이해관계자들이 정보 공유와 제공 등 관련 과정들과 절차들을 정착시키는데 적극적인 노력을 했다. 그 결과 여러 혁신적인 결과를 창출했는데, 펀딩의 융통성이 이뤄지면서 지역의 현실과 서비스 이용자의 욕구에 기초하는 서비스 제공이 원활했다. 또 통합 사례관리 데이터베이스의 활용으로 지리적 영역과 재범 개입활동 측면에서 혁신적인 변화가 있었다. 서비스 이용자들이 개인별 맞춤형 지원을 받을 수 있었던 것도 SIB의 혁신적 특징이라는 설명이다.

(2) New Horizon SIB

New Horizon 프로그램은 2015년까지 3년간 선금 지불과 프로젝트 기간의 각종 지원으로 운영되는 SIB이다. 2011년 영국 총리실과 고용연금부(Department for Work & Pensions), 법무부(Ministry of Justice)가 공동으로 3000만 파운드의 혁신기금(Innovation Fund)을 조성해, NEET 청년이나 그런 리스크가 있는 취약 청년들의 생활 개선을 위한 프로젝트를 추진하였다. Bridges Venture와 기타 기관들의 임팩트 투자로 이뤄진다. 프로그램 시행기관은 a) 청년 대상자들이 학교 수업을 유지하고, 또는 b) 고용에 필요한 자격요건을 갖추거나, c) 취업한 청년들의 일정기간 일자리 유지를 하도록 지원하는 결과를 생산하면 대가로 지불을 받는다.

2012년 공모에 의해 리버풀의 자선기관 Career Connect가 혁신기금에 의해 선정되었다. Career Connect는 청년 전과자, 양육원 시설 생활자 또는 탈시설 청년으로 교육의 어려움에 처한 청년층 등 세 그룹으로, 이들의 평균 NEET 비율은 전국 평균보다 높다(21% 대 16%). 정부가 설정한 금전 가치에 대한 결과치가 되는 '등급 카드(rate card)'에 따라 3928명을 대상으로 4270건의 결과치(학교 수업 유지, 고용수준 획득, 취업자의 일정기간 고용 유지)가 프로그램의 목표로 설정되었다.

프로그램 New Horizon은 일련의 '회복 코칭(Resilience Coaching)' 프로그램으로 진행된다. 온라인 '정서강화(Mental Toughness)' 진단도구 등을 활용하였고, 개인별 진단이 이뤄진 다음 청년들은 각자가 당면한 상황과 문제에 대한 처방을 위해 1:1 코칭을 받는다. 그밖에 고용자격수준 획득을 위한 집단수업이 13주간 진행되며 청년 각자의 대인기술과 역량개발에 초점을 맞춘다. 이런 과정을 거쳐 청년들이 학교수업을 유지하고, 웰빙 개선과 장래 직업에 대한 기대와 고용가능성을 높일 수 있다는 전망이 제시되었다.

New Horizon 프로그램 시행 1년만에 일부는 효과적인 것으로 평가되었다. 다른 일부는 다소 비효과적인 것으로 밝혀지면서, 결과기반(outcomes-based)의 용역의 특징이 되는 융통적인 프로그램의 변경으로 더 좋은 결과를 낼 수 있게 되었다. 이 점이 기존의 '서비스 수수료(fee for service)' 용역과 크게 다른 점이다.

첫째는 관리정보의 개선이다. 실적 관리자를 선임해서 관련 자료의 효과적인 수집과 추적을 개선해 많은 좋은 결과를 생산하게 되었다. 둘째는 조기 개입의 개선이다. 이미 NEET 상태에 처한 청년들의 생활개선보다는 NEET 리스크에 처한 청년들을 대상으로 조기에 코칭을 수행하는 것이 더 효과적이라는 중간결과를 얻으며, 조기개입으로 프로그램 수정이 이뤄지게 되었다. 셋째는 비교적 젊은층인 14~16세 대상층에게도 고용자격수준 획득을 위한 프로그램을 조기에 제공하며 NEET 리스크를 감소시키는 전략을 추진하였다.

New Horizon 프로그램은 2015년 4월까지 3년간 추진되었다. 계약기간 동안 4222명의 대상 청년층을 대상으로 여섯 가지 측면에서 6044건의 결과치를 생산하였다(표6-12 참조). 프로그램 제2라운드까지의 주요 결과를 살펴보면, 정부가 지불한 비용(450만 파운드)에 비해 정부가 받은 총가치(924만 파운드)가 훨씬 많아, 두 배가 넘는 결과에 대한 지불 가치가 생산된 것이다.

표 6-12 New Horizon 프로그램의 주요 결과

	대상층의 결과치(건)	1인당 정부지출비(£)	전체 정부지출비 (1000£)	정부에 대한 총가치(1000£)
학교수업 유지	1,315	871	1,145	1,841
학교행태 개선	1,779	552	982	2,313
직업자격수준 1	1,870	441	825	1,683
직업자격수준 2	728	1,452	1,057	2,402
고용유지(13주간)	198	1,924	381	693
고용유지(26주간)	154	740	114	308
전체 결과	6,044	-	4,504	9,240

자료 Bridges Venture(2015a: 11). "Better Outcomes, Better Value."

2015년 4월까지의 혁신적인 결과에 따라, CAREER CONNECT는 제2차 SIB 수행기관으로 재선정되었다. 전문 펀드인 Bridges Venture(2015a: 12)는 2002년에 설립된 이후 2016년 초 현재 13개의 다양한 SIB를 시행중에 있다.

첫째는 청년 고용 분야에서는 위에 소개한 정부기관의 Impact Fund에 의해 선정된 Career Connect 이외에도 Community Links 프로그램과 십대와 유아 대상의 Teens and Toddlers 프로그램, 또 청년참여 펀드(Youth Engagement Fund)로 시행되는 Career Connect와 Teens and Toddlers 프로그램 등이 있다. 둘째, 아동 서비스 분야에서는 Essex의 가족치료(Family Therapy) 프로그램, Manchester의 치료양육(Treatment Foster Care) 프로그램, 또 다른 양육 프로그램 Team Parenting Foster Care, 입양 프

로그램 IAAM Adoption 등이 있다. 셋째, 노숙자 프로그램으로는 정부의 Fair Chance Fund로 시행된 St Basils, Depaul, Fusion Housing 등이 있다. 넷째, 보건사회 케어 분야에서는 Ways to Wellness 보건서비스 프로그램이 있다.

(3) 개선, 교정, 공조, 선도투자, 혁신의 SIB

SIB의 장점 첫째는 기존 서비스의 우수한 결과를 확장하는 것이다. 영국에서 시행된 SIB의 일반적 특징에 대해 임팩트투자 전문기관(Briges Venture)의 분석을 참고하면 아래와 같다(Briges Venture 2017: 4-6).

① 개선(Improve) 사례:
다차원 시스템 가족치료(Multi-Systemic Family Therapy)

〈문제〉 MST는 특허 등록된 프로그램으로 미국에서 프로그램 성과가 입증되어 영국에서도 35차례에 걸쳐 시행된 우수 사례이다. 그럼에도 일부 시행 사례에서 서비스 확장의 문제가 발생하였다. 좋은 치료사의 충원, 훈련 및 확보 문제, 지역의 사회사업가의 확보 문제가 그것이다.

〈해결방안〉 새로운 SIB 해법으로, 프로그램 관리자를 충원해 프로그램을 시행하는 다차원 시스템이다. 또 대상 가족의 적극적인 참여가 전제되며, 서비스 시행기관들의 공조로 프로그램의 효과가 개선되는 성과를 이루었다. 치료사의 지속적인 업무수행이 핵심으로, 치료사 충원, 속성 훈련 과정 등으로 치료사가 항상 대상 가족에게 서비스를 제공할 수 있는 체계를 갖추었다. 치료 이후 서비스에서는 치료의 경과 성과를 확인하는 '성과 분석가'를 신규 투입했고, '진보 기금(evolution fund)'을 마련해 필요한 가정에 특별한 증여를 할 수 있었다. 결과 평가에서는 더 많은 가족들이 양질의 서비스를 받아 가족관계 개선 등 성과를 결과로 생산할 수 있었다.

② 교정(Align): 페어찬스기금(Fair Chance Fund) 홈리스 SIB

둘째 장점은 교정으로, 기존의 정책으로 그릇된 인센티브를 교정하는 SIB의 장점이다.

〈문제〉 기존의 홈리스 서비스는 일부 청년에게는 장기적인 지속가능한 주거와 독립생활을 지원하는데 미흡하다. 대부분의 홈리스 재정이 시설에 대한 지원으로, 청년의 생활 개선에 지원이 이뤄진 것이 아니다. 쉼터 등의 생활시설은 홈리스 인원당 서비스 제공에 대한 정부 재정지원을 받는다. 일부 시설은 청년의 기술습득이나 고용훈련 등을 지원하지만, 주택을 가진 독립생활 안정이라는 장기적인 임팩트를 생산하지는 않는다. 홈리스 중 취약한 홈리스는 방치하는 '파킹(parking)' 문제가 있다. 또 시설을 떠나면 지원이 이뤄지지 않는 부정적 인센티브 문제도 발생한다. 또 일자리를 갖게 되면 임대료가 올라가는 부정적 인센티브 문제도 있다.

〈해결: 홈리스 SIB〉 재정지원이 시설이 아니라 청년 홈리스에게 직접 혜택이 되는 비용으로 제공된다. 시행기관들은 장기간에 걸쳐 홈리스 생활 개선에 공조하는데, 홈리스 전체를 차별 없이(parking 문제 해결) 독자 주택을 갖게 서비스를 제공한다. 시행기관은 주택 제공뿐 아니라 일자리 마련과 유지에 대한 재정적 인센티브를 가진다.

③ 공조(Coordinate): 다자 이해관계자들이 복잡한 문제 해결에 공조(Ways to Wellness의 '사회적 처방(Social Prescribing)' SIB)

〈문제〉 장기요양의 문제를 가진 환우들에 대한 효과적인 케어 제공은 심각한 사회문제이다. 심장병, 당뇨, 천식 등을 가진 환우들의 케어는 이제 개인이나 가족의 문제 이상으로 사회문제가 된 것이다. 영국의 경우 장기요양 보건비용이 전체 보건의료비의 70%를 차지한다. 이 프로그램은 장기요양 환우에게 건강 악화를 방지하고 건강유지를 위해, 그리고 국립보건서비스(National Health Service: NHS)의 비용부담을 줄이기 위한 실험으로 착수되었다. 그런데 국립기관이 지역사회 보건 문제해결의 실험에는 재정지원을 하지 않으며, 지방정부 또한 예방적 보건서비스에 투자하려는 인센티브가 거의 없는 문제가 있다.

〈해결방안: SIB〉 Ways to Wellness는 뉴캐슬 서부의 7년 기간의 혁신사업으로 드러났다. '사회적 처방(social prescribing)' 개념에 기초해, 비의료적 개입으로 환우의 자가 케어(self-care)가 이뤄지도록 전문 '링크 워커(Link Workers)'을 활용한 프로젝트다. NHS가 재정지원을 하고, 지역의 18개 시행기관들과 시민사회의 자원봉사단체들도 결합된 복합적 시행구조를 가지고 있다. 18개 시행기관들은 환우의 관련 서비스 연계 역할을 맡고, 자원봉사단체들은 환우들의 적극적인, 복잡한 약 복용, 긍정적인 관계 개발 등 서비스를 지원한다. 계획된 결과가 달성되는지를 모니터링하고 결과를 측정하는데 NHS가 개입되고 재정은 복권기금(National Lottery)과 총리실이 지원한다. 프로젝트는 환우 개인의 건강유지와 개선의 목표뿐 아니라 지역사회의 사회서비스 부담을 줄이고 지방정부의 복지서비스 비용절감을 줄이는데 목표를 둔다.

④ 선도투자(Unlock): 선도적 투자로 장래의 비용절감: 치료적 양육

〈문제〉 보호시설에서 생활하는 아동이 성인이 되어도 여전히 시설에서 생활하는 문제가 심각하게 제기되고 있다. 포스터 케어(foster care) 서비

스를 받지 못해 시설에 머물고 있는 것이다. 가정 양육을 지원하는 가정의 참여가 저조하기 때문이며, 사회사업가들의 노력도 한계에 달한 것이다.

〈해결방안〉 가정 양육을 증가시키는 목표로, 새로운 양육자를 탐색하는데 초점을 맞춘다. 바람직한 양육후보로는 교사나 청년 사회사업가 등이다. 전문 치료사들이 양육 가정과 아동을 지원하며, 양육 경험을 가진 멘터들이 투입되어 다양한 지원 서비스를 제공한다. 또 사회사업가 팀과의 공조로 가정 양육이 이뤄지는 성과를 내고 있다.

⑤ 혁신(Innovate) 재범율 감소 혁신을 이끄는 피터보로 SIB

〈문제〉 최근 출소한 사람들의 재범율이 높기 때문에 높은 사회적 비용을 수반하는 악순환이 발생한다. 특히 초범 청소년의 출소를 지원하는 제도화된 방법은 없다. 이들이 재범을 하지 않도록 선도하는 일은 중요한 사회적 이슈가 된다.

〈해결방안: 피터보로 교도소 SIB〉 피터보로의 One Service는 2010년에 세계 최초로 시행된 SIB로, 전문 중간지원조직 Social Finance가 개발한 것이다. 1년 이하의 단기 복역중인 청년들이 출소후 재범에 빠져들지 않도록 교정과 직업훈련 등의 복합 서비스를 제공한다. 이를 통해 청년들에게는 범죄에 연류되지 않고 생애주기를 통해 안정적인 삶을 유지하게 지원하며, 동시에 정부에게는 교도 및 교정 등 비용을 절감하고 국민들에게 범죄 감소 등의 실질적인 혜택을 공유하게 하는 것이다.

2) 미국의 SIB 사례

영국에서 시작된 SIB는 분명한 성과와 임팩트를 창출하면서 미국에서도 정부기관 중심으로 전국적으로 확장되는 추세에 있다. 오바마 행정부는 2011, 2012, 2013년에 결과지불(pay-for-success) 이니셔티브를 추진했고, 이제는 사회임팩트 파트너십 법의 시행(2018년)으로 더욱 활성화되고 있다.

(1) 뉴욕시 라이커즈 아일랜드 SIB

뉴욕시가 미국 최초의 SIB를 설치해, 라이커즈 아일랜드 교도소 수형청소년(16~18세)의 재범율을 낮추는 프로그램을 시행하였다(Liebman & Sellman 2013). 프로젝트는 2012년 9월부터 2015년 8월까지 3년간 시행되며, 대상층은 연간 3000명에 달하는 성인 수형자이다. 비영리기관 MDRC가 중간지원조직으로 프로젝트 운영의 책임을 맡아 두 개의 서비스 제공기관들의 관리 책임을 맡는다. 골드만 삭스가 MDRC에 960만 달러의 서비스 및 운영비 펀드를 제공했다. 뉴욕시 정부는 재범율이 8.5% 감소되면 480만 달러, 20% 감소되면 1170만 달러를 지급하는 결과지불 채권이다. 블럼버그 시장의 자선재단(Bloomberg Philanthropies)이 융자 상환의 720만 달러 지급보증을 하였다.

그런데 프로그램 시행 1년에 대한 자료검증 결과, 16~18세 청소년의 상습적 범행은 목표치에 달하지 못해 2015년 8월에 프로그램이 종료되었다. 검증기관(Vera Institute)은 프로그램 성과가 이뤄지지 못한 이유를 파악하지 못했고, 중간지원조직 MDRC는 다음과 같은 몇 가지 단서들을 확인할 수 있었다. 대상층 40% 가량은 프로그램의 다수의 과정에 참여해 긍정적인 성과를 보였지만, 전체 9%만이 프로그램의 전체 12개 세션을 완수했을 뿐이다. SIB 계약 조건에는 30%가 프로그램을 완수할 것으로 기대되었다. 이처럼 대상층의 과정이수 회수가 차이가 발생한 것은 교도소의 보안 점검 등으로 인해 대상층의 참여가 취소, 연기되는 등 여러 문제들이 발생했다. 또 많은 수형자들의 형 집행 대기 상태에서 다른 교도소로 이송 등 교도소 사정으로 안정적인 프로그램 진행이 어려웠다. 교도기관의 협조가 필수적이라는 교훈을 얻게 된 것이다(Berlin 2016). 뉴욕시와 투자기관과 중간지원조직이 문제해결을 위한 협상에 들어가, 새로운 프로젝트 시행이 진행될 것으로 기대된다.

(2) 뉴욕주 재범율 감소 SIB

뉴욕주는 2013년 2000여 명의 전과자를 대상으로 고용창출과 재범율 감소를 목표로 하는 SIB를 시행하였다. 범죄예방뿐 아니라 재수감으로 인한 비용을 절감하는 이중의 성과를 사회적 임팩트 목표로 설정한 것이다. 뉴욕주는 경쟁입찰 과정을 거쳐 비영리 임팩트 파이낸스와 자문회사인 소셜 파이낸스(Social Finance, Inc.)와 계약을 체결하고 프로젝트의 디자인과 관리를 위탁하였다.

Social Finance는 Bank of America, Merrill Lynch와 공조해 1350만 달러 규모의 임팩트 투자 자본금을 유치하기 위한 재산관리 플랫폼을 개설해, 40개의 민간 투자자와 재단의 투자를 유치하였다. 조성된 펀드로 비영리고용전문기관 Center for Employment Opportunities(CEO)는 2000여 명의 뉴욕시와 로체스터시의 지역사회 감독을 받는 대상자들을 위한 증거 기반의 프로그램을 시행하였다.

SIB의 최소 성과 기준치는 전과자 고용율을 5% 이상 늘리고, 일인당 수감일을 36.8일 낮추는 것이다. 이같은 성과 기준으로 뉴욕주는 결과지불(PFS) 계약을 체결해, 목표치가 달성되면 납세자들의 세금이 투자자들의 수익으로 지불되도록 하였다.

뉴욕주는 결과기반의 지불을 고용과 재범의 변화율에 초점을 맞춘 세 가지 결과 메트릭스를 활용하였다. 투자자에 대한 수익지불은 목표로 달성된 결과의 정도에 비례적인 것으로 설계되었다. 만약 최소 목표치 달성이 어렵게 되면 뉴욕주는 투자자에게 투자금을 돌려주지 않는 계약을 맺었다. 프로젝트의 목표 달성을 측정하기 위해 무작위통제실험(RCT)을 활용해 엄밀한 임팩트 평가를 시행한다.

뉴욕주의 SIB는 임팩트 투자 측정 접근법과 결과 메트릭스에서 네 가지 목표를 설정하였다.

a) 뉴욕주의 정책목표들과 CEO의 변화이론을 조율시키는 목표,
b) 프로젝트 결과 공공부문의 혜택과 비용절감이 프로젝트 결과 제시에 대한 뉴욕주 정부가 이해할 수 있도록 할 것,
c) 기존의 공공부문의 자료와 자료 관리체계를 활용할 것,
d) CEO의 프로그램 기록과 기존의 성공적인 결과에 관한 증거자료들의 구축 등이다.

표 6-13 뉴욕주 CEO 프로그램의 고용 임팩트

– 중간기간 고용 임팩트: 프로그램 등록후 12개월 후의 모니터링 결과, 비교집단에 비해 52% 고용 가능성이 높은 것으로 나타났다. – 장기간 고용 임팩트: 프로그램 등록후 3년 이후의 모니터링 결과, 비교 집단에 비해 48% 고용 가능성이 높은 것으로 나타났다. 3년 장기간에 걸쳐 CEO 참여자 37%가 비교집단 25%에 비해 하루 이상 고용된 것으로 나타났고, 이 차이는 통계적으로 유의미하다. 노동시장 참여율에서 48% 증가를 의미한다. 뉴욕주 여러 지역 가운데 뉴욕시와 버팔로가 각기 63%와 52% 증가를 보이며, 통계적 유의미 수준(0.01) 이상에 해당된다.

자료 CEO(2019: 2–3). "Improving Long-Term Employment Outcomes."

(3) 정부성과실험실(Government Performace Lab: GPL)

하바드 대학의 케네디스쿨(Harvard Kennedy School: HKS)의 정부성과실험실(GPL)이 대표적인 중간지원기관 역할을 한다. GPL은 2010년부터 국가봉사단(CNCS)의 사회혁신기금(Social Innovation Fund)을 제공받아 임팩트 투자를 하는 정부기관과 사회적기업과 비영리기관들에 2차 펀딩을 하는 중간지원조직의 역할을 효과적으로 수행하고 있다.[2] 2016년 5월에도 CNCS의 SIF로부터 216만 달러를 제공받아, 이를 전국의 정부기관들과 비영리기관들에 공모를 통해 펀딩하며 기술자문과 성과관리와 평가를 수행하는 역할을 맡는다.

GPL은 2013년 SIB Lab을 설치하고, 미국 전국 지역의 28개 프로포절을 접수받아 4개 주정부와 지방정부에 SIB 프로보노 기술지원을 제공하

2 https://govlab.hks.harvard.edu/

는 계약을 체결하였다. 또 SIB Lab은 2016년에도 3개의 새로운 SIB 시행에 프로보노 기술자문을 제공하였다. 이로써 미국에는 전체 11개의 SIB 유형의 PFS 프로젝트가 시행중인데, 그 중 7개가 HKS의 프로보노 기술자문으로 개시될 수 있었다.

GPL이 지원하는 지방정부 SIB 사례 세 가지를 살펴볼 만하다. 덴버(Denver)시의 경우, 홈리스의 주거 제공과 통합적인 사례관리를 지원하는 5년 기간의 PFS 프로젝트를 시행해, 홈리스들의 주거안정의 성과와 교도생활의 감소 성과가 확인되면 후불하는 제도를 시행한다. 약 210개의 새로운 주거공간이 건축중이며 주거와 생활 관련 서비스들이 복합적으로 제공된다. 이를 위해 시정부 여러 기관의 지원사업들이 하나로 통합되어 홈리스 서비스를 제공한다. 저소득층 주거 면세제도, 주거 바우처, 콜로라도 주정부의 주거투자기금, 연방정부의 HOME 기금 등이다.

표 6-14 덴버시의 홈리스 지원 SIB

2016년 덴버 시와 카운티 정부는 8개 민간 투자자들과 홈리스 문제 해결을 위한 860만 달러 규모의 SIB를 시행했다. 홈리스 1년 이상, 장애를 가진 홈리스 또는 응급실을 자주 가는 홈리스 등을 '만성적 홈리스'로 우선 대상으로 하였다. 연방정부가 5년 기간의 1500만 달러 주거 지원을 하였다. SIB 프로그램으로 2019년 1월 1일 현재, 330명의 홈리스가 영구 주택으로 입주했고, 입주 후 2년이 지난 홈리스 중 79%가 주거에 안착했으며 11%가 이탈하였다. 이탈한 39명은 사망, 수감, 계약 위반 또는 자발적 이주 등의 사유로 이탈하였다. 덴버 시와 카운티 정부는 프로그램 결과에 따라 투자자에게 합계 2,553,889달러를 지급했다. 2021년에는 보다 강력한 임팩트 측정이 RCT 방식으로 진행될 예정이다.

자료 Urban Institute(2019); GPL
https://govlab.hks.harvard.edu/denver-permanent-supportive-housing-pay-success

한편 사우스 캐롤라이나 주는 간호가족 파트너십 PFS 프로젝트를 개시했다.[3] 첫 아이를 두고 있는 3200개의 저소득층을 대상으로 전문 간호사들의 가정방문 출산관련 보건 서비스를 제공한다. 720만 달러의 결과지불금이 조성되어, 조산의 감소, 신생아 병원입원 감소, 신생아와 산모 서비스 증진 등의 성과에 따라 지불된다.

코네티컷 주에서는 아동가족부의 사업으로 아동의 부모의 약물 복용 문제를 해결해 아동과 가족의 복지증진을 위한 결과지불 SIB가 시행되었다. 프로젝트 계약에 따라 가족기반회복서비스(Family-Based Recovery Services)은 500개 가정을 대상으로 약물복용 치료팀과 보조인력을 활용해 가정방문과 약물퇴치 코칭을 시행한다.[4]

3) 네덜란드, 포르투갈, 핀란드 SIB 사례

SIB가 최초로 시행된 영국에 이어, 네덜란드, 포르투갈, 핀란드 등지에서도 SIB들이 잇달아 시행되고 있다. 이제 SIB는 세계가 주목하는 주요 정책으로 정착되는 동향이다. 아래에서는 각 사례의 프로젝트 준비와 시행상의 장단점을 살펴볼 만하다.

---

3 https://govlab.hks.harvard.edu/south-carolina-nurse-family-partnership-pay-success

4 https://govlab.hks.harvard.edu/connecticut-department-children-and-families-enhanced-service-coordination

(1) 네덜란드 로테르담 비즈니스클럽 SIB

로테르담 비즈비스클럽(Rotterdam Buzinezzclub) SIB는 2014년 3월에 청년실업과 기업가정신에 초점을 맞춰 시행되었다. 로테르담 시정부와 함께 68만 유로를 공동투자한 사회투자재단 Start Foundation과 ABN AMRO, 그리고 모니터링과 평가의 책임을 맡는 Deloitte and Ortec Finance가 파트너십을 이뤘다(OECD 2015c: 7). 프로그램은 17~27세의 청년 160명을 대상으로 4~6개월 기간에 걸쳐 창업을 개시하거나 임금직 직장을 찾도록 지원한다. 이들 대부분은 기본 자격요건을 갖추지 않아 여러 금융문제 등을 안고 있다.

SIB 계약에는 로테르담 시정부가 청년들의 고용서비스 감소 기간을 기준으로 비용을 저축한 성과에 따라 투자자와 시행기관에 수익과 비용을 지급하는 방식이다. 수익률은 많게는 연12%가 될 수도 있어, 청년들이 빠른 시기에 프로그램을 성공적으로 마치고 창업하거나 일자리를 갖게 되면 투자자에게 수익이 더 많이 돌아가는 방식이다. Buzinezzclub은 투자자와 마찬가지로 청년들이 성공적하지 못해 일자리를 얻지 못하거나 급여가 적은 일자리를 갖게 되면 리스크를 안게 되고, 반대로 계약보다 더 빠르게, 급여가 더 많은 일자리를 얻게 되면 수익이 높아진다.

(2) 포르투갈 Junior Code Academy SIB

아동 Junior Code Academy SIB는 포르투갈에서 처음 시행되는 SIB로, 8~9세 초등학생 65명을 대상으로 2015년 2월에 시행되었다(앞글: 8). 컴퓨터 프로그래밍을 통해 아동의 인지적 기술과 학교성적 등 비인지적 기술의 개선을 목표로 프로그램을 시행한다. 파이롯트 단계에서는 정책당국에 정보를 제공하고, 결과기반의 계약 환경에 대한 이해를 제공하며 많은 이해관계자들이 SIB에 참여할 것을 촉진하는데 목표를 두고 있다.

SIB 개입 모델은 리스본의 세 개 공립 초등학교에서 학교당 한 반은 치료 집단으로 다른 한 반은 통제집단으로 설정해 두 집단의 차이를 검증하는 방식이다. 2015년 1~12월 기간에 매주 2시간의 수업이 진행된다. 컴퓨터 프로그래밍의 임팩트는 학생들의 국어(포르투갈어), 수학, 논리적 사고와 문제해결 능력 등을 양집단 비교분석으로 제시될 것이다. 리스본 시당국은 파이롯트 프로젝트의 리스크를 12만 유로의 선불 펀딩을 제공한 재단(Calouste Gulbenkian Foundation)이 부담하도록 해서, 프로젝트가 계획된 결과를 달성하면 이에 대한 대가를 후불하도록 되어 있다. 결과에 대한 측정과 평가는 독립평가기관인 노바대학(Nova School of Business and Economics)에서 맡는다.

프로젝트가 종료된 2016년 6월 평가기관(SBE)의 평가결과는 긍정적이다. 학생들의 논리적 사고력과 학교성적(국어와 수학)에서 두드러진 개선이 있었다.[5] 치료집단이 통제집단에 비해 두드러진 개선이 있었다는 RCT 평가결과다.

5 https://maze-impact.com/report-sib-junior-code-academy/

(3) 핀란드의 난민 고용 SIB

핀란드가 노르딕 복지국가에서는 최초의 임팩트 투자인 SIB를 2016년부터 시행했다. 2015년부터 본격화된 난민들의 유럽 집단이주 문제에 대해 난민들의 복지개선과 사회안정과 통합을 위한 혁신적인 방안으로 추진된 것이다.[6] 정부의 역할을 대신하는 비영리기관들이 민간 사회적 금융의 투자로 난민들의 고용훈련 프로그램을 통해 안정적인 일자리를 제공하는 사업을 개시해, 결과가 목표치에 이르면 정부는 비용을 지불하는 방식이다.

핀란드의 고용경제부는 핀란드혁신펀드(Finnish Innovation Fund)인 Sitra와 3년 기간의 SIB 계약을 체결해, 난민 이주자들의 고용 프로젝트 개시에 들어갔다. 고용경제부 자문관은 "확실한 일자리를 갖는 일은 이민자들의 웰빙과 핀란드 사회와의 통합을 증대시키는 일로, 이같은 파이롯트 프로젝트를 위해 이민자들을 고용해 작업장 훈련을 제공하는데 관심을 갖고 있는 비즈니스들이 필요하다"며, 민간 기업들과 투자 자본의 관심을 밝혔다. 프로젝트의 목표는 짧은 2개월 내에 이주자의 통합 훈련을 거쳐 바로 일을 시작할 수 있도록 준비해주는 것으로, 그럼으로써 정부의 입장에서는 복지지출 감소 등의 상당한 비용절감의 성과를 거두는 데 있다.

2015년 보편적 복지국가 스칸디나비아에서도 스웨덴을 비롯한 노르웨이, 핀란드, 덴마크가 사회적 임팩트와 혁신의 정책을 공유하기 위한 사

---

6 Nordic Labour Journal(2015.12.7.) "Finland: Social Impact Bonds to help refugees." http://www.nordiclabourjournal.org/nyheter/news-2015/article.2015-12-07.3565624712

회적 혁신 포럼(Forum for Social Innovation Sweden)을 개설해, 다양한 분야의 정책 포럼을 진행해왔다.

4) 한국의 SIB

한국에서도 정부 주도의 SIB가 점차 활성화되고 있다. 행정안전부(2017)는 사회성과보상사업 추진·운영을 위한 법률 제정 및 운영 매뉴얼 개발·보급하는 역할을 한다. 또 서울시와 경기도가 사회성과보상사업 추진 이후 기초지방자치단체까지 사회성과보상사업 조례 제정으로 활성화되고 있다. 서울시는 2014년 '서울특별시 사회성과보상사업 운영 조례'를 제정했고, 경기도는 2015년 '경기도 사회성과보상사업 운영 조례'를 제정해 각각 시범 SIB를 시행중이다. 또 사회성과보상사업의 활성화 및 관련 지식·정보 공유를 위한 지방자치단체간 협의기구로 '사회성과보상사업 지방정부협의회'가 출범했다.

(1) 서울시 공동생활가정 아동교육 SIB

서울시는 SIB 1호 사업으로 '공동생활가정 아동교육'을 선정하고 민간투자자를 모집해 2016년 7월 1일부터 사업을 시작했다. 시내 62개 아동복지시설(그룹홈)에서 생활하는 경계선지능 및 경증지적장애아동 100여 명을 양육하고 교육해 가족에게 돌려보내거나 자립을 돕는 사업이다. IQ 71~84 수준인 경계선지능아동은 정서불안, 따돌림, 학습부진, 사회부적응의 문제를 겪고 있지만 장애로 인정받지 못해 특수교육이나 프로그램을 이용하지 못하는 정책 사각지대에 방치돼 있다.

총괄운영기관으로 선정된 '팬임팩트코리아'가 민간투자자와 사업수행기관을 선정했고 대상 아동을 선정했다. 이 사업에는 사단법인 PPL, UBS증권 서울지점, MYSC 등 3개 민간기관이 총 11억 1000만 원을 투자했다. 사업 수행은 대교문화재단 컨소시엄이 맡아 3년간 정서를 치유하고 사회성과 지적능력을 개선시키는 적절한 개입 프로그램을 제공한다. 경계선지능아동은 성인이 돼 아동복지시설을 퇴소할 때 기초생활수급자가 되는 비율이 일반아동의 15배가 넘고 방치하면 정신지체로 떨어지는 것으로 나타났다. 이 사업이 성공할 경우 소외아동의 삶의 질을 높이는 것은 물론 일생에 걸쳐 발생할 사회적 비용·투입도 사전에 막게 된다.

서울시는 수급자 1인당 평균 16.7년 동안 연 892만 원을 지급한다. 그런데 이번의 SIB에서는 사업기간 3년 동안 32명이 수급자가 되는 것을 방지하면 서울시는 사업비와 성과급을 내고도 37억 원의 예산을 아낄 수 있다는 것이다. 중간지원기관(팬임팩트코리아)의 중개로 수행기관(대교문화재단 컨소시움)이 94명의 경계선 지능 및 경증지적장애 아동 대상, 개인별 맞춤 교육 프로그램을 2019년 8월까지 진행한다.

중간평가 결과를 참고해보면, 다음과 같이 여러 준비와 시행상의 문제들이 드러나고 있다(이준영 2018: 16-18).

첫째는 사업 규정과 가이드라인, 기획과 모델 설계 미흡 문제다. 사업부서의 사업 관련 인센티브 부족 문제 때문뿐 아니라 담당자의 잦은 교체로 인한 사업의 추진과 관리 문제, 가이드라인도 갖추지 않은 문제가 드러났다. 이를 개선하는 운영조례 개정으로 사회적경제 담당관으로 일원화하였다.

그 밖에도 여러 시행상의 문제들이 드러나면서 이에 대한 대안도 추진되었다. 둘째는 법제도 규정과 가이드라인이 지나치게 간략해 정보제공에

치우친 경향이다. 셋째는 사업비 중 운영비와 평가비 등 간접비용을 부담하는 주체가 명확하지 않았다. 넷째는 투자자 모집에서 현실적 제약이 많아 사업실행에 걸림돌로 작용한다. 투자기관의 낮은 이해도와 약한 투자유인에 주로 원인이 있다.

또 성과지표의 적절성과 측정방안에 대한 사전 검토 없이 사업시행 이후에 평가기관을 선정하는 시행착오가 있었다. 평가기관이 성과지표와 측정방법의 문제 제기를 하지 않은 채 일방적인 사업 시행과 평가로 이어지는 심각한 구조적 문제가 있었다. 사업 수익률(연 10%) 책정이 비합리적이다. 사업을 통해 사회적 비용 절감 예측치, 그 중 민간 투자자에게 수익으로 배분될 비중을 산정해 수익률을 결정하지 않고 결과지불자(서울시)와 운영기관 사이의 단순한 협약으로 결정되었다.

(2) 경기도 해봄 프로젝트 SIB

경기도 해봄 프로젝트는 2016~17년 기간 2년간 시행되었다. 프로젝트가 종료되면 성과달성 정도에 따라 경기도는 최소 1억 2900만 원에서 최대 17억 7400만 원까지의 투자금과 성과보상금을 민간투자자에게 지급한다.

해봄 프로젝트는 민간 투자를 받아 기초생활수급자를 탈수급시키는 사업으로, 민간이 성과를 내면 도에서 투자원금과 성과보상금을 돌려주는 SIB 방식의 복지사업이다. 성과 목표는 밀착사례관리를 통한 참여자 20% 탈수급(157명/237건)이다.

중간운영기관과 협약을 체결하고 민간 투자자 모집과 참여 대상자 모집으로 프로젝트가 개시되었다. 중간지원기관은 기관 사업비 조성을 위해 투자자를 모집하고 성공적 사업추진을 위해 수행기관을 선정 운영하는 등 프로젝트를 총괄 운영하는 기관이다. 특히 성과목표 미달 시 투자금 미상환에 따른 위험도 부담하게 된다.

해봄 프로젝트의 목표는 경기도 내 기초수급자 800명(400명×2년)을 대상으로 2년 동안 추진되며 참여자의 20%를 탈수급시키는 것이 성과 목표다. 사업비는 18억 7000여만 원이며 이 중 민간투자금은 15억 5000여만 원이다. 사업이 종료 시점에서 투자자는 성과 달성 정도에 따라 최대 14.2%의 투자수익금을 받게 된다.

투자자들의 투자 위험 부담을 최소화하기 위해 성과목표를 달성하지 못했을 때도 차등적으로 원금을 보장한다. 예산절감액이 마이너스(-)인 성과달성률(탈수급률) 1~11% 구간은 원금을 차등적으로 보상해주며, 손익분기점인 성과달성률 12% 지점에서는 원금을 전액 지급한다. 예산절감액이 플러스(+) 구간인 성과달성률 13~20%에서는 원금 전액과 성과보상금(최대 10%)을 지급하게 된다.

사업의 결과를 보면, 2017년 11월 말까지 해봄 프로젝트 참여자(400명) 중 취·창업 성공자는 114명이며, 이 중 근로유지자는 73명, 탈수급 기준에 도달한 참여자는 30명이다(최조순 2017: i-ii). 탈수급 기준에 도달한 대상은 30명(400명 대비 7.5% 수준)이고, 8월 이후 유사한 비율로 증가했다.

현재 진행된 상황에서 판단된 문제점들은 적지 않다. 해봄 프로젝트는 대상자 모집, 평가기관선정 및 평가기간, 2차 년도 사업 추진 준비 과정에서 여러 미흡한 점들이 발견되고 있다(앞글: ii-v).

첫째, 대상자 모집 과정에서는 크게, ① 대상자 모집 과정에서 시·군의 협조 및 대상자 관리의 문제, ② 대상자 중도탈락에 대한 충원 문제, ③ 조건부과제시자, 조건부과유예자에 대한 근로조건 이행 여부 인정 문제, ④ 중도탈락자 발생에 따른 사업비 재산정 관련 문제가 발생했다.

둘째, 사업 지연으로 시·군에서 해봄 프로젝트 대상자 추가 모집에 대해서는 지역 내 자격요건을 충족할 수 있는 대상자가 충분하지 않았다. 실제 사업 참여에 따른 대상자에게 돌아가는 혜택이 적지 않아 대상자 모집이 어려웠다. 또한 사전에 모집된 대상자에 대한 관리가 체계적으로 이루어지지 않아 사업추진 시 대상자 모집과 관련된 문제가 발생했다.

셋째, 해봄 대상자 중 사업개시 이후 자격변동, 자진포기 등 중도탈락자 발생에 따라 예비 대상자에서 충원하고자 하였으나, 예비 탈락자에서도 사업 대상자를 충원하지 못해, 추가 대상자 충원 관련 문제가 발생했다.

넷째, 평가기관 선정 및 평가기간 과정에서는 ① 평가기관의 역할 범위의 문제, ② 평가기관의 수행기관 모니터링, ③ 평가기간 산정 관련 문제가 발생했다. 평가기관 선정 이후 탈수급 등 성과 검증 외 탈수급 유형, 운영기관과 중간기관 간 관계, 사업대상자 면접, 탈수급 대상자별 요인 분석 등은 고려되지 못하고 있다. 평가기관은 성과 인정의 다양한 유형화(탈수급 유형 및 원인, 탈수급 기간 등)를 위한 사례 수집의 역할도 수행하여야 하나, 해당 역할 수행이 미흡한 것으로 드러났다.

다섯째, 모니터링 문제도 있다. 프로젝트에 참여하는 대상자에게 제공되는 서비스가 계획대로 제공되고 있는지, 사업 대상자 외 가구원에게 고용지원 프로그램 제공을 통해 탈수급이 진행되고 있는지, 근로 중인 대상자의 구제적인 근로유형, 근로조건 등에 대한 모니터링은 배제되어 있다.

여섯째, 2년 차 사업준비 과정에서는 ① 투자자에 대한 설명의무 충실성의 문제, ② 2년차 투자재원에 대한 불확실성 문제, ③ 참여자 사전 모집 및 관리를 위한 대안 미흡, ④ 경기도차원의 사업 관리 체계 미흡 등의 문제가 발생했다.

일곱째, 복지재정절감 및 성과기반의 예산 집행 등 혁신적인 사업의 성격이 강함에도 불구하고, 해당 담당자의 잦은 변동은 사업 관리의 누수현상이 발생하여 최초 설정된 목표 달성을 위한 관리가 어려웠다.

5) 일본 재단의 SIB

일본에도 SIB가 시행되고 있다. 일본재단이 지방정부들과 공동으로 SIB를 시행하는 사례 세 가지를 살펴볼 만하다(Nippon Foundation 2015).[7]

(1) 구몬의 치매 학습치유 SIB

구몬 교육기관과 후쿠오카와 구마모코의 도시들을 비롯한 지방정부들이 협력하는 프로젝트는 구몬의 학습 치료 방법을 치매 예방에 활용하는 것이다. 노인의 치매 치료를 통해 지방정부의 비용 부담을 덜어주는 사회적 가치도 생산하는 프로젝트다. 구몬교육연구소는 전국 300개 센터의 1만 6000명을 대상으로 '학습치료'법을 실시하였다. 치매예방과 간호비용 절감이 프로젝트의 목표가 된다. 이미 7개 시정부에서 시행하며 실제 간호비용과 의료비를 모니터링 하고 있다.

프로젝트는 노인의 인지적 기능 개선에서 성공적인 성과를 거둔 학습치료 프로그램을 시행해 노인의 삶의 질 개선과 지방정부의 간호와 의료비용의 절감을 목표로 추진된다. 첫째는 프로젝트의 시행은 노인보호시설에

---

7 https://www.nippon-foundation.or.jp/en/news/articles/2015/20151126-20952.html

서 환자의 케어 수준에 맞춘 학습치료를 시행해 변화를 측정하는 것이다. 둘째는 보건학습실에서 학습치료를 소개해 개인별 실천의 결과에 따라 간호와 의료비 감소를 검증하는 것이다. 200명이 대상으로, 사회적 임팩트 평가는 이상의 두 가지 목표 달성에 초점을 맞춰 실시된다. 평가는 노인 개인별 사전 동의를 구한 다음에 D/B로 구축되어 시행기관과 지방정부가 자료를 공유한다. 6개월 기간의 평가와 함께 추가 6개월 평가비는 구몬의 자체 비용이 투입되어 2016년 1년간의 프로그램 성과를 평가한다.

이후 일본의 구몬 학습치료 방법이 미국에서도 시행되면서 전체 300개의 노인케어 시설에서 추진되었다. 프로그램의 목표는 높은 수준의 케어 서비스 제공으로 치매예방을 지원하며 동시에 노인케어 비용의 절감에 있다(SROI Network Japan, 2017: 20).

구몬의 학습치료 방법은 2001년 이래 토후쿠 대학과의 공동연구의 결과물이다. 2004~5년 기간의 평가를 통해 학습치료 프로그램의 성과를 확인한 다음, 여러 지방정부와 공동으로 프로그램 시행에 들어갔다. 하루에 30분간 일본어와 수학을 자습하는 프로그램으로, 7개 지방정부가 프로그램의 파이롯트 시행에 참여했다. 지후 현에서는 258명의 노인들이 학습 치료 프로그램에 참여해, 일주일에 1회는 집단 학습, 6일은 가정 자습, 이후 약식 정신상태 테스트로 두뇌건강을 측정한다. 66명 대상자 중 43명이 정산 수준으로 개선된 결과를 보였다.

(2) 아동의 가정위탁 SIB

가나가와 현의 요코수카 시는 양육이 필요한 아동의 가정위탁 프로젝트를 SIB로 실시해 탈시설의 가정보호를 가속화시킨다. 요코수가 프로젝트는 아동보호시설에 위탁된 신생아의 가정위탁 프로그램으로 지방정부의 복지지출을 절감하는 성과 또한 기대한다. 시행 첫 해의 목표치는 4명의 아동입양으로, 가정법원이 가정위탁으로 입양을 허락한 법적 조치를 한 사례이다. 아동보호시설에는 18세까지의 아동 4명의 양육비는 약 3500만 엔으로 프로그램 시행비용(1900만 엔)을 제외하면 1600만 엔의 비용절감의 성과를 기대한다.

(3) 청년 고용 SIB

효고현의 아마가사키 시의 프로젝트는 청년 실업자위 고용을 지원한다. 아마가사키의 가계 중 공적 지원에 의존하는 가계가 늘고 있는 동향에 대한 대응 방안으로 청년 고용을 적극 추진한 것이다. 고령, 질병, 장애 등으로 복지에 의존하는 주민보다는 능력있는 청년들의 고용으로 복지 지출을 절감하고 세수입을 늘리기가 용이하다. 복지의존 상태에 있는 청년 200여 명을 사례관리자들이 접촉해 프로젝트의 1년 참여자가 되어 다양한 고용지원 서비스를 제공한다. 파이롯트 프로젝트를 시행한 결과, 지방정부의 복지비용 절감과 세수입 증가의 장기적인 전망이 밝은 것으로 확인되면 2016년 이후 SIB를 전면 시행할 계획이다.[8]

8 https://www.nippon-foundation.or.jp/en/news/articles/2015/20150722-20924.html

5. SIB의 성과와 문제점

SIB는 사회문제 해결에 혁신적인 처방을 제시하면서 상당한 성과를 올린 것으로 평가되고 있다. 그럼에도 적지 않은 문제들이 제기되었는데, 결과지표에 관한 임팩트 측정 문제부터 SIB 생태계 구축 이슈에 이르기까지 다양하다.

1) SIB의 주요 성과

2017년초 현재 세계적으로 15개국에서 60개의 SIB 프로젝트가 시행되는 붐을 이루었다. 그 중 22개 프로젝트는 성과 자료를 공개하며, 21개가 긍정적인 사회적 결과를 달성한 것으로 평가되었다(Social Fiance 2016). 그 중 12개는 중간평가를 거쳐 결과지불이 투자자에게 지불되거나 서비스 전달로 투자되었고, 4개는 투자자에게 투자 자본금을 상환하였다.

Social Finance 등 중간지원기관이 개발한 초기 SIB 실정에 관한 보고에 따르면 SIB 모델은 서비스 개선에 성공적인 방법이 될 수 있다는 결론이다(Social Finance 2016: 23). SIB 프로젝트 대부분이 최소한 타깃 결과 일부에서 측정가능한 개선을 달성했다. 지금까지 프로젝트 결과보다는 중간보고가 이뤄진 상태인데 개선 결과에서 차이가 있지만 전체적으로 보면 초기임에도 불구하고 가능성을 보여주는 성공을 제시해 보여준다. 대표적인 22개 프로젝트 사례들을 공공 및 민간 자료에 근거해 살펴보면, 절대 다수 21개가 프로젝트 참여가 일부에 대해 긍정적인 결과를 내고 있다는 것이 밝혀진다.

결과측정 방법이 다양하지만 실험적 평가 또는 개인 참여자의 긍정적 변화의 증거(예: 홈리스 개인의 안정적인 주거 유지)가 제시되고 있다(앞글: 26). 22중 12개 프로젝트는 이미 결과지불을 완료해 프로젝트의 금융 구조에 따라 투자자나 서비스 시행기관에 지불이 이뤄졌다. 또 4개 프로젝트는 투자자 자본을 완전히 상환하였다. 목표로 설정한 결과들 일부가 달성되었는데, 학생들의 학교 등교가 늘었고 학업성취력의 개선되었으며 가정위탁이나 국가 시설보호 대신에 가족의 가정에 머문 아동들이 늘었고, 출소한 전과자들이 안정적인 주거와 직장을 가졌다. 이같은 결과 달성에는 세밀하게 구조화된 측정치의 기록이 이뤄진 덕분으로, 이를 바탕으로 장래의 서비스 전달에서 잘된 것과 잘못된 것들을 참고해 서비스 전달 시스템 개선이 이뤄질 것으로 기대된다.

SIB 프로젝트는 좋은 결과를 보장하지는 않는다. SIB 내재적인 불확실성이 있어, 수혜층에게 좋은 결과들이 실현되지 않을 수 있다. 미국 최초의 SIB인 뉴욕시의 라이커즈 아일랜드(Rikers Island) SIB의 경우가 대표적인 사례가 된다. 16~18세 청소년의 재범 발생을 감소시키는 목표로 시행되었는데 2015년 6월 프로그램 중단이 선언되었다. 대상 집단의 교도소 재수감 일수 10% 감소를 달성하지 못한 것이다. 결국 투자자들이 그간의 프로그램 비용을 전액 부담하고도 투자금 회수가 되지 않은 것이다.

2) SIB 성과 측정의 문제

먼저 SIB의 성과측정 문제로 미국 유타주의 유아교육 SIB 사례를 살펴볼 만하다. 유타 SIB는 주정부가 위탁기관이고 골드만 삭스와 프리츠커

(Pritzker) 훼밀리 재단이 투자기관, 솔트레이크 시티의 유나이티드 웨이(United Way)가 중간지원조직으로 시행되었는데, 대상층인 3~4세 유아의 유치원 프로그램이 성공적이라는 투자기관들의 발표에 전문가들 사이에 성과지표 측정에 관한 의문들이 제기되었다(Savedoff and Madan 2015).

프로그램이 첫 시행되었을 때 대상 유아는 110명으로 '위험군'이거나 주정부의 특수교육 서비스 대상 가능성이 있는 유아들이었다. 그런데 그 중 한 명만이 특수교육 서비스를 받았고 나머지 대다수가 서비스 이용을 하지 않아 상당한 주정부 예산절감 성과가 있는 것으로 발표되었다.

프로그램은 유치원 대상층의 특수교육 서비스 필요성을 검증하는 그림어휘검사(Peabody Picture Vocabulary Test: PPVT)를 이용하였다. 전문가들은 검사에서 70점 미만의 점수는 특수교육 서비스 대상으로 간주하며, 교육구가 부담해야 하는 비용은 일인당 3만 3185달러에 달한다. 그런데 일부 전문가들은 유치원 프로그램을 이용하지 않고서도 110명 중 일부 유아들이 특수교육 서비스 대상에서 제외될 수 있다고 평가했다. 검사 점수가 70점 미만인 110명의 유아 모두가 유치원 교육 없이 특수교육 서비스 대상자가 될 것이라는 확증이 없다는 것이다. 110명의 유아들은 유치원 프로그램의 수혜를 받았는데, 이런 프로그램은 주정부가 제공하지 않았을 것이지만, 실제로는 공공자금이 아닌 민간 투자금이 투입되어 대신 임팩트에 대한 리스크 부담을 안았다. 이처럼 '결과지불'방식의 프로그램에서는 매우 정밀한 성과지표를 필요로 한다.

3) 정부정책과 투자시장 조성

나아가 OECD 국가들의 SIB의 정책과 사례들을 분석한 결과를 참고하면, SIB는 공공부문의 서비스 혁신에 상당한 임팩트를 창출할 것으로 기대된다. 그럼에도 정부 정책과 민간 투자시장의 조성 등 생태계 구축 이슈들이 제기되어 있다. 다음과 같은 연구결과와 시사점들을 참고할 만한다 (OECD 2015c: 3). 2010년 영국에서 첫 시행된 이래 몇 년간 SIB가 사회서비스 금융지원을 위한 새로운 접근법으로 많은 주목을 받아 왔지만, 지금은 초기 형성기라 충분한 증거가 제시되어 있지 않아 성공 여부에 대한 판단은 시기상조다. 이후 성과와 임팩트에 대한 조사와 평가가 수행될 과제로 제시되어 있다.

- SIB는 그 자체가 정책은 아니며, SII 시장의 하나의 수단일 따름이다.
- SIB의 역할은 전통적인 공공서비스 전달과 재정지원을 대체하는 것이 아니라 시민들에게 서비스 비용이 높은 분야에서 공공서비스를 보완하는 수단이다.
- SIB가 복지정책, 광범위한 정책 구도의 변화에 어떻게 적용되어 지리적, 문화적 배경에 적용될 것인지에 대한 이해가 필요하다.
- SIB와 DIB는 결과(성과)에 강한 역점을 두고 있기 때문에 개발협력과 공공정책에서 효율성, 효과성, 평가 문화를 강화시켜 줄 것으로 기대된다.
- SIB의 긍정적인 효과는 시민사회, 시민, 민간부문의 관여와 조정을 통해 '과정 혁신(process innovation)'을 증진시키는 일이라 볼 수 있다.
- SIB 도입에 앞서, 공공기관, 서비스 공급기관, 임팩트 투자자, 재단들 사이의 상호작용의 속성과 수준에 대한 분석이 중요하다. SIB의 금융 부분은

복잡하기 때문에 SIB 메카니즘에 관여하는 모든 이해관계자들의 상당한 수준의 역량구축이 뒷받침되어야 한다.

- SIB는 타깃집단이 잘 파악될 수 있고 측정가능한 경우에, 그리고 프로젝트 투자에서 발생하는 리스크를 감당할 의지가 있는 지적 역량을 갖춘 투자자 풀(pool)이 존재할 때 가장 잘 시행될 만하다.
- SIB는 사회적 결과(성과)를 측정하기 어려운 상황에서는 적용되기 어렵다. 성과를 달성하는데 필요한 다각적인 기여활동과 사회적 태도의 변화를 요구하는 상황, 또는 투자자가 수익을 받기 위해 장기간 기다려야 하는 상황이 될 수 있다.
- SIB가 예방적 개입에서 잘 적용될 것으로 기대하는 경향이 있지만, 이런 상황은 국가가 사회문제 해결에 장기적인 접근법으로 직접 투자해야 하는 것으로 간주될 수 있다.
- 타깃집단을 파악하는데 유의하고 또 SIB 또는 DIB의 결과 모니터링과 측정에도 세심한 주의가 필요하다. 독립적인 엄밀한 평가가 반드시 필요하다.
- 사회적 결과를 잘 측정하는 것이 도전이 되며, 생태계의 모든 이해관계자들이 금융적, 사회적 결과에 대한 이해와 보고에 필요한 기술을 개발해야 할 것이다.

또 SIB와 DIB는 민간시장의 역할과 공공서비스 공급 메카니즘과 관련한 심각한 문제를 제기한다(앞글: 9). 한편으로는 효율성과 결과에 대한 초점과 다른 한편으로는 사회적 민감성과 윤리, 양자를 가장 잘 결합시켜 경제 성장기뿐 아니라 경제위기와 시장실패의 상황에서도 사회서비스 공급에서의 행태적 변화를 일으키는 것이 이상적인 접근법이다.

한편 EU에서 SIB는 경제위기 이후의 정책 실패를 보완하는 중요한 대안이 되고 있지만 또 다른 형태의 '민영화'라는 비판에 직면해 있다. SIB 투자자들이 "사회문제로부터 이윤을 획득"하기 때문이며, SIB의 서비스전달기관으로 참여한 사회적기업들이 투자자들의 이윤추구 동기에 사회적 목적 추구의 목적을 상실하는 문제들도 제기된다(OECD 2016b: 19). 그래서 수익 성과만을 추구하는 '크림 스키밍(cream skimming)' 또는 '체리 피킹(cherry picking)' 현상이 늘고 있다.[9]

SIB는 장점만 있는 것은 아니다. 비판그룹은 SIB가 최악의 관리주의(managerialism)라 혹평하며, 또 금융섹터의 이윤추구적 규범에 공공 정책결정과 소셜 섹터가 종속되게 만드는 '공공서비스의 금융화'라 비판한다(GOL 2018b: 9). 결과지불(PbR) 계약은 PbR이 결과의 의미있는 개선보다는 자료조작을 유인하는 부정적인 인센티브를 불가피하게 창출하는 것으로 평가한다. 또 SIB는 조직해서 관리하기 어렵고 비용이 많이 들며, 초기에 정부의 증여에 의존하고, 대규모의 결과 달성이 불가능하다고 덧붙인다. 특히 투자자 수익을 둘러싼 윤리적 문제들도 심각한 것으로 제기한다.

이런 부정적인 평가를 반박할 만한 증거기반이 제한적인 상황이라 여전히 비판적 논의가 지속되고 있다. 세계적으로 2020년 초까지 100여 개의 SIB가 시행되고 있지만 최종 결과지불을 생산한 사례는 극히 소수에 지나지 않는다. SIB의 성과를 제시하는 일부 평가들이 있음에도 일부 사례에 기반한 잠정적 또는 중간 단계의 연구결과에 지나지 않는다. SIB 등의 임

9 Cream-skimming은 공공서비스의 수익성만 강조하다 보면 서비스 수요가 큰 지역, 또는 고수익을 가져올 수 있는 사업에만 쏠리는 경향을 말한다. cherry picking은 본인의 논증에 유리한 사례만 취사선택하는 행위를 말한다.

팩트 투자가 선진사회에서는 주류화의 티핑 포인트를 넘어서고 있지만, 한국 등 후발 국가들에서는 생태계 조성부터 준비해야 할 시스템 구축방안들이 적지 않은 것이 현실이다.

참고 문헌

관계부처 합동, (2018) "사회적 금융 활성화 방안."

김정남 외, (2018) "KOICA 임팩트투자 및 혼합재원 활용 가이드라인 수립 연구." KOICA.

서울시, (2019) "사회적경제 활성화 2.0 추진계획."

이준영, (2018) "평가방법 개선 · 정교한 사업모델 개발 포함, 서울시 사회성과보상사업 활성화방안 도출." 서울연구원

일자리위원회, (2017) "사회적경제 활성화 계획."

주성수, (2004) 『시민참여와 민주주의』. 한양대 출판부.

______, (2017a) 『사회적경제와 사회적 임팩트』. 한양대 출판부.

______, (2017b) 『복지국가와 복지정책』. 한양대 출판부.

______, (2018) 『시민사회, 제3섹터, 비영리섹터, 사회적경제』. 한양대 출판부.

______, (2019a) 『사회적경제: 이론, 제도, 정책』. 한양대 출판부.

______, (2019b) "공론화위원회 발전방안." 정책기획위원회 연구보고서.

______, (2020) "한살림 사회적 지표 측정 개발연구." 한살림 연구보고서.

주성수 외, (2018) "사회적 가치 실현을 위한 KOICA 조직과 사업 연계방안." KOICA 연구보고서.

최조순 (2017) "경기도 사회성과보상사업 운영 진단(Ⅱ)." 경기복지재단.

Accountability, (2018) "AA1000 Accountability Principles 2018."

American Evaluation Association(AEA), (2013) "An Evaluation Roadmap for a More Effective Government." Washington, D.C.

Barder, O. and Talbot, T. (2015) "Guarantees, Subsidies, or Paying for Success?" Washington, DC: Center for Global Development.

Berlin, G. (2016) "Learn from Experience: A Guide to Social Impact Bond Investing."MDRC.

Brazilian Social Finance Task Force, (2015). "Social Finance in Brazil."

Bridges Venture, (2015a) "Better Outcomes, Better Value: The evolution of social impact bonds in the UK." London.

______, (2015b) "Bridges Spectrum of Capital." London.

British Council, (2014) "What will Social Enterprise look like in Europe by 2020?" London.

BSC(Big Society Capital), (2018) "Pension with Purpose." London.

BSDC(Business and Sustainable Development Commission), (2017) "Better Business Better World."

Canada National Advisory Board, (2014) "Mobilizing Private Capital for Public Good: Priorities for Canada."

Center for Employment Opportunities(CEO), (2019) "Improving Long-Term Employment Outcomes: Promising Findings from New York State."

Ceres, (2019) "Running the Risk: How Corporate Boards Can Oversee Environmental, Social and Governance (ESG) Issues."

CFA Institute, (2017). "Future State of the Investment Profession: Pursuing Better Outcomes."

City of New York, (2014) "Bringing Social Impact Bonds to New York City."

CNCS, (2016) "The Social Innovation Fund's Economic Opportunity Grantees: Building the Bridge from Training into Employment."

Commission on Evidence-Based Policymaking, (2017) "The Promise of Evidence-Based Policymaking."

Copenhagen Business School, (2018) "Pay for Success Literature Review."

Deloitte Access Economics, (2015). "A practical guide to understanding social costs."

DFID, (2015a) "The Impact Programme Annual Report 2014."

______, (2015b) "DFID's Evaluation Framework for Payment by Results."

ECORYS, (2019) "A Study into Challenges and Benefits of Commissioning Social Impact Bonds in the UK."

Esta, (2018) "Funding innovation: A practice guide. Making money work harder."

European Commission(EC), (2011) "Buying Social: A Guide to Taking Account of Social Considerations in Public Procurement." Luxembourg.

______, (2014a) "Proposed Approaches to Social Impact Measurement in the European Commission legislation and practice."

______, (2014b) "Social Innovation: A Decade of Changes."

______, (2015a) "A Map of Social Enterprises and their Eco-systems in Europe."

______, (2015b) "Proposed Approaches to Social Impact Measurement."

______, (2016a) "The Social Business Initiative."

______, (2016b) "A Recipe Book for Social Finance."

______, (2016C) "Strategic use of public procurement in promoting green, social and innovation policies."

______, (2018a) "Commission legislative proposals on sustainable finance"

______, (2018b) "Financing a Sustainable European Economy." High-Level Expert Group on Sustainable Finance.

______, (2019) "High-level conference: A global approach to sustainable finance."

European Investment Bank, (2018). Environmental and Social Standards Handbook.

EVPA, (2018a) "MRI Pilot Fund: Mission Related Investment in Germany."

______, (2018b) "Impact Strategies: How Investors Drive Social Impact."

______, (2019a) "Social Proofing, Impact Measurement and Invest EU."

______, (2019b) "Impact Management Principles."

______, (2019c) "15 Years of Impact."

Executive Office of the President, (2017) "Building and Using Evidence to Improve Government Effectiveness," in Analytical Perspectives: Budget of the United States for Fiscal Year 2018.

France National Advisory Board on Impact Investing, (2015) "The Hows and Whys of Social Impact Investing: Financial innovation driving social innovation."

German National Advisory Board, (2015)"Social Impact Investing: Financing Social Change."

Gifford, R. (2019). "Green Finance Harnessing the Power of Markets." In Social Market Foundation (ed), How Sustainable Finance Can Tackle the Climate Emergency. pp.15-17.

Gilbert, N. and Terrell, P. 2005. Dimensions of Social Welfare Policy. Boston: Pearson Education.

Global Impact Investing Network(GIIN), (2016a) "2016 Annual Impact Investor Survey."

______, (2016b) "Achieving the Sustainable Development Goals: The Role of Impact Investing."

______, (2018a) "Annual Impact Investment Survey."

______, (2018b) "Roadmap for the Future of Impact Investing."

______, (2020) The State of Impact Measurement and Management Practice.

Government Outcomes Lab, (2017) "The Rise of Impact." Oxford University.

______, (2018a) "Social Impact Bonds: An Overview." Oxford University.

______, (2018b) "Building the tools for public services to secure better outcomes: Collaboration, Prevention, Innovation."Oxford University.

______, (2018c) "An introductory guide to pricing outcomes." Oxford University.

Government Performance Lab(GPL), (2016) "Results-Driven Contracting: An Overview." Harvard Kennedy School.

______, (2017) "Social Impact Bond." Harvard Kennedy School.

______, (2018) "Implementation of California''s AB1837 Pay for Success Initiative and Opportunities for Expanded Impact." Harvard Kennedy School.

Government Social Research, (2014) "Innovation Fund pilots qualitative evaluation: Early implementation findings."

GSG, (2014a) "Impact Investment: The Inivisible Heart of Markets."

______, (2014b) "International Development."

______, (2014c) "Measuring Impact."

______, (2014d) "Impact Measurement Guidelines in Practice: Five Case Studies."

______, (2018a) "Investing for A Better World."

______, (2018b) "Catalysing an Impact Investment Ecosystem: A Policymaker's Toolkit."

______, (2018c) "Building Impact Investment Wholesalers."

Gustafsson-Wright, E., Gardiner, S. and Putcha, V. (2015) "The Potential and Limitations of Impact Bonds: Lessons from the First Five Years of Experience Worldwide." Brookings Institute.

Gustafsson-Wright, E. and Gardiner, S. (2016) "Using Impact Bonds to Achieve Early Childhood Development Outcomes in Low- and Middle-Income Countries." Brookings Institute.

Heitmann, T. et al. (2020) "The Rise of the Corporate Social Investor."

Stanford Social Innovation Review Summer 2020, 42-49.

HM Government, (2011) "Open Public Services White Paper."

______, (2013) "G8 Social Impact Investment Forum: Outputs and Agreed Actions."

______, (2016) "Social investment: a force for social change." London.

HM Teasury, (2018) "The Green Book: appraisal and evaluation in central government."

Howard, S. (2019) "How Do We Best Speak and Act to Best Help Finance Tackle Climate Change?" In Social Market Foundation (ed), How Sustainable Finance Can Tackle the Climate Emergency. pp.50-51.

ICA, (2016) Sustainability Reporting for Co-operatives: A Guidebook.

Impact Investment Forum, (2018) "Social Innovation & Social Finance: Case Studies in Canada."

Impact Inveting Institute, (2019) "Investing in a Better World."

Instiglio, (2018) "The Village Enterprise Development Impact Bond for Poverty Alleviation."

ISO, (2017) "ISO 20400: Sustainable procurement — Guidance."

Japan National Advisory Board, (2014) "The Social Impact Investment Landscape in Japan."

______, (2016) "Current State of Social Impact Investment in Japan (2016."

J.P. Morgan, Global Social Finance, (2015) "Eyes on the Horizon: The Impact Investor Survey."

Knowledge@Wharton, (2016)"Innovative Finance: Mobilizing Capital for Maximum Impact."

Koehler, G. (2020) "Creative Coalitions in a Fractured World: An Opportunity for Transformative Change?" Geneva: UNRISD.

KPMG, (2018) "The Impact of Impact Investment."

Lester, P. (2018) "Managing toward Evidence: State-Level Evidence-Based Policymaking and the Results First Initiative." ANNALS 678/1, July 2018.

Liebman, J. (2013) "Building on Recent Advances in Evidence-Based Policymaking." Brookings Institute.

Liebman, J. and Sellman, A. (2013) "Social Impact Bonds: A Guide for State and Local Governments." Harvard Kennedy School.
Liebman, J. and Azemati, H. (2016) "How Cities Can Improve their Procurement of Goods and Services." in Manhattan Institute, Retooling Metroplis.
Martin, M. (2013) "Status of the Social Impact Investing Market: A Primer." UK Cabinet Office.
Mayor of London (2019) "Responsible Procurement Implementation Plan 2018 – 2020."
Monitor Institute, (2009) "Investing for Social & Environmental Impact"
MSCI, (2019) "ESG Trends to watch."
National Audit Office, (2015) Outcome-based payment schemes: government's use of payment by results.
Nesta, (2018) "Funding Innovation: A practice guide."
_____, (2019) "Public Value: How can it be measured, managed and grown?"
Nippon Foundation, (2015) "Progress Report on Japan's First 3 Pilot Projects."
Nonprofit Finance Fund, (2016) "Pay for Success: The First Generation."New York.
OECD, (2001) Citizens as Partners: Information, Consultation, and Participation. Paris.
_____, (2002) "Participatory Decision-Making for Sustainable Consumption."
_____, (2009) Focus on Citizens: Public Engagement for Better Policy and Services.
_____, (2015a) Social Impact Investment: Building the Evidence Base. Paris.
_____, (2015b) "Social Impact Bonds: Promises & Pitfalls." Paris.
_____, (2015c) "OECD Social Impact Investment Project." Paris.
_____, (2015d) "Social Impact Bonds-Promises and Pitfalls."Paris,
_____, (2016a) "Understanding Social Impact Bonds." Paris.
_____, (2016b) "Social Impact Bonds: State of Play and Lessons Learnt." Paris.
_____, (2017). Development Cooperation Report 2017. Paris.
_____, (2018) Opportunities for All: A Framework for Policy Action on Inclusive Growth. Paris.
_____, (2019a) Social Impact Investment 2019, Paris.
_____, (2019b) ""The Path to Becoming a Data Driven Public Sector."
_____, (2019c) "Financing Climate Futures: Rethinking Infrastructure Policy High-

lights."

_____, (2019d) "Aligning Development Co-operation and Climate Action."

Office of Management and Budget (OMB), (2016) "Using Administrative and Survey Data to Build Evidence."Washington, D.C.

Ogain, E. (2017) "Impact measurement in practice: A case study report examining the approaches of five charities and social enterprises who have used social investment."

Pew-MacArthur Results First Initiative, (2014) "Evidence-based Policymaking."

Quarter, J., Mook, L. and Armstrong, A. (2017) Understanding the Social Economy: A Canadian Perspective. Toronto: University of Toronto Press.

Rand Europe, (2016) "Determining, monitoring and evaluating the outcomes of Social Impact Bonds."London.

Rangan, Kasturi V., S. Appleby, and L. Moon, (2011) "The Promise of Impact Investing."Harvard Business School.

Robins, N. (2019) "Financing a Just Transition." In Social Market Foundation (ed), How Sustainable Finance Can Tackle the Climate Emergency. pp.52-54.

Robinson, M. (2019)"How Can Finance and Industry Step up to Meet the Challenge of Climate Change? In Social Market Foundation (ed), How Sustainable Finance Can Tackle the Climate Emergency. pp.12-14.

Rockefeller Foundation, (2017) "Social Success Note." New York.

Ron, and Jon Baron. (2011) "Building the Connection Between Policy and Evidence: The Obama Evidence-Based Initiatives."In Using Evidence to Improve Social Policy and Practice, edited by Ruth Puttick. London: Nesta Trust.

Roy, M. et al., (2018) "A Critical Reflection on Social Impact Bonds." Stanford Social Innovation Review.

Salamon, L. (2014) "Leverage for Good: The New World of Social-Purpose Finance." World Financial Review, November-December 2014.

SauderS3i, (2019) "Social Venture Impact investing: the Canadian Landscape." British Columbia University.

Savedoff, W. and Madan, J. (2015) "A Social Impact Bond without the Impact? Critics Question Success of Early Childhood Development Program."

Schwab Foundation, (2011) "Social Investment Manual."

Social Enterprise UK (2012) "The Social Value Guide: Implementing the Public

Services (Social Value) Act."

Social Finance, (2011) "A Technical Guide to Developing Social Impact Bonds",

_____, (2016) "Social Impact Bonds: The Early Years."

_____, (2017) "Outcomes Rate Card."

_____, (2018) "Outcomes Rate Cards FAQ."

Social Impact Investment Taskforce(SIIT), (2011) "Social Investment Manual: An Introduction for Social Entrepreneurs."

Social Value Portal (2016) "Integrating Social Value into Procurement at Harrow Council."

_____, (2019) "National Themes, Outcomes and Measures (TOMs) Framework for Measuring Social Value."

Social Value UK, (2018) "Communities Count: the Four Steps to Unlocking Social Value."

SROI Network Japan, (2017) "Social Impact Measurement and Its Application as SIBs in Japan."

Triodos Bank, (2014) "Impact Investment for Everyone."

UKAID, (2015a) "The Impact Programme."

_____, (2015b) "DFID Impact Fund: Fund Snapshot."

_____, (2015c) "Results Framework of the DFID Impact Programme."

_____, (2015d) "Tracking reach to the Base of the Pyramid through impact investing."

_____, (2017) "The Impact Programmme Annual Report 2016."

UK Cabinet Office, (2015) "Social Value Act Review - Report." London.

_____, (2019) "Social Value in Government Procurement." London.

UK Department for Culture, Media & Sport, (2017) "Embedding Social Value in Procurement In Practice."

UK Department for Communities and Local Government, (2015) Financial Framework for the Expanded Troubled Families Programme.

UK Department for Work & Pensions, (2014) "Youth Unemployment Innovation Fund Pilot."

UK Ministry of Housing, Communities and Local Government, (2019) "National Planning Policy Framework."

UK Ministry of Justice, (2015) "The payment by results Social Impact Bond Pilot at

HMP Peterborough: final process evaluation report."
U.K. National Advisory Board, (2014) "Building a social impact investment market: UK experience."
U.K. National Advisory Board, (2018). "The Rise of Impact."
UN, (2013a) "Development Financing for Tangible Results: A Paradigm Shift to Impact Investing and Outcome Models."
_____, (2013b) "From corporate social responsibility to corporate sustainability: Moving the agenda forward in Asia and the Pacific."
UNDP, (2012) "Innovative Financing For Development: A New Model For Development Finance?"
_____, (2020) COVID-19 and Human Development.
UNGC, (2015) "Impact: Transforming Business, Changing the World."
UNRISD, (2014) "Social Drivers of Sustainable Development." (Beyond 2015 Brief No. 4), Geneva.
_____, (2015) "Transformations to Equity and Sustainability." Geneva.
_____, (2016a) "Policy Innovations for Transformative Change." Geneva.
_____, (2016b) "New Trends and Innovations in Social Policy." Geneva.
_____, (2019) "Sustainable Development Impact Indicators for Social and Solidarity Economy."
Urban Institute, (2015) "Pay for Success and Social Impact Bonds Funding the Infrastructure for Evidence-Based Change." Washington, D.C
_____, (2019). "Maintaining Housing Stability: Interim lessons from Denver's Social Impact Bond Initiative." Washington, D.C.
USAID, (2017) "Investing for Impact." Washington, D.C.
_____, (2018) "Development Innovation Ventures." Washington, D.C.
U.S. Department of Education, (2017) Pay for Success Feasibility Tool Kit, Washington, D.C.
U.S. Department of Finance, (2013) "Strategies To Accelerate the Testing and Adoption of Pay for Success (PFS) Financing Models." Washington, D.C.
_____, (2019a) "Social Impact Partnerships to Pay for Results Act Demonstration Projects."
_____, (2019b) "Outcome Valuation Attachment Template."
U.S. Department of Labor, (2012) "Notice of Availability of Funds and Solicitation

for Grant Applications for Pay for Success Pilot Projects."Washington, D.C.

U.S. GAO(Government Accountability Office), (2015) "Pay for Success: Collaboration among Federal Agencies Would Be Helpful as Governments Explore New Financing Mechanisms."Washington, D.C.

U.S. National Advisory Board, (2014) "Private Capital, Public Good." Washington, D.C.

Vendrik, K, (2019). "What is Unique about Tiodos Approach to This?" In Social Market Foundation (ed), How Sustainable Finance Can Tackle the Climate Emergency. pp.45-48.

World Bank, (2013) World Development Report 2013.

World Economic Forum, (2013) "From the Margins to the Mainstream Assessment of the Impact Investment Sector and Opportunities to Engage Mainstream Investors." Geneva.

찾아
보기

【ㅇ】

주성수 한양대학교 공공정책대학원 교수(1989~2019)로 재직한 이후 지금은 명예교수로, 학술지 〈시민사회와 NGO〉 편집위원장으로 있다. 시민사회에서는 1992년 경실련 사회복지위원회와 강동송파 경실련 공동대표, 1995년 한국자원봉사포럼 총무, 1996년 한국대학사회봉사협의회 전문위원, 1998년 공동모금회(사랑의열매) 기획위원, 1999년 KOPION 자문위원, 2007년 아시안프렌즈 이사로 활동을 이어오고 있다. 2013년에는 서울시NPO지원센터 운영위원장, 2018년 국무총리실 시민사회발전위원회 법제도 분과위원장으로 일했다. 지금은 국가자원봉사진흥위원회 위원, 복지대타협(전국시장군수구청장협의회) 자문위원장, 성동구 사회적경제위원회와 지역사회보장협의체 위원장으로 활동하고 있다. 대학에서는 1997년에 제3섹터연구소를 창설해 2019년까지 열두 명의 연구교수들과 함께 국내외 시민사회와 사회적경제 연구에 집중하는 20여 년의 시간을 가졌다. 또한 1차(2004~2006)와 2차(2008~2010)에 걸쳐 글로벌 시민사회연대 네트워크 CIVICUS의 48개국 글로벌 시민사회지표 조사분석에 한국 대표로 연구활동을 진행했다. 주요 저서로는 『민주주의 대 민주주의』(2005), 『아래로부터의 시민사회』(2008), 『사회적경제와 사회적 임팩트』(2017), 『사회적경제: 이론, 제도, 정책』(2010, 2019 개정), 『사회적경제 접근법을 활용한 민간협력』(2016, KOICA), 『한국 시민사회사: 민주화기(1987-2017)』(2017), 『글로벌 개발 임팩트 투자』(2020) 등이 있다.

사회적 가치 임팩트 투자

펴낸날 2020년 8월 10일 초판 1쇄

지은이 주성수 · **펴낸이** 김우승

펴낸곳 한양대학교출판부 · **출판등록** 제4-7호(1972.2.29)

주소 서울 성동구 왕십리로 222 · **전화** 02.2220.1432-4 · **팩스** 02.2220.1435

홈페이지 press.hanyang.ac.kr · **이메일** presshy@hanyang.ac.kr

본문디자인·편집 김민지 · **표지** 안광일 · **인쇄** 네오프린텍

정가는 뒤표지에 있습니다. 잘못된 책은 구입하신 곳에서 교환해드립니다.

ISBN 978.89.7218.690.8 (93330)